U0525054

本书系2014年度教育部人文社会科学研究青年基金项目"青少年的手机使用与家庭代际传播研究"（14YJCZH234）的最终成果。

青少年的手机使用与家庭代际传播研究

朱秀凌 ◎ 著

中国社会科学出版社

图书在版编目(CIP)数据

青少年的手机使用与家庭代际传播研究 / 朱秀凌著. —北京：中国社会科学出版社，2017.6
ISBN 978 – 7 – 5203 – 0807 – 6

Ⅰ.①青… Ⅱ.①朱… Ⅲ.①青少年 – 应用 – 移动电话机 – 调查研究 Ⅳ.①C913.5

中国版本图书馆 CIP 数据核字(2017)第 187863 号

出 版 人	赵剑英
责任编辑	熊 瑞
责任校对	郝阳洋
责任印制	戴 宽

出　　版	中国社会科学出版社
社　　址	北京鼓楼西大街甲 158 号
邮　　编	100720
网　　址	http://www.csspw.cn
发 行 部	010 – 84083685
门 市 部	010 – 84029450
经　　销	新华书店及其他书店

印刷装订	北京君升印刷有限公司
版　　次	2017 年 6 月第 1 版
印　　次	2017 年 6 月第 1 次印刷

开　　本	710×1000　1/16
印　　张	19
插　　页	2
字　　数	273 千字
定　　价	88.00 元

凡购买中国社会科学出版社图书，如有质量问题请与本社营销中心联系调换
电话：010 – 84083683
版权所有　侵权必究

序

在今天这个媒介化时代，信息弥漫于我们全部的生活空间，如水银泻地，无处不在，无孔不入。传播影响着我们的认知、思维和情感，进而决定着我们的行为。我们无法想象一个没有信息、没有传播的社会。在林林总总的传播渠道之中，手机是使用频度最高的移动互联终端，是人们守望环境，获取信息，分享意见，协调利益，沟通社会的基本工具。无论是在全球、国家，还是在家庭传播层面，手机都扮演着重要的角色。随着手机进入大多数家庭，手机已经成为家庭体制不可或缺的一部分而深深嵌入当代家庭生活之中。

对于现代家庭来说，手机作为现代化传播媒介的典型代表，因其便捷、时尚，成为了人们尤其是青少年最为喜爱的点对点传播工具。"对今天的孩子来讲，他们早上就把手机放进兜里，并不特别意识到它的存在。对这些孩子来说，身边带着电话才算是穿好了衣服，反之亦然"。手机的接触和使用已经成为各国青少年成长发展过程中的重要经历。据中国互联网信息中心（CNNIC）发布的《第38次中国互联网络发展状况统计报告》报告显示：截至2016年6月，我国网民仍以10—29岁群体为主，占整体网民的50.5%（其中10—19岁占20.1%，20—29岁占30.4%）；在青少年网民当中，使用手机上网的比例超过了90%。由此可见，青少年已成为我国手机网民中最重要的群落。

正如人类社会历史上的其他一些技术突破，手机也具有双面刃的特质。手机成为家庭生活的必需装备，一方面便利于家庭内部及家庭与社会的交流与沟通，另一方面也滋生出了亲子关系的一系列突出问题。手机延伸了沟通的渠道，使得家庭代际传播不再受"共同在场"

的支配，实现了"缺场的在场"，即实现了不在同一物理场景中的亲子互动，延伸并强化亲子之间的情感纽带。与此同时，手机也使"近在咫尺"的亲子之间面临着"在场的缺场"和"交流的无奈"。父母不明白为什么孩子更关注和手机那一端通话的人，而不是在家里的人？为什么孩子连吃饭时都拿着手机不停地刷着微博？而子女也不明白为什么父母对他们使用手机是如此的不放心？手机的出现究竟是加大代际鸿沟还是缩小代际鸿沟？是促进亲子和谐还是引发亲子冲突？这一系列现实问题与困惑的出现，引发了人们对手机传播的关注。

摆在我们面前的这本专著《青少年的手机使用与家庭代际传播研究》，就是朱秀凌博士对上述问题的学理解答。该著是作者承担的教育部2014年人文社科研究青年基金项目"青少年的手机使用与家庭代际传播研究"（14YJCZH234）的研究成果。我有幸能够成为该著的第一读者，得以预先领略作者的研究设计及其最终结论。我是怀着紧迫而兴奋的心情阅读完这本专著的，因为我既是朱秀凌博士的老师，是她攻读博士学位时的院长，也是一个在读大学生的父亲。在我的工作和生活中，切身感受到了手机作为传播手段在家庭代际沟通中的正面的、负面的种种影响，迫切需要有这方面的专业引领和学理的启示。

朱秀凌博士的这本专著以吉登斯的现代性理论和梅罗维茨的媒介情境论为理论基础，根据拉斯韦尔的5W模式，通过对617名青少年（中学生和大学生）及其家长的问卷调查，还有对61位青少年及其家长的深度访谈，在大量第一手数据的基础上，以定性研究与定量分析相结合的方式，深入剖析了在高度现代性、信息化的社会环境下，青少年的手机使用对于家庭代际传播产生的影响。这里所谓的代际传播，或谓亲子沟通，指的是家庭中父母与子女之间的信息传播过程，是以传递感受、态度、信念和看法为主要特征的社会互动过程。家庭作为现代社会的细胞，其和谐和稳定对于整个社会、对于国家的运行都具有重要的意义。而家庭的和谐主要取决于家庭成员之间的沟通，尤其是代际的沟通。正是在这个意义上，朱秀凌的这本书不仅具有重要的理论价值，对于促进家庭传播学理论体系的建构、拓展和丰富现有的手机与青少年传播研究有重要的促进作用，而且对于在高度媒介化的社会环境下，如何构建和谐的代际关系，引导青少年正确地使用手机，促进青少年的健康成长具有重要的实践价值。

朱秀凌博士在书中从家庭代际传播的主体、时空、渠道、内容、效果五方面展开论述，在一系列问题上表达了自己的见解。作者研究发现，父母与孩子在使用手机上，在动机、方式、时间及功能开发利用等方面，存在着明显的代际"鸿沟"。由于手机等新媒体的普遍使用，打破了父母在信息方面的垄断，其权威地位被逐渐消解，另一方面，子女由于手机使用掌握大量的信息而具有了文化反哺的能力。由此引发了家庭权力关系由单向权威向双向权威的转变。作者还发现，由于手机的使用重塑了传播时空。手机使家庭代际传播不再受"共同在场"的支配，实现了"缺场的在场"，即实现了不在同一物理场景中的亲子互动。与此同时，手机也使"近在咫尺"的亲子之间面临着"在场的缺场"，甚至形同陌路的尴尬图景。手机的使用，一方面使青少年的"私人场域"得以构建；另一方面，延伸了父母的控制，使父母即使"身体缺场"，也能随时随地嵌入孩子的"私人场域"之中，继续对孩子的生活、学习和规则进行着"微管理"。至于亲子之间沟通的渠道，作者描述了一个突破时空局限的，包括手机通话、手机短信、手机QQ、微信、手机微博多种传播方式并存的立体沟通格局。还有传播内容，作者的研究发现，工具性、情感性信息成为家庭代际传播的主要内容。从信息形式上看，碎片化的微内容占了主导地位。在此基础上，作者还剖析了手机在家庭代际传播中的双重效果：一方面，手机促进了亲子亲合，成为亲子关系的黏合剂；另一方面，手机也引发了亲子冲突，成为亲子关系不和谐的原因。这些分析及见解，为我们全面地认识信息时代家庭代际传播现象及其存在的问题，提供了很好的借鉴。

读了朱秀凌博士的这本书，我领会到作为一本学术专著，该著实现了两个重要的创新。其一是将手机传播置于家庭这一特定的传播情境中，在家庭代际传播中审视手机传播的社会功能。这无论是对于手机传播理论，还是对于家庭传播理论，都具有一定的创新性。而此前的研究基本上局限于手机对于青少年的影响，而没有深入到家庭这一特殊的场域，去探讨手机作为一种变量所产生的影响。其二，从现代性视角展开手机媒体与代际传播的研究，拓展了手机传播和代际传播的思维空间。当然，作为一本开拓性的学术论著，而且面对还在继续发生的研究对象和正在逐步展现的研究主题，要想穷尽一切问题，解释所有疑惑，从认识论的角度来看，也是不可能的。事实上，如果再能够从社会化的视角，或者运用后喻文化理论，来解读手机媒介与家庭代际传播现象，可能还会有不少新的发现。

看到朱秀凌博士的专著顺利出版，我感到由衷的高兴，一种成就感油然而生。几年前，她还是我们学院一名在读博士研究生，给我的印象是很认真，能吃苦，讲礼貌，低调朴素，文质彬彬，在讨论课堂上发言积极，不因袭陈言，敢于坚持己见。当时我就很看好她的学术潜力。如今，我看到了一个在学术上非常活跃、不断进取的学术新锐，一个受到教师学生普遍欢迎的好老师。我为朱秀凌博士取得的成绩感到骄傲，我相信这本《青少年的手机使用与家庭代际传播研究》的出版只是一个开始，希望她再接再厉，也期待着更多的朱秀凌式的青年学者能够成长起来。因为我们这个转型的时代需要传播学，我们这个急剧变化的社会需要科学的引领，我们迅猛发展的新闻传播教育需要更多富有责任和爱心的教授来主导。

张　昆

国务院学位委员会新闻传播学科评议组成员

2006—2010年教育部高等学校新闻学学科教学指导委员会副主任

华中科技大学新闻与信息传播学院院长、教授

中国新闻史学会副会长

中国传播学会副会长

2017年3月15日

目　录

绪论　手机、青少年与家庭代际传播 ………………………………（1）
　第一节　研究缘起 ………………………………………………（1）
　　一　时代背景：手机已经深深嵌入当代家庭生活之中 ………（3）
　　二　现实困惑：手机是促进亲子亲合，还是引发亲子
　　　　冲突？ ……………………………………………………（3）
　第二节　理论与现实价值 ………………………………………（4）
　　一　理论价值 ………………………………………………（4）
　　二　现实意义 ………………………………………………（5）
　第三节　理论基础及概念界定 …………………………………（7）
　　一　理论基础之一：吉登斯的现代性理论（Modernity
　　　　Theory） ……………………………………………………（7）
　　二　理论基础之二：梅罗维茨的媒介情境论（Media
　　　　Situation Theory） …………………………………………（11）
　　三　概念界定 ………………………………………………（13）
　第四节　青少年·手机·家庭代际传播研究镜像 ……………（16）
　　一　手机与青少年研究 ……………………………………（16）
　　二　家庭代际传播研究 ……………………………………（27）
　第五节　问题框架与方法论 ……………………………………（33）
　　一　问题框架 ………………………………………………（33）
　　二　研究方法 ………………………………………………（35）

第一章　权威消解：代际传播角色的重构 ………………………（41）
　第一节　代际"数字鸿沟"：手机—新技术与代际差异 ………（41）

一　代际差异：两代人手机使用行为的比较 …………（42）
　　二　手机使用：代与代之间的"数字鸿沟" ……………（55）
　第二节　权威消解：手机—新技术与文化反哺 …………（65）
　　一　角色转换：青少年对信息的主动接触 ………………（66）
　　二　文化反哺：亲子互动与参与式学习 …………………（67）
　第三节　关系重构：手机—新技术与话语权力 …………（91）
　　一　话语表达：家庭事务的即时参与 ……………………（92）
　　二　关系重构：单向权威—双向权威 ……………………（94）

第二章　时空分离：代际传播时空的重塑 …………………（97）
　第一节　"在场"与"缺场"：后现代社会的时空分化 ……（97）
　　一　"在场"与"缺场"的对立并存 ……………………（98）
　　二　手机传播中"在场"与"缺场"的互动 ……………（100）
　第二节　"缺场的在场"与"在场的缺场"：代际传播中时空
　　　　　的分离 ………………………………………………（103）
　　一　"缺场的在场"：亲子情感的联结 …………………（103）
　　二　"在场的缺场"：亲子关系的疏离 …………………（109）
　第三节　控制与反控制：青少年"私人空间"的入侵与
　　　　　协商 ………………………………………………（113）
　　一　流动的藏私：青少年"私人空间"的构建 …………（114）
　　二　控制与协商：亲子之间的边界管理 …………………（118）

第三章　人机互动：代际传播渠道的变迁 …………………（135）
　第一节　身体·主体：代际传播中媒介技术的历史演变 …（136）
　　一　口语媒介："身体在场"的实时互动 ………………（136）
　　二　书信媒介："身体缺场"的延时互动 ………………（138）
　　三　电子媒介："身体缺场"的人机互动 ………………（139）
　第二节　即时互动：手机在代际传播中的运用 …………（143）
　　一　语音通话：面对面沟通方式的延伸 …………………（143）
　　二　手机短信：言语传播方式的补充 ……………………（149）
　　三　手机QQ：思想动态的瞭望窗口 ……………………（154）

四　微信：丰富多样的亲情表达 …………………………（157）
　　五　手机微博：亲子互动平台的新拓展 ………………………（163）
第三节　人性化、技术化：代际传播中手机媒介的发展
　　　　特性 ……………………………………………………（169）
　　一　人性化：媒介演化的趋势 ………………………………（169）
　　二　技术化：人与技术的博弈 ………………………………（171）
　　三　理性化：媒介规范与控制 ………………………………（173）

第四章　微内容：代际传播内容的表征 …………………………（175）
第一节　手机微内容：碎片化的代际传播语境 …………………（176）
　　一　手机微内容的自我建构 …………………………………（176）
　　二　手机微内容对家庭代际传播的影响 ……………………（178）
第二节　协调、沟通：手机信息与亲子互动 ……………………（180）
　　一　协调型信息：日常生活的协调 …………………………（180）
　　二　安全型信息：不确定性的减少 …………………………（183）
　　三　情感型信息：经验情感的分享 …………………………（186）
第三节　媒介化、碎片化：代际传播的内容表征 ………………（190）
　　一　媒介化 ……………………………………………………（190）
　　二　碎片化 ……………………………………………………（190）

第五章　开放融合：代际传播效果的趋向 ………………………（197）
第一节　亲子亲合：亲子关系的黏合剂 …………………………（198）
　　一　手机：亲密关系的"黏合剂" …………………………（198）
　　二　手机：家庭民主化的"推进器" ………………………（201）
第二节　亲子冲突：亲子关系的不谐音 …………………………（203）
　　一　显性冲突：亲子交流的减少 ……………………………（204）
　　二　隐性冲突：编码—解码的偏差 …………………………（205）
第三节　冲突调适：亲子关系的和谐构建 ………………………（210）
　　一　信任机制的调整和完善 …………………………………（211）
　　二　手机新技术的利用调适 …………………………………（216）

第六章　高度现代性：代际传播嬗变的新语境 …………………（227）

第一节 技术：手机媒介的生产和消费 …………………… (227)
  一 作为新生产力的征象 ………………………………… (228)
  二 媒介消费的社会驯化 ………………………………… (229)
第二节 社会：风险社会的存在性焦虑 …………………… (231)
  一 社会场景的不确定性 ………………………………… (231)
  二 焦虑与自我认同危机 ………………………………… (233)
第三节 文化：文化传承的断裂与重组 …………………… (236)
  一 代际文化传承的断裂 ………………………………… (237)
  二 代际文化的震荡与整合 ……………………………… (239)

结语 ………………………………………………………… (242)

参考文献 …………………………………………………… (245)

附录 ………………………………………………………… (274)

后记 ………………………………………………………… (292)

绪 论

手机、青少年与家庭代际传播

第一节 研究缘起

"信息方式的出现,以及其电子媒介的交流系统,改变了我们思考主体的方式,也带来了改变社会形态的前景。"[①]

随着现代性的日益深化,全球化的信息浪潮几乎席卷了世界的每一个角落,传播媒介成为现代社会生活中非常重要的组成部分。手机作为现代性媒介工具的代表,因其便捷、时尚,成为人们尤其是青少年最为喜爱的点对点传播媒介。"对今天的孩子来讲,他们早上就把手机放进兜里,并不特别意识到它的存在。对这些孩子来说,身边带着电话才算是穿好了衣服,反之亦然。"[②]

> 没有手机我很忧伤,整个人郁郁寡欢。(CY7,女,21岁,大三)
> 没手机,不自在,不知道干嘛。(CL9,男,21岁,大三)
> 带手机成为习惯;如果没带手机,一摸口袋,就觉得少了东西。(CC4,女,20岁,大三)

---

① [美]马克·波斯特:《第二媒介时代》,范静晔译,南京大学出版社2005年版,第58页。
② [英]理查德·加尔德纳:《考试作弊的小学生增多》,《独立报》2005年4月16日第5版。

手机的接触和使用已经日益成为各国青少年成长发展过程中的重要经历。如今，手机"被青少年期的孩子视作是进入青春期的标志和象征，同样也被青春期的孩子视作将一只脚踏入成年世界的一条途径"①。据中国互联网信息中心（CNNIC）发布的《第38次中国互联网络发展状况统计报告》报告显示：截至2016年6月，我国网民仍以10—29岁群体为主，占整体网民的50.5%（其中10—19岁占20.1%，20—29岁占30.4%）；在青少年网民当中，使用手机上网的比例超过了90%。② 由此可见，青少年已成为我国手机网民中最重要人群之一。

作为现代通信技术，手机提供了一种更为便捷的亲子沟通方式，延伸并强化了家庭的纽带，成为亲子关系的黏合剂。但是，这种新技术也带来一系列的问题，梅罗维茨在《消失的地域：电子媒介对社会行为的影响》一书中指出："媒介既能创造出共享和归属感，也能给出排斥和隔离感。"③ 以前直接和面对面的亲子交流，现在可能被简化成为一个电话、一条短信、一个留言。虽然3G手机的出现，能够带来一定程度的改观。但是与以往直接的、全面的交流相比，这种交流方式所传达的信息，虚假信息的比例更高，影响了亲子之间的相互信任。父母希望通过手机延伸对孩子的控制，而孩子希望通过手机获得更多的独立自由。此外，亲代子代之间面对新通信技术的不同态度，也导致了"代际数字鸿沟"的出现。在《数字化生存》一书的前言中，尼葛洛庞帝指出："最大的鸿沟横亘在两代人之间……"④ 在这种情况下，原有的代际关系问题不但没有解决，而且还有可能进

---

① Ling, R., *New Tech, New Ties: How Mobile Communication is Reshaping Social Cohesion*, Cambridge, MA: MIT Press, 2008, p. 224.

② CNNIC：《第38次中国互联网络发展状况统计报告》，http://www.cnnic.net.cn/hlwfzyj/hlwxzbg/hlwtjbg/201608/t20160803_54392.htm，2016年8月3日。

③ [美]约书亚·梅罗维茨：《消失的地域：电子媒介对社会行为的影响》，肖志军译，清华大学出版社2002年版，第7页。

④ [美]尼葛洛庞帝：《数字化生存》，胡泳等译，海南出版社1997年版，第2页。

一步激化。因此，研究我国家庭代际传播在手机新媒体情境中的变化，便成为当下社会的重要问题。

一 时代背景：手机已经深深嵌入当代家庭生活之中

近年来，随着手机进入大多数家庭，手机已经成为家庭生活不可或缺的一部分而深深嵌入当代家庭生活之中。有研究者指出，青少年时期是青少年开始与父母分离，同伴开始成为他们生活中心的阶段。[①] 手机的出现满足了他们对安全、隐私和交流的要求，同时也减弱了家长的管制，加快了他们摆脱束缚的脚步。[②] 父母一辈由于生活年代的不同，对于手机这种新技术有着不同的接受和适应能力，对于子女使用手机也会有着不同看法，甚至产生"技术焦虑"，由此引发亲子之间的代际差异、代际隔阂，甚至代际冲突，影响着亲子之间和谐关系的构建。因此，充分重视手机媒体对于家庭代际传播的作用，对此展开全面和系统的研究显得极为必要。

二 现实困惑：手机是促进亲子亲合，还是引发亲子冲突？

当前我国正处于社会转型时期，作为社会基本单位的家庭面临急剧的时代变化，出现亲子双方的心理困惑和矛盾的概率不断增加，引发了一系列的社会问题。其中青少年的新媒体使用，尤其是手机的使用已成为影响亲子关系的突出问题之一。父母不明白为什么孩子更关注和手机那一端通话的人，而不是在家里的人；为什么连吃饭时都拿着手机不停地刷着微博……子女不明白为什么父母对他们使用手机是如此的不放心、不理解……

---

① Ling, R. and Yttri, B., "Control, Emancipation, and Status: The Mobile Telephone in Teens' Parental and Peer Relationships", In *Kraut R.*, Brynin M., and Kiesler S. eds., *Computers, Phones and the Internet: Domesticating Information Technology*, Oxford: University Press, 2006, pp. 219–234.

② Ling, R., "New Tech, New Ties: How Mobile Communication is Reshaping Social Cohesion", *Information Communication & Society*, Vol. 12, No. 1, 2009, pp. 152–153.

手机的出现究竟是加大代际鸿沟，还是缩小代际鸿沟？是促进亲子亲合，还是引发亲子冲突？这一系列现实困惑的出现，都使我们不得不高度重视手机对家庭代际传播的影响。已有研究的缺位为本研究留下了广阔的研究空间。

第二节　理论与现实价值

随着现代性的日益深化，手机作为现代性媒介工具的代表，已经成为家庭生活不可或缺的一部分，而深深嵌入当代家庭生活之中。如今，手机的接触和使用，已经日益成为青少年成长发展过程中的重要经历。无处不在的通信技术，在延伸并强化家庭纽带的同时，也在悄然地重塑现代家庭的亲子关系与家庭结构，家庭代际传播规则发生了改变，亲子关系越来越媒介化。那么，手机究竟是加大"代际鸿沟"，还是缩小"代际鸿沟"？是促进亲子亲合，还是引发亲子冲突？研究我国青少年的家庭代际传播在手机新媒体情境中的变化，便成为当下社会的突出问题。

一　理论价值

本书在学理层面上，紧扣青少年的手机使用与家庭代际传播这一核心问题，研究青少年使用手机的现状及其对家庭代际传播的影响，探究其深层次的原因。这在一定程度上有助于：

（一）促进家庭传播学理论在中国的发展

最近十年，国外学者除了继续关注大众传播研究、健康传播、政治传播外，对另一类传播也给予了极大的关注——家庭传播（Family Communication）。这方面研究主要涉及父母与未成年子女的沟通、父母对子女接收媒体信息的引导方式及影响、夫妻之间的沟通交流等。虽然这些研究问题很微观，但是很贴近现实生活，与普通人的生活密切相关，体现了传播学作为一门社会学科应该有的人文关怀，这也是每一个社会学科努力的方向：既要在宏观上研究和解释社会现象与社会规律,也要在微观层面上能够切实解释具体社会生活中的一些行为现象。①

相比之下,最近几年国内的传播学研究大多是站在宏观层面上对政策解读、理论探讨,对媒体大方向进行研究,而对于微观层面却很少关注。几乎很少有学者去关注家庭内部的传播现象,而这和我们每个人的生活却是息息相关,密不可分的。家庭传播学在中国尚属于相对空白阶段。因此,本研究将视角聚焦于青少年的手机使用对家庭代际传播的影响,这在一定程度上有利于促进家庭传播学理论在中国的发展。

(二) 丰富并拓展现有的手机与青少年传播研究

本书开创性地对青少年的手机使用与家庭代际传播展开了完整的理论研究。在本研究之前,大多数研究只是探讨了手机在青少年群体之间的横向传播,却基本上没有把手机传播放在家庭这一微观传播情景之中,更没有对手机代际纵向传播进行完整和系统的分析。而本书在理论上探究了青少年的手机使用对家庭代际传播的影响问题,同时还将吉登斯的现代性理论引介到手机传播研究领域,这既开阔了研究手机传播的理论视野,又丰富、拓展了现有的手机与青少年传播研究。

二 现实意义

本书是围绕青少年的手机使用与家庭代际传播展开的系统研究,在实践层面有着重要意义:

(一) 构建和谐的代际关系,促进社会的和谐发展

家庭是社会的细胞。在社会发展过程中,家庭作为社会的基本组成单位,在整个社会系统中占据着极其重要的地位,发挥着不可替代的作用。孟子云:"天下之本在国,国之本在家,家之本在身。"只

---

① 邵培仁、王启超:《新世纪国际传播学研究的镜像与镜鉴——以〈传播研究〉刊载论文为例》,《浙江传媒学院学报》2012年第2期。

有家庭和谐，社会关系才有可能和谐。而亲子关系作为家庭中最基本的一种人际关系，只有当亲子关系和谐时，家庭关系才有和谐的可能。

青少年期是个体社会化过程中的关键阶段之一，是依恋与独立两种倾向暂时冲突和对立的阶段。众多研究证实，进入青春期以后，家庭对青少年心理发展的影响并没有减弱，青少年仍然非常希望得到父母的理解和支持。沟通学派的创始人柏尼（E. Berne）指出，少年在建立自我状态时，将父母列为其人格形成的重要因素之一。

但是，青少年时期却是亲子沟通问题比较多的时期，也被称为"亲子关系危机期"。近几年来诸多学者已经发现，青春期的少年与父母之间缺乏良好的沟通，亲子冲突的状况愈演愈烈。由于媒介使用，如手机使用引发的亲子冲突：父母控制与青少年反控制，亲子之间冲突调适也成为一个突出的问题。

因此，研究手机对家庭代际传播的影响，一方面可以增进社会大众对青少年时期代际传播重要性的认识和手机媒体作用的正确认知；另一方面，可以促使父母与子女改变不正确的传播方式，改善代际传播的现状，构建和谐的家庭代际关系。这对于家庭乃至对社会的和谐发展具有重要的现实意义。

（二）引导青少年正确使用手机媒体，促进青少年的健康成长

手机在为青少年个人隐私提供空间，增强孩子们在父母监控之外发展和保持社会关系能力的同时，也使一些青少年产生"技术迷思"，甚至受到不良诱导而走向歧途，成为影响青少年健康成长的严峻问题。已有很多研究发现，父母在孩子媒介使用社会化过程中扮演着非常重要的角色。[1]

因此，研究手机与家庭代际传播，可以帮助父母改善代际传播的

---

[1] Banks, S., & Gupta, R., "Television as a Dependent Variable, for a Change", *Journal of Consumer Research*, Vol. 7, No. 3, 1980, pp. 327 – 330; Webster, J., Pearson, J., & Webster, D., "Children's Television Viewing as Affected by Contextual Variables in the Home", *Communication Research Reports*, Vol. 3, No. 1, 1986, pp. 1 – 8.

质量，从而引导青少年正确使用手机。此外，高质量的家庭代际传播，能使青少年在寻求独立和自我同一性的过程中达到平衡，减少各种不良行为出现的可能性，促进青少年身心的健康发展。从这个意义上来说，本研究具有十分重要的实践价值。

第三节 理论基础及概念界定

一 理论基础之一：吉登斯的现代性理论（Modernity Theory）

本书主要运用英国社会学家安东尼·吉登斯（Anthony Giddens）的现代性理论对青少年的手机使用与家庭代际传播展开研究，同时也参考其他理论成果。

吉登斯作为当代西方与哈贝马斯（Jürgen Habermas）、布迪厄（Pierre Bourdieu）齐名的"划时代的社会学理论家"，对于晚期现代性问题的深入研究，在全球范围的社会理论界影响深远。他的现代性理论既描述了现代社会的特征及由此带来的困惑与机会，又反映了其"双向建构"的理论特征，为我们深入地了解现实社会的特点，提供了有益的参考。①

（一）现代性（Modernity）

"现代性"大致相当于"工业化的世界"，我们要认识到工业主义不仅仅是在制度维度上；② 现代性的特性包括三个方面：断裂性（discontinuities）、全球化（globlization）和双重性（doubleness）。

进入了信息时代之后，整个社会生产方式发生了很大的变化，特别是以计算机为代表的信息技术的发展，促使社会向后现代方向发展，现代性也就向高度现代性方向发展。高度（或晚期）现代性

---

① 刘谦：《吉登斯晚期现代性理论述评》，《厦门大学学报》（哲学社会科学版）2006年第3期。

② ［英］安东尼·吉登斯：《现代性与自我认同》，赵旭东、方文译，生活·读书·新知三联书店1998年版，第16页。

(High [or late] modernity) 是现代制度发展的当前时段，它是现代性基本特质的极端化，而全球化是其标志。现代性理论主要包括：时空的分离、脱域、信任与风险、焦虑与自我认同等。

（二）时空分离（Separation of time and space）

吉登斯进而提出了现代性的三大动力机制：时空分离、脱域和自我反思。这三个方面将导致社会关系在世界范围内的重构与拓展，同时维持距离遥远的人与人之间的复杂互动。①

"时空分离既是现代性的动力之一，又是人们在现代社会中的生存状态和生活体验……不同时代人们的生存状态不同，时空观念和时空体验也是不同的。"② 在前现代社会，对于多数人及大多数日常活动来说，时空基本上是通过地点联结起来。时间的标尺不仅仅与社会行动的地点相联结，而且与这种行动自身的特性相关联。③ 在大多数情况下，社会活动的空间维度总是受地域性活动支配，即"在场"（presence）支配。

但是在现代性条件下，随着科技和生产的发展，尤其是传播技术和现代交通的发展，造成了"虚化时间"（empty time）的产生，时间的虚化进一步导致了"缺场"（absence）的出现，人们的社交活动通常在"缺场"中完成，这样空间也被虚化了，其后果是人们无须用确切的地点来描述空间和在空间中的活动情形，不同空间单元的彼此交换也成为可能。④

（三）脱域（或抽离化，Disembedding）

脱域机制是现代性的又一动力来源。脱域（或抽离化），是指社

---

① 文军：《逻辑起点与核心主题：现代性议题与社会学理论的研究》，《华东师范大学学报》（哲学社会科学版）2002 年第 5 期。

② 刘少杰：《后现代西方社会学理论》，赵旭东、方文译，社会科学文献出版社 2002 年版，第 376 页。

③ [英] 安东尼·吉登斯：《现代性与自我认同》，赵旭东、方文译，生活·读书·新知三联书店 1998 年版，第 18 页。

④ 陈华兴：《现代·现代性·后现代性——论 A. 吉登斯的现代性理论》，《浙江社会科学》2006 年第 6 期。

会关系从地方性场景中"挖出来",并在无限的时空地带中实现"重新联结"。也就是说,脱域使人们的社会行动、社会关系从地域化的情境中抽取出来,并且超越具体的时空距离去重新组织融合。

在现代社会制度中,脱域机制(disembedding merchanism)有两种"抽象系统"(abstract systems):"符号标志"(symbolic tokens)和"专家系统"(expert system)。① 因为它们都是抽象的,都是脱离了具体的时空,不能眼见为实,必须建立在信任的基础之上。抽象化是脱域的根本特征。

符号标志是交换媒介,它有标准价值,因此可以在多元场景中相互交换。其本原的,也是最为重要的例证就是货币。专家系统是根据专业知识的调度对时空加以区分,这种知识的效度是独立于利用它们的当事人和从业者。在现代性的条件下,专家系统无孔不入,渗透到社会生活的方方面面……专家系统并不拘泥于专门的技术领域,它们扩展至社会关系和亲密关系上。② 无论符号标志还是专家系统,都实现了社会关系从具体情境中的直接分离,不仅提供了时空延伸的条件,而且促进了时间从空间中的脱域。

脱域源于时空分离,时空分离是脱域机制发展的前提条件;脱域机制则为情境的时空延伸提供了保证,时间从空间中的脱域是时空延伸的必要条件。

(四)信任与风险(Trust and risks)

信任与风险是现代性双重性特征之一的理论,与吉登斯结构化理论中对时空重要性的强调非常吻合。

吉登斯指出,时空分离和脱域机制所造成的生存时空和交往联络的抽象性,既是信任的前提,又是信任的结果。信任具有超越直接经验的特性,只有在间接的、"缺场"的联系中,信任才有发生的条件

---

① [英]安东尼·吉登斯:《现代性与自我认同》,赵旭东、方文译,生活·读书·新知三联书店1998年版,第19—20页。

② 同上书,第20页。

和存在的意义。信任与在时空中的缺场相关。对于一个行动清晰可见且思维过程透明的人，或是对于一个完全获悉如何运行的系统，不存在是否信任的问题。以往信任常常被说成是对付他人自由的手段，但是寻找信任的前提条件不是缺乏权利而是缺乏完整的信息。[①]

风险（risk）应被理解为与信任有关的概念。信任意味着人们事前已意识到了风险的存在。[②] 人们的安全经验通常建立在信任与可接受的风险之间的平衡之上。

（五）焦虑与自我认同（Anxiety and self-identity）

在一个高度现代性的社会，人们的信任在时空抽离化的状态中存在，它既不具有现实的经验基础，也难以同真实的存在勾连起来，就像空中浮云一样飘忽不定。这种信任是悬浮于空中的期望，是瞬间就会转化的风险。[③] 这种期望，使高度现代性社会中的人产生了深深的忧虑。

在此基础上，吉登斯阐释了他对于自我认同的见解。他认为：自我认同就是个体根据其生活经历或体验所形成的反思性理解的自我。[④] 自我认同在现代性社会中与传统社会中的界定是截然不同的。在传统社会中，自我成长通常是相同的，基本上是通过年龄史上各种"里程碑"式的人生仪式、规则而建构起来的。一个人的年龄不仅标识着他的自我认同历程，而且也标示着他被社会所认可的程度。

而在现代性降临之后，社会中的不确定性因素日益显现，社会成为了"风险社会"。许多在传统社会中建构起来的、标识个人成长的"里程碑"都丧失了教育的内涵。自我成长的道路上几乎是空白，自我发展的路径面临着更多的抉择。在自我认同的道路上，个人更多地

[①] [英] 安东尼·吉登斯：《现代性的后果》，田禾译，译林出版社2000年版，第29页。

[②] 同上书，第27页。

[③] 刘谦：《吉登斯晚期现代性理论述评》，《厦门大学学报》（哲学社会科学版）2006年第3期。

[④] [英] 安东尼·吉登斯：《现代性与自我认同》，赵旭东、方文译，生活·读书·新知三联书店1998年版，第58页。

经历了"仪式的缺场"和"自我的困境",因而自我反思性投射成为个体为人处世的普遍原则。个体的生命历程成为一个内在参照性的历程,自我认同就是这样被不断地塑造甚至重构。①

二 理论基础之二:梅罗维茨的媒介情境论(Media Situation Theory)

源自北美大陆的媒介生态学学派,是媒介研究领域的一大分支,其主要观点是将媒介当成一种"非中性"的载体,反思媒介技术对人类社会行为产生的偏向性影响。

作为媒介生态学学派的重要人物——约书亚·梅罗维茨(Joshua Meyrowitz)在继承英尼斯和麦克卢汉传播思想的基础上,受美国社会学家埃尔温·戈夫曼(Erving Goffman)的"拟剧理论"的启发,提出了著名的"媒介情境论(或情境论)",将媒介和社会行为连接起来。与戈夫曼等社会学家倾向于以行为发生地的角度思考社会角色不同,媒介情境论以新媒介作为研究起点,阐释了新媒介的出现如何导致社会情境的变化,而社会情境的改变又如何影响人们的行为。梅罗维茨认为,传播媒介的介入,尤其是电子传播媒介,"重新组织了社会环境并削弱了物质场所(自然场所)对情境的重要性,使人们的经验和行为不再受其所处场地及哪些人与他们在一起之限制"②。

"媒介情境论"主要包括以下三个观点:

(一)情境就是信息系统,"打破了面对面交往研究与有中介传媒研究二者的随机区分"③。梅罗维茨认为,戈夫曼只是停留在剖析人际传播中"场所"不同、话语表达不同、情感表达不同的具体表象,而没有分析出"场所"对于传播情境重要的原因所在。梅罗维

---

① 张洁、李慧敏:《社会转型时期的自我认同与教育——解读吉登斯的自我认同理论》,《河北大学学报》(哲学社会科学版)2006 年第 6 期。
② 张国良:《20 世纪传播学经典文本》,复旦大学出版社 2011 年版,第 513—514 页。
③ [美]约书亚·梅罗维茨:《消失的地域:电子媒介对社会行为的影响》,肖志军译,清华大学出版社 2002 年版,第 34 页。

茨提出："对人们交往的性质起决定作用的并不是物质场地本身，而是信息流动的模式。"① 也就是说，媒介信息环境比一般意义上的物理位置重要。因此，由媒介营造出的情境就是信息系统。

构成信息系统的是"谁在什么地点"和"哪种类型的行为是可以被谁观察到"。在这种信息系统内，信息不仅在自然情境中传播，也通过媒介进行传播。因此，媒介的运用造成的信息环境和地点一样，都促成了一定的信息流通形式的产生。②

（二）每一种特殊的行为需要一种特殊的情境。梅罗维茨指出，在任何一种社会情境下，人们都需要一种清晰的界限，因为人们需要前后一致地扮演好自己的社会角色。情境的分离导致了不同行为的分离，而不同情境的相互重叠或者混淆会引发行为的错乱，从而促使社会角色的变化。面对着社会角色的混乱，人们常常会感到疑惑不解、手足无措。③ 所以，不同的行为需要不同的情境。

情境是动态可变的。与戈夫曼"拟剧论"的情境静态论不同，梅罗维茨认为，情境的分离和重组形式是一个动态因素，而不是社会存在的一个静态因素。情境的分离和重组形式，受到包括个人的决定和社会对媒介的使用情况等多重因素的制约。新情境要求行动者采取新行动来适应，因此媒介的变化与情境的变化相互关联，而情境的变化又直接影响着行动者。这就是说人们在传播活动中试图使特定的行为契合特定的动态情境，从而前后一致地扮演好某个规定的角色。④

（三）电子媒介能促成原来不同情境的合并。梅罗维茨认为，过去"基于人们阅读能力及文化的素养的差异，他们则分别属于不同的

---

① [美]约书亚·梅罗维茨：《消失的地域：电子媒介对社会行为的影响》，肖志军译，清华大学出版社2002年版，第33页。

② 邵培仁：《媒介生态学——媒介作为绿色生态的研究》，中国传媒大学出版社2008年版，第36页。

③ 同上。

④ 同上。

信息社会"①，由此他们在具体的社会情境中，角色分工不同，社会地位也不尽相同。

1. 电子传播媒介的出现，打破了印刷媒介所造成的不同群体信息系统的分离状态，不仅促成自然情境中不同类型的受众群出现合并的趋向，而且使几个世纪以来由于印刷媒介占主导地位所造成的不同受众群趋向合并，从而模糊了不同类型个体的角色特征，导致了人们社会行为的调整。为此，梅罗维茨还进一步界定了"前前区"、"中区"和"深后区"的行为以及行为系统之间的相互依赖关系，阐释了电子媒介背景下新的社会情境和社会行为。

2. 电子媒介改变了原先的接受情境、接受顺序和接受群体。最初的读者阅读印刷品的能力通常是随着年龄和受教育程度的增加而增强，先看通俗易懂的，再逐步过渡到阅读深奥难懂的；而人们观看电视则不必遵循固定的次序——观众无须先看简单的节目，然后再看深奥的节目。原先印刷媒介的受众是比较单纯和易于掌控的，如今电子媒介的受众是复杂和不易掌控的。②

3. 电子媒介促成原本的私人情境并入公共情境。梅罗维茨提出，电子媒介代码的通俗易懂，使它们能够把来自不同体验世界的视听形象呈现给不同类型的受众，在更大程度上实现不同阶层受众群的信息共享，从而促使许多公共情境趋向合并。③

三 概念界定

数字鸿沟：也译为"数字分化"、"信息分化"、"信息鸿沟"等，中国台湾地区称为"数码沟"、"数位落差"或"数位隔离"。它指的是一系列的不平等，包括不同国家之间信息传播技术的接入、接触和

---

① ［美］约书亚·梅罗维茨：《消失的地域：电子媒介对社会行为的影响》，肖志军译，清华大学出版社2002年版，第6页。

② 邵培仁：《媒介生态学——媒介作为绿色生态的研究》，中国传媒大学出版社2008年版，第37页。

③ 同上。

使用差异;① 同一国家内部,不同社会和人口特征群体的信息接入、接触和使用差异。②

代际差异(代沟):指由于时代和环境条件的急剧变化、基本社会化的进程发生中断或模式发生转型,从而导致不同代之间在社会拥有方面以及价值观念、行为取向的选择方面所出现的差异、隔阂和冲突的社会现象。③

边界管理:边界是指是否愿意与对方分享思想和情感之间的界限,或者说是私密性的和公开性之间的界限。桑德拉·佩特罗尼奥(Sandra Petronio)指出,关系中的各方不断地进行"边界管理"。他们主要是管理"公共领域"与"私人空间"之间的边界。④

自我表露:这一概念最早是由朱拉德(Jourard)提出,是指个人将有关自己的个人信息透露给与其进行交流的人。⑤ 现在公认最权威的定义:个体将自己包括思想、感受和经历等信息透露给他人,在发展和维持亲密关系上起重要作用。⑥

驯化:原本是一个生物学的概念,意思是指人类饲养培育野生动

---

① Drori, G. S. & Jang, Y. S., "The Global Digital Divide: A Sociological Assessment of Trends and Causes", *Social Science Computer Review*, Vol. 21, No. 2, 2003, pp. 144 – 161; Parker, S., "Searching for the Digital Divide", *Information Development*, Vol. 17, No. 4, 2001, pp. 205 – 208; Parker, S., "Editorial: What Digital Divide?" *Information Development*, Vol. 23, No. 4, 2007, pp. 235 – 236.

② Willis, S. & Tranter, B., "Beyond the 'Digital Divide': Internet Diffusion and Inequality in Australia", *Journal of Sociology*, Vol. 42, No. 1, 2006, pp. 43 – 59.

③ 周怡:《代沟现象的社会学研究》,《社会学研究》1994年第4期。

④ [美]斯蒂芬·李特约翰、凯伦·福斯:《人类传播理论(第九版)》,史安斌译,清华大学出版社2009年版,第247—248页。

⑤ Jourard S. M. & Lasakow P., "Some Factors in self – disclosure", *Journal of Abnormal and Social Psychology*, Vol. 56, No. 1, 1958, pp. 91 – 98.

⑥ Derlega, V. J., Metts S., & Petronio S., et al., *Self – Disclosure*, London: Stage Publications, Inc., 1993, p. 1.

物使其野性逐渐改变并顺从驱使。① 罗杰·西尔弗斯通（Roger Silverstone）用驯化来隐喻一种技术产品（大多时候是传媒）从商品市场进入家庭的日常生活实践中，给家庭与社会带来的影响。

风险社会：吉登斯（Giddens）与贝克（Beck）是西方风险社会理论的开创者，他们的研究使风险开始成为西方社会学理论研究的一个重要领域。"风险社会"就是以这种现代化风险为特征的特定社会形态。吉登斯认为风险社会的起源可以追溯到影响我们生活的两项根本转变——自然界的终结和传统的终结。②

自我同一性：是指青少年在自身的形象角色、价值目标等人生重要方面建立起成熟的自我认知，而且达到个人的内部认知与外部特征相一致。③

同一性危机：在埃里克森（Erikson, E.）的理论中，同一性危机指的是在青春期一种无法正确认识自己、自己的职责、自己承担的角色的人格发展异常现象。④

社会场景：即社会环境，或者"上下文"，其中对某些类型的行为有社会预期，并且在其中展示这些行为。它们是由我们扮演和观看社会角色所综合决定，并常常是难以琢磨的场合。⑤

文化震荡：指的是一个毫无准备的来客突然陷入一种陌生的文化环境中时所受到的冲击或震动。⑥

---

① ［英］戴维·莫利：《传媒、现代性和科技——"新的地理学"》，郭大为等译，中国传媒大学出版社2010年版，第195页。
② ［英］安东尼·吉登斯、克里斯多弗·皮尔森：《现代性——吉登斯访谈录》，尹宏毅译，新华出版社2000年版，第191—192页。
③ 金盛华：《社会心理学》，高等教育出版社2010年版，第171页。
④ 周晓虹：《现代社会心理学》，上海人民出版社1997年版，第159页。
⑤ ［美］约书亚·梅罗维茨：《消失的地域：电子媒介对社会行为的影响》，肖志军译，清华大学出版社2002年版，第323页。
⑥ ［美］阿尔温·托夫勒：《未来的震荡》，任小明译，四川人民出版社1985年版，第5页。

第四节　青少年·手机·家庭代际传播研究镜像

一　手机与青少年研究

近年来,随着手机在青少年当中的广泛使用,手机与青少年的研究呈现出不断趋热、加速度发展态势,其研究主要集中在以下几个方面:

(一)青少年手机使用现状的研究

目前,对于青少年手机使用现状的研究分为综合调查和分类调查(手机消费、手机短信、手机电视、手机报纸等)两大部分。调查方法以问卷调查为主,深度访谈为辅;由于样本选取的便利性和可获得性,调查对象基本上是以在校大学生为主。

1. 青少年手机使用现状的综合调查

国内学者大部分是以大学生为研究对象,通过问卷调查的方法来描述目前我国青少年手机使用现状,所发现的情况也大同小异:大学生手机基本普及;手机用途广泛;手机消费趋高;手机用时较长;手机对高校正常教学秩序产生一定冲击;手机正逐渐改变大学生的生活方式与思维方式;手机对大学生个性与心理发展的影响已经显现;垃圾信息的传播对大学生思想道德建设的负面影响不容忽视;手机刺激了大学生的攀比消费,助长了虚荣心理,加重家庭负担。[①]

与上述一般性描述性调查不同,马烨以"使用与满足"理论为分析框架,采用深度访谈的方法,发现手机媒体对于大学生不仅具有心绪转换效用、人际关系效用和环境监测效用这三种传统媒体的满足形态;同时,还具有自我实现效用和工具利用效用。但是,传统意义上

[①] 楼锡锦、沈黎勇、林博峰:《大学生使用手机状况研究报告——以浙江大学宁波理工学院为例》,《中国青年研究》2009年第2期。

的自我确认效用却在手机媒体使用中消失了。①

相比之下，国外学者更多的是从跨文化视角来考察青少年的手机使用和认知情况。如美国研究者斯科特（Scott）通过对夏威夷、日本、瑞典、中国台湾、中国大陆五个不同国家、地区大学生的调查，考察了手机在不同文化背景下的异同点：手机作为时尚的认知；公开场合使用手机的态度；手机使用的安全需要、表达需求、工具利用需求。② 瑞典学者阿克塞尔松（Axelsson）通过全国性调查，比较了瑞典18—24岁年轻人与其他年龄阶段的成人，在不同情境下使用手机的目的以及他们认为在不同的社会语境下正确使用手机的方法。③

2. 青少年手机消费调查

手机作为集"个人化"与"移动化"于一体的最为快捷和最为方便的交流工具，已从消费品上升为生活必需品。手机的购买与使用折射出个体的诸多心理行为特征。大学生作为一个特殊消费群体，由于年龄、教育水平、阅历等因素的影响，其消费特点具有相当的特殊性和复杂性。

因此，有关大学生手机消费的研究近几年逐渐成为消费心理学的研究热点。总体来说，此领域研究可以概括为三个方面：大学生手机消费心理需求研究、大学生手机消费模式研究、大学生手机消费线索研究。

（1）大学生手机消费心理需求，主要包括：沟通交流、个性时尚、从众心理、攀比炫耀、娱乐享受。④

---

① 马烨：《大学生对于手机媒体的使用与满足分析》，硕士学位论文，中国青年政治学院，2011年。

② S. W. Campbell, "A Cross – Cultural Comparison of Perceptions and Uses of Mobile Telephony", New Media & Society, Vol. 9, No. 2, 2007, pp. 343 – 363.

③ Ann – Sofie Axelsson, "Perpetual and Personal: Swedish Young Adults and Their Use of Mobile", New Media& Society, Vol. 12, No. 12, 2010, pp. 35 – 54.

④ 史铮、黄新华：《透视大学生手机消费》，《中国青年研究》2004年第3期；张卫军、朱佳伟、潘振华：《大学生手机消费现状调查分析报告》，《青年研究》2003年第7期。

(2) 大学生手机消费模式：理性消费、情感消费、超前消费和多功能消费。①

(3) 大学生手机消费线索，具体包括：手机产品内部线索（质量、功能、外观设计等因素）；手机产品外部线索（品牌、保障、价格、广告、信息获取渠道、促销、售后服务等）；消费情境线索；经济文化线索。②

王红菊则从跨文化的视角，应用国际营销理论，深入比较了中美大学生手机消费行为特点，在价格、质量、外观设计、功能、品牌名称、售后服务维度上进行比较研究。③

3. 青少年使用手机短信行为的研究

手机短信以其互动性、方便快捷性和经济实用性等特点备受青少年的喜爱。④ 因此，学者对于青少年使用手机短信行为进行了重点研究和探讨。

近年来，国内关于大学生短信行为的研究主要有实证调查类和综述类两种。在相关实证研究中，周静通过对清华大学学生短信使用情况调查，认为交流沟通是其主要的短信使用动机，联系对象多是朋友和同学。短信交流的优势在于便利、及时、成本较低，沟通更加私密和个性化，且颇具娱乐性；⑤复旦大学的赖昀、王颖曜、王莎莎的调查也认为日常联络、沟通、互致问候、闲聊等人际交往是上海大学生使

---

① 郑如霞：《大学生手机消费行为和购买决策因素分析》，《西安邮电学院学报》2007年第2期；张黎：《从国外品牌手机的购买意愿看Fishbein模型的适用性以及文化适应的影响》，《管理科学》2007年第2期。

② 杜婷、金笙：《北京市大学生手机调查报告》，《统计教育》2004年第2期。

③ 王红菊：《中美大学学生手机消费行为比较研究》，硕士学位论文，对外经济贸易大学，2007年。

④ 郜振廷：《大学生手机消费的规律性及重要启示——北方11所高校大学生手机消费市场的调查》，《经济与管理》2004年第8期。

⑤ 周静：《手机短信使用动机研究———以清华大学学生手机短信使用情况为例》，清华大学新闻与传媒学院网站，http://www.tsinghua.edu.cn/docsn/cbx/meiguan/zxcz/lunwen/zhoujing2.htm，2003。

用短信的主要目的。① 这也与刘传俊、朱其志等人的调查结论一致。②

与上述的现状描述不同，周宇豪则运用霍曼斯社会交换论来阐释大学生短信行为。研究发现，大学生收、发短信数量基本持平的被访者占80.5%绝对多数；采取一来一往、交替收发模式的被访者也占了83.9%的绝对优势。多数短信发送行为都是需要通过接收到对方的回复来得到强化的，以此验证了霍曼斯关于"社会交换"概念的界定。③

此外，独生子女作为中国社会的特有现象，戴立丽等研究发现独生子女手机短信发送量大于非独生子女，原因在于独生子女大学生情感多比较脆弱，承受挫折的心理能力差。遇到生活及工作上的问题时，独生子女多向父母和朋友倾诉、求救。④

至于手机短信对青少年影响的调查方面，许多研究着重论述了手机短信对青少年成长的负面影响。如刘素娟、闵凤通过调查研究分析了短信在青少年群体中流行的原因，及其对青少年人际交往、情感发展、学习生活等各方面的负面影响以及产生原因。⑤ 张叶云则指出手机短信对于青少年社会化的消极影响的几个方面，主要包括交往能力退化、社会交往异化、现实情感淡漠和泛化、价值建构偏离正确方向和限制思维能力发展等一系列方面。⑥ 另外，黄才炎、严标宾还发现，

---

① 赖昀、王颖曜、王莎莎：《上海大学生使用手机短信情况调查》，《新闻记者》2004年第2期。

② 刘传俊、刘照云：《江苏省513名大学生短信交往行为调查》，《中国心理卫生杂志》2008年第5期；朱其志等：《江苏省513名大学生短信交往行为与焦虑状况相关研究》，《中国健康心理学杂志》2009年第3期。

③ 周宇豪：《以霍曼斯社会交换论分析大学生使用手机短信行为》，《当代传播》2008年第5期。

④ 戴立丽等：《广州市655名在校大学生短信交往行为调查》，《中国健康心理学杂志》2010年第5期。

⑤ 刘素娟、闵凤：《当代青少年短信使用状况的调查分析》，《思想理论教育》2008年第9期。

⑥ 张叶云：《短信文化对青少年社会化的影响》，《当代青年研究》2005年第1期。

大学生频繁地使用手机短信交往可能与孤独感有关。①

4. 青少年对手机报、手机电视、手机互联网、3G手机等的认知和使用

（1）手机报：一些研究者发现大学生虽然对手机报的认知处于一个较高的水平，但是订阅率较低；免费赠阅和套餐消费是大学生订阅手机报的主要途径；大学生对手机报的内容基本满意；在影响购买意愿与消费行为的因素中，大学生更多关注手机报内容时效性、阅读舒适度、内容丰富性、资费标准等因素，对手机报内容本地化、发送时间与频次、是否有优惠活动方面要求不高。②

（2）手机电视：宋娟通过问卷调查，了解到大学生群体对手机电视这一新兴媒介的认知度较高、需求度高，但使用率低。③西班牙学者阿提都（Actitudes）则采用控制实验法和焦点小组方法来了解年轻人对于手机电视的态度和评价。④

（3）手机互联网：曹丹、杨清运用问卷调查的方法，考察了大学生对手机互联网的接触程度、对手机互联网的认知与理解、使用手机互联网的态度与素养三个方面。调查发现，目前手机互联网已成为大学生网络应用的重要补充，但大学生手机上网的总体素养水平还有待提升。⑤

（4）3G手机：张洪忠、赵越通过对北京大学生的调查，发现北京大学生对3G业务的总体了解程度较高，但是一半以上同学不了解

---

① 黄才炎、严标宾：《大学生手机短信交往行为与孤独感的关系研究》，《中国健康心理学杂志》2006年第3期。

② 曹红艳：《大学生对手机报的认知和使用分析——以上海大学为个案》，《中国记者》2009年第10期；沈晓思：《手机报大学生消费行为研究——以上海大学生为例》，硕士学位论文，华东师范大学，2009年。

③ 宋娟：《大学生群体对手机电视的认知和使用情况研究——以湖北师范学院学生为例》，《东南传播》2012年第9期。

④ A. Méndiz, M. De Aguilera & E. Borges, Málaga, "Young People's Attitudes towards and Evaluations of Mobile TV", *Comunicar*, Vol. 36, No. 18, 2008, pp. 77–85.

⑤ 曹丹、杨清：《大学生与手机互联网——福州市大学生手机上网行为与素养调查报告》，《东南传播》2009年第1期。

3G 手机业务及服务；大学生最关心 3G 手机的套餐资费；最看重 3G 手机的质量；对全新 3G 手机功能的兴趣程度较低；最关心 3G 上网本的网速与资费。① 大学生的自我价值状况与大学生的 3G 手机消费心理有较为密切的联系。②

针对这一情况，董文以创新扩散理论为模型，通过问卷调查的研究方法，归纳出了影响大学生 3G 手机采纳的五因素：用户的创新性、时间压力、可支配收入、月均手机费、3G 技术。并且进一步提出通过宣传使潜在采纳者更快转变为采纳者的路径。③

(二) 手机对青少年影响的研究

关于手机对青少年的影响是目前手机与青少年研究的热点。研究普遍认为，随着手机在青少年中的普及，手机已经对青少年的学习生活、人际关系和心理发展方面产生重要影响。具体表现在以下几个方面：

1. 手机对青少年社会化的影响。研究者普遍认为手机对青少年的社会化具有双重影响：一方面，手机是青少年乃至年轻人社会化的重要途径，手机成为青少年亲密共在，表达自我身份和时尚，寻找青春期压力释放的无与伦比的手段，也是青春期反叛的有力武器；④ 手机媒体已经成为青少年建构亲密关系与接入社交网络的代码，有助于青少年自我认同的建立；⑤ 手机提供了青少年社会化的先期生活，成

---

① 张洪忠、赵越：《北京大学生对 3G 的认知与使用情况调查》，《新闻与写作》2010 年第 5 期。

② 周建：《自我价值定向理论导向大学生 3G 手机心理评价研究》，硕士学位论文，江南大学，2011 年。

③ 董方：《基于创新扩散理论的大学生 3G 手机上网采纳和使用研究——以西南大学为例》，硕士学位论文，西南大学，2010 年。

④ 胡春阳：《如何理解手机传播的多重二元冲突》，《同济大学学报》（社会科学版）2011 年第 10 期。

⑤ Ling R., "We Will Be Reached: The Use of Mobile Phone Telephony Among Norwegian Youth", *Information Technology and People*, Vol. 13, No. 2, 2000, pp. 102 – 120；袁潇：《基于手机媒体的青少年身份认同研究》，《南京邮电大学学报》（社会科学版）2012 年第 9 期。

为他们生活中成熟蜕变的一种方式。没有手机,将会限制孩子对其他沟通技术的体验和理解,① 进而导致社会排斥。②

另一方面,手机导致了社会对青少年的"控化"功能减弱、手机传播内容良莠不齐、单纯的"技术崇拜"等因素,都严重干扰和阻碍了青少年的正常社会化。③

2. 手机对青少年人际交往的影响。运用社会网络分析方法,成为目前国内外分析手机对青少年人际交往影响的热门研究方法。日本学者柄本佑(Tasuku)等人通过对大一新生的调查发现,手机短信构建的社会网络的速度要慢于面对面构建社会网络的速度。女生比男生更倾向于通过短信扩展社会网络。④

国内学者冯晓平认为手机充当了大学生建立社会网络并从中获取社会资本的中介。⑤ 廖圣清等进一步通过深度访谈,发现手机短信传播巩固了大学生社会网络的固有核心关系,但却难以拓展他们新的社会关系。⑥ 这与加拿大学者麦克尤恩(McEwen)的发现一致,说明中西方在手机对社会网络的拓展上并无差异。⑦

---

① Charlton T., Panting C., and Hannan A., "Mobile Telephone Ownership and Usage Among 10 - and 11 - Year - Olds: Participation and Exclusion", *Emotional and Behavioural Difficulties*, Vol. 7, No. 3, 2002, pp. 152 - 163.

② Leung L., Wei R., "Who Are the Mobile Phone Have - Nots?" *New Media and Society*, Vol. 1, No. 2, 1999, pp. 209 - 226.

③ 赵添喜、莫梅锋:《青少年手机沉迷的形成与矫正》,《重庆社会科学》2012 年第 11 期。

④ Tasuku Igarashi, Jiro Takai & Toshikazu Yoshida, "Gender Differences in Social Network Development via Mobile Phone Text Messages: A Longitudinal Study", *Journal of Social and Personal Relationship*, Vol. 22, No. 5, 2005, pp. 691 - 713.

⑤ 冯晓平:《大学生社会资本扩张——大学生手机热之理性分析》,《经济与社会发展》2005 年第 3 期。

⑥ 廖圣清、申琦、韩旭:《手机短信传播与大学生社会网络的维护和拓展——基于深度访谈的探索性研究报告》,《新闻记者》2010 年第 11 期。

⑦ Rhonda N. McEwen, "A World More Intimate: Exploring the Role of Mobile Phones in Maintaining and Extending Social Networks", Ph. D. Dissertation, University of Toronto, 2010.

沈勇在其博士论文中通过自我中心网络的提名法（Name Generator）测量得出，大学生手机用户的网络关系数量平均为9.7个，其中大学生拥有6—7个具有重要影响力的对象或关系，加入3—4个具有重要影响力的团体。大学生自我中心网络关系数量大概是3—4种类型，73.01%的大学生拥有4种以内的社会网络关系类型。大学生最常见的五种社会网络类型依次为：恋人或好友、父母、室友或邻居、同学以及亲戚。由于青少年基于知识的获得而非情感稳定性来建立社会关系，青少年更乐于建立大量弱关系社会网络。在中国文化社会中，强关系仍然是大学生手机沟通的主要信息桥梁。①

王盈则从跨文化视角出发，以上海、香港、台北和新加坡四所城市的大学生为研究样本，发现手机在加强大学生人际"强、弱"联系方面都有一定程度的正效用；手机的使用与大学生的社会交往和社会信任之间存在中等程度的因果关联，即手机使用能够在一定程度上有利于大学生的社会交往和社会信任。②

3. 手机对青少年思想政治教育的影响。随着手机在青少年中的广泛使用，一些研究者开始关注手机对于青少年思想政治教育的影响及其作用。手机会导致大学生主流意识形态认同感的削弱；价值观念出现多元化倾向；集体主义、团队精神观念淡薄。影响高校大学生的行为准则和是非判断能力。③

因此，手机媒体既给大学生思想政治教育工作带来了挑战，也给加强和改进大学生思想政治教育提供了新的机遇。应以手机媒体教育

---

① 沈勇：《手机使用行为及其影响因素》，博士学位论文，浙江大学，2009年。
② 王盈：《大学生手机使用与社会资本的关系：基于上海、香港、台北、新加坡四城市的实证研究》，硕士学位论文，上海交通大学，2011年。
③ 陈伟宏、黄岩：《手机新媒体对大学生主导价值观形成的挑战及对策》，《新疆社会科学》2012年第4期；程文忠：《手机文化对大学生主流意识形态的影响和对策》，《福州大学学报》（哲学社会科学版）2010年第2期。

平台开发为切入点，拓展大学生思想政治教育的新途径。①

此外，姜赟的观点也颇具新意。他通过问卷调查与深度访谈的方法，发现手机变成了青少年建构自己私域的最佳工具。通过手机，青少年从面对面的交流转变成人、机之间的交流，使空间日益集中于个人化，无形中使自己的私域在手机中得以建构起来。②

（三）青少年的手机成瘾（手机依赖）

近年来，作为继网络成瘾之后出现的社会新问题，青少年的手机成瘾逐渐成为社会高度关注的焦点之一。2012年国家社会科学基金项目"手机沉迷对青少年的影响与干预试验研究"的立项，也说明了国家对此问题的重视。

目前对手机依赖的定义分为两种，一种将手机依赖视为正常的社会现象，并非心理问题，另一种对手机依赖的界定是以行为成瘾为基础。

南开大学周恩来政府管理学院一个学生课题小组认为手机依赖是使用手机作为其人际互动的主要手段的群体，存在强烈、持续的需求感和依赖感的心理和行为。它是一种社会现象，而非心理疾病。宫佳齐等人在他们的手机依赖调查报告中支持了这一观点。这一概念更多是对手机依赖上一个心理状态的描述。③

然而，日本学者高雄元治（Motoharu Takao）认为手机成瘾（mobile phone addiction），也称手机依赖（mobile phone dependence）或病理手机使用（pathological phone use），是由于某种原因过度地滥用手

---

① 胡余波、徐兴、赵芸、郑欣易：《手机媒体的大学生思想政治教育模式探索》，《中国青年研究》2010年第8期；张恒龙：《手机短信在大学生德育中的运用》，《当代传播》2006年第2期；刘毓：《手机媒体视阈下移动教育管理探析——以大学生思想政治工作为例》，《河南社会科学》2012年第11期。

② 姜赟：《我的地盘我做主——试析手机对青少年私域建构的影响》，《青年研究》2006年第1期。

③ 宫佳奇、任玮：《兰州市高校大学生手机依赖状况分析》，《新闻世界》2009年第10期。

机而导致手机使用者出现生理或心理上的不适应的一种现象。①

对于手机成瘾的研究，目前国内刚刚起步，主要从心理学、教育学、社会学、医学等角度展开。一部分研究者着手编制大学生手机依赖量表；② 有研究者开始关注大学生手机成瘾的心理学分析，如韩登亮与齐志斐对大学生手机成瘾症的成因、危害进行心理探析；③ 刘红与王洪礼探讨了大学生手机成瘾与孤独感、手机使用动机的关系；④ 王薇指出了人格特征和社会交往因素在手机成瘾当中的影响；⑤ 王小辉研究表明，青少年社会支持越高、社会适应越良好，则对手机的依赖越少；⑥ 梁维科探讨了青少年手机游戏成瘾的原因与负面影响。⑦

国外研究者则比较关注手机成瘾的心理学成因，他们的研究发现：低自尊和认同等心理变量青少年的手机依赖行为往往与焦虑、抑郁、孤独、低自尊⑧和吸烟、饮酒等物质滥用行为显著相关。⑨

---

① Takao M., et al., "Addictive Personality and Problematic Mobile Phone Use", *Cyber Psychology & Behavior*, Vol. 12, No. 5, 2009, pp. 501 – 503.

② 邵蕾蕾、林恒:《大学生手机依赖问卷的编制》,《社会心理科学》2010 年第 9 期;徐华等:《大学生手机依赖量表的编制》,《中国临床心理学杂志》2008 年第 1 期;熊婕等:《大学生手机成瘾倾向量表的编制》,《中国心理卫生杂志》2012 年第 3 期。

③ 韩登亮、齐志斐:《大学生手机成瘾症的心理学探析》,《当代青年研究》2005 年第 12 期。

④ 刘红、王洪礼:《大学生的手机依赖倾向与孤独感》,《中国心理卫生杂志》2012 年第 1 期。

⑤ 王薇:《手机成瘾大学生的人际交往问题》, 硕士学位论文, 浙江师范大学, 2012 年。

⑥ 王小辉:《青少年手机依赖现状及与社会支持、社会适应性的关系研究》, 硕士学位论文, 福建师范大学, 2011 年。

⑦ 梁维科:《青年手机游戏成瘾的原因与负面影响分析》,《山东青年政治学院学报》2011 年第 5 期。

⑧ Ha, J. H., Chin, B., Park, D. H., Ryu. S. H. &Yu, J., "Characteristics of Excessive Cellular Phone Use in Korean Adolescents", *Cyber Psychology and Behaviour*, Vol. 11, No. 6, 2008, pp. 783 – 785.

⑨ Leena, K., &Aria, R., "Intensity of Mobile Phone Use and Health Compromising Behaviors: How is Information and Communication Technology Connected to Health – Related Life Style in Adolescence", *Journal of Adolescence*, Vol. 28, No. 1, 2005, pp. 35 – 47.

通过上述研究我们可以发现，国内学者研究手机依赖现象，多采用定量研究与定性研究相结合的研究方法，通常是在一所或多所大学内发放问卷进行调研，主要是针对青少年手机成瘾的症状、成因、危害及状况调查等方面问题。

（四）青少年手机文化

目前国内对于青少年手机文化的研究较少，主要集中于手机短信文化。吴正国、黄海等在各自的综述类研究中认为，手机短信文化作为大学生人际互动的一种新形式，是其追求信息、时尚及自我表现的一种方式，凸显出其追求同辈文化的心理特点。大学生群体强烈的交流需求，为短信文化提供了发展空间。校园文化的时尚化取向是其流行的动力泉，其自身的技术优势和低廉资费则是"催化剂"。[1]

陈永福进一步揭示手机文化的本质：手机文化不仅是一种大众文化、媒介文化，还是一种以青年为主体的亚文化。手机文化不仅包含着与主流文化相通的价值与观念，更重要的是其有自己独特的价值与观念，而这些价值观又体现在主导文化之间，具有边缘性、颠覆性和批判性等主要特点。[2] 王松从青年亚文化的视角探究了青少年热衷于手机电影的深层次原因，以及青少年如何借助手机电影的使用形成群体身份的认同感。[3]

而在国外，尤其是日本，手机文化已成为日本青年文化的重要组成部分。[4] 对此，日本学者进行了充分的关注。如金永华（Kyoung-hwa Yonnie Kim）运用深度访谈、人类学的方法探讨了在日本青少年

---

[1] 吴正国：《解读青年学生的心理符号——关于大学校园"短信文化"的思考》，《青年研究》2003年第5期；黄海、刘吉发、杨溪：《解读大学校园文化新现象：手机短信》，《青年研究》2005年第6期。

[2] 陈永福：《手机文化对大学生主流意识形态的影响及对策研究》，硕士学位论文，福建师范大学，2010年。

[3] 王松：《认同的空间：青年亚文化视野下的手机电影》，硕士学位论文，安徽大学，2011年。

[4] Communications Research Laboratory, "Internet Usage in Japan-Survey Report 2003" (2004), http://media.asaka.toyo.ac.jp/wip/.

中流行的手机小说文化现象。① 石井恒一（Kenichi Ishii）发现20世纪90年代日本出现的"寻呼机朋友"现象在最近几年愈演愈烈。他们几乎每天用短信发送"你好"、"晚安"，或有时通过短信讨论他们的私人问题。② 这种短信文化的风靡，也导致了一些心理问题：一些年轻人为了保持友谊避免冲突，甚至选择不使用手机的通话功能，而只是通过手机短信交流。一些研究者进而发现，20世纪90年代以后，日本青少年社会交往技能与其他国家相比，明显偏低。③

美国研究者通过美国、日本大学生的调查，发现：手机是年轻人表达自我感觉的方法和感知他人的时尚透视镜。④

综上所述，手机这一新兴媒体，虽然诞生不久，却受到传媒学界和业界的大量关注，都表明手机与青少年的研究在理论和现实层面的影响是不容忽视的。但是，现有研究现象描述较多，缺乏对手机与青少年展开深层次的学理性研究；而且国内研究过于集中关注大学生这个群体，对于其他年龄阶段的青少年缺乏了解与深入研究。这些都为本书的进一步研究提供了巨大的研究空间。

二 家庭代际传播研究

代际传播（Intergenerational Communication），在心理学、社会学领域又称为代际沟通。它既包括家庭外的代际传播，泛指社会范围内的老年一代、中年一代和年轻一代之间的传播，也包括家庭内的代际传播，即家庭中父母辈与子女、孙子女辈之间的传播。本研究关注的

---

① Kim, K. Y., "The Landscape of Keitai Shôsetsu: Mobile Phones as a Literary Medium Among Japanese Youth", *Media & Cultural Studies*, Vol. 26, No. 3, 2012, pp. 475–485.

② Ishii, K., "Internet Use via Mobile Phone in Japan", *Telecommunications Policy*, Vol. 28, No. 1, 2004, pp. 43–58.

③ Hashimoto, Y., "The Spread of Cellular Phones and Their Influences on Young People in Japan", *Review of Media Information and Society*, Vol. 28, No. 7, 2002, pp. 97–110.

④ James E. Katz, Satomi Sugiyama, "Mobile Phones as Fashion Statements: Evidence from Student Surveys in the US and Japan", *New Media & Society*, Vol. 8, No. 2, 2006, pp. 321–337.

是家庭内的主要代际传播——亲子沟通。

亲子沟通作为青少年社会化的一个具体形式和重要途径，成为一个被传播学、社会学、心理学、教育学所共同关注的主题。早期的亲子沟通研究不是一个专门的研究领域，而仅作为传播学中一个应用在家庭成员身上的研究主题。

亲子沟通早期研究中一个重要的测量工具是由传播学者麦克劳德（McLeod）和查菲（Chaffee）编制的家庭沟通模式量表（Family Communication Pattern，FCP）。麦克劳德和查菲认为，亲子沟通模式对儿童信息加工方式有重要影响并决定儿童对传播信息的加工方式。这一工具被广泛应用到传播学和心理学的相关研究中[1]，如布雷登（Blandon）和福尔林（Volling）考察了亲子沟通倾向与儿童服从行为的关系。[2]

（一）亲子沟通的研究

国外关于亲子沟通理论的研究，是从20世纪70年代进入人们的研究视野的。时至今日，西方学者对该领域已经进行了不少的研究，取得了一些研究成果。但是在国内，亲子沟通领域的研究仍处于起步阶段：研究领域主要集中在心理学、教育学、社会学三个学科；研究内容涵盖青少年亲子沟通的特点、亲子沟通心理结构、影响青少年亲子沟通的因素以及亲子沟通与青少年心理发展等。

青少年亲子沟通的特点，主要从青少年亲子沟通的时间、内容、类型、频次、主动性、沟通方式以及沟通时的感受等方面进行了探讨；[3]影响青少年亲子沟通的因素，主要包括青少年的年龄和性别，家庭环

---

[1] Mcleod Jack M., Carl R. Bybee, & Steven H. Chaffee, "The Construction of Social Reality", In J. T. Tiedeschi ed., *The Social Influence Process*, Chicago: Aldine – Atherton, 1972, pp. 50 – 99.

[2] Blandon. A. Y., &Volling, B. L., "Parental Gentle Guidance and Children's Compliance with the Family: A Replication Study", *Journal of Family Psychology*, Vol. 22, No. 3, 2008, pp. 355 – 366.

[3] 雷雳、王争艳、李宏利：《亲子关系与亲子沟通》，《教育研究》2001年第6期；方晓义、林丹华、孙莉、方超：《亲子沟通类型与青少年社会适应的关系》，《心理发展与教育》2004年第1期。

境系统、家庭功能、父母教养方式、父母文化程度、沟通对象等;①青少年亲子沟通对青少年心理发展的影响,则从青少年同伴关系、行为问题、学业成绩、情感发展方面展开研究。②

(二) 家庭代际传播的研究

代际传播和家庭传播作为西方传播学的分支,最近十年已得到西方传播学者的充分重视。已有的研究主要涉及父母与未成年子女的沟通;父母对子女接收媒体信息的引导方式及影响;孩子与继父母的沟通等。而在国内,这方面的研究还属于尚未充分开展的领域。

1. 父母与青少年的代际传播。在国内,家庭代际传播内容主要是学习和生活,一般不会涉及性、吸毒等敏感问题。而国外却有所不同。综观国外的英文文献,我们会发现国外的许多研究关注的是一些敏感问题的家庭代际传播,如酗酒、吸毒、性、器官捐献;③ 结果都发现,开放、有效的亲子沟通在培养孩子应对反社会行为方面,起到

---

① 刘宁等:《上海核心家庭亲子沟通状况及其影响因素分析》,《中国公共卫生》2005年第2期;安伯欣:《父母教养方式、亲子沟通与青少年社会适应的关系研究》,硕士学位论文,陕西师范大学,2004年;郑满利:《初中生亲子沟通问题的初步研究》,硕士学位论文,河南大学,2004年。

② 王争艳、刘红云、雷雳等:《家庭亲子沟通与儿童发展关系》,《心理科学进展》2002年第2期;雷雳、王争艳、刘红云等:《初中生的亲子沟通及其与家庭环境系统和社会适应关系的研究》,《应用心理学》2002年第1期。

③ Miller – Day, M. A., "Parent - Adolescent Communication about Alcohol, Tobacco, and Other Drug Use", *Journal of Adolescent Research*, Vol. 17, No. 6, 2002, pp. 604 – 616; Miller – Day M. &Jennifer A. K., "More Than Just Openness: Developing and Validating a Measure of Targeted Parent – child Communication about Alcohol", *Health Communication*, Vol. 25, No. 4, 2010, pp. 292 – 302; Miller – Day, M. & Dodd A. H., "Toward a Descriptive Model of Parent – Offspring Communication about Alcohol and Other Drugs", *Journal of Social and Personal Relationships*, Vol. 21, No. 1, 2004, pp. 69 – 91; Askelson, M. N, Campo, S. & Smith, S., "Mother – daughter Communication About Sex: The Influence of Authoritative Parenting Style", *Health Communication*, Vol. 27, No. 5, 2012, pp. 439 – 448.

非常重要的作用。[1]

此外，父母与青少年对于亲子冲突的不同看法；[2] 家庭沟通模式、亲子关系与社会化的关系；[3] 亲子关系中依恋、关系满意度与冲突类型的关系等一些微观问题也得到国外研究者的重视。[4] 而在这方面，国内的传播学者几乎没有关注过。

2. 媒体与家庭代际传播。在当代，媒体已经成为家庭生活不可或缺的一部分。媒体与家庭代际传播的研究也得到了越来越多西方学者的关注，研究已日臻成熟。而国内这方面的研究却是凤毛麟角。

父母调解理论（Parental Mediation）是最近几年西方学者在研究媒体与亲子沟通研究中运用的比较多的一种理论。它着重讨论的是家长如何利用人际沟通来减轻传播媒体对其子女的负面影响，并且该理论已经在社会心理学的媒介效应和人类学对家庭媒体使用的社会化研究中得到应用。[5] 如有研究者运用父母调解理论探讨亲子沟通对青少

---

[1] Brody, G. H., Flor, D. L., Hollett-Wright, N., & McCoy, J. K., "Children's Development of Alcohol Use Norms: Contributions of Parent and Sibling Norms, Children's Temperaments, and Parent-child Discussions", *Journal of Family Psychology*, Vol. 12, No. 2, 1998, pp. 209–219; Chassin, L., Curran, P. J., Hussong, A. M., Colder, C. R., "The Relation of Parent Alcoholism to Adolescent Substance Use: a Longitudinal Follow-up Study", *Journal of Abnormal Psychology*, Vol. 105, No. 1, 1996, pp. 70–80.

[2] Sillars A., Smith, T., Koerner, A., "Misattributions Contributing to Empathic (in) Accuracy During Parent-Adolescent Conflict Discussions", *Journal of Social & Personal Relationships*, Vol. 27, No. 6, 2010, pp. 727–747.

[3] Schrodt, P., Ledbetter, a. M. Jernberg, K. a. Larson, L., Brown, N., Glonek, K., "Family Communication Patterns as Mediators of Communication Competence in the Parent-child Relationship", *Journal of Social and Personal Relationships*, Vol. 26, No. 6, 2009, pp. 853–874.

[4] Angela G. La Valley, Laura K. Guerrero, "Perceptions of Conflict Behavior and Relational Satisfaction in Adult Parent-Child Relationships: A Dyadic Analysis From an Attachment Perspective", *Communication Research*, Vol. 39, No. 1, 2012, pp. 48–78.

[5] Clark L. S., "Parental Mediation Theory for the Digital Age", *Communication Theory.* Vol. 21, No. 4, 2011, pp. 323–343.

年对于电视真实的认知及观看的负面效果、互联网使用的作用。① 目前这一理论尚未引入中国。

家庭沟通模式（Family Communication Patterns，FCP），也是传播学者运用的比较多的一种家庭代际传播模式。如有西方学者探讨这一模式如何影响孩子使用大众媒介的内容、类型和效果，如对于电视暴力的解读、观看公共事务电视节目等。② 而这一模式目前在国内只是在心理学领域运用，传播学领域尚未有人涉及。

手机对于家庭关系的影响，成为继电视、网络研究之后西方学者关注的焦点。学者们发现，在手机、父母和孩子之间存在着复杂的关系。虽然手机使父母给予孩子更多的自由③，但是手机也延伸了父母的控制，而孩子也在与父母进行控制协商。④ 英国学者麦德努和米勒（Madianou&Miller）则把视角聚焦于特殊群体——菲律宾移民母亲和留守儿童，指出手机在二者关系之中的重构作用：母亲觉得手机能使她们

---

① An. SK., & Lee. D., "An Integrated Model of Parental Mediation: the Effect of Family Communication on Children's Perception of Television Reality and Negative Viewing Effects", *Asian Journal of Communication*, Vol. 20, No. 4, 2010, pp. 389 – 403.

② Krcmar, M., "The Contribution of Family Communication Patterns to Children Interpretations of Television Violence", *Journal of Broadcasting & Electronic Media*, Vol. 42, No. 2, 1998, pp. 250 – 265; Weintraub – Austin, E., "Exploring the Effects of Active Parental Mediation of Television Content", *Journal of Broadcasting & Electronic Media*, Vol. 37, No. 2, 1993, pp. 147 – 158.

③ Crabtree J., & Nathan M., Mobile UK – Mobile Phones and Everyday Life, http://www.the work foundation.com/research/publications/publication detail.aspx? oItemId = 103. 2003.

④ Williams. S., &Williams. L., "Space Invaders: The Negotiation of Teenage Boundaries Through the Mobile Phone", *The Sociological Review*, Vol. 53, No. 2, 2005, pp. 314 – 331; Ling R., "'We Will Be Reached': The Use of Mobile Phone Telephony among Norwegian Youth", *Information Technology and People*, Vol. 13, No. 2, 2000, pp. 102 – 120; Yoon K., "Local Sociality in Young People's Mobile Communications: A Korean Case Study", *Childhood*, Vol. 13, No. 2, 2006, pp. 155 – 173.

在一定程度上重塑母亲的角色,而孩子对这种跨国交流却十分矛盾。①

在国内,媒体与家庭代际传播的研究受到冷遇。少数传播学者的研究基本上呈现的是青少年与父母在媒体(主要是网络)使用上的代际差异图景,而没有深入剖析造成这种差异的原因,以及对代际传播产生的影响。

魏南江通过对江苏省17所中小学家长、学生、教师的手机媒介使用现状及传播形态的万人调查,指出不同群体使用手机的动机及受手机信息的影响程度存在着差异,呼吁加强中小学生的手机媒介素养教育。②

吴觉巧运用问卷调查和深入访谈相结合的方法,发现:青少年和父母在互联网使用程度上有明显差异;青少年和父母间亲子沟通以面对面为主;互联网使用对亲子沟通可能会增加亲子的话题和相处时间;也可能会增加亲子的冲突和减少相处时间。这主要取决于父母对互联网使用的学习态度。③ 不良的亲子沟通更容易导致大学生网络成瘾。④

蒋丽红通过对南昌市220名老人的问卷调查发现:首先城市老年人与子女、孙女的代际传播现状并不理想,传播效果不佳;老年人的代际传播方式倾向于面对面交谈方式,其次是使用电话(包括手机),通过网络等其他方式进行交流的很少;传播内容主要集中于生

---

① Madianou. M., and Miller D., "Mobile Phone Parenting: Reconfiguring Relationships between Filipina Migrant Mothers and Their Left – behind Children", *New Media Society*, Vol. 13, No. 3, 2011, pp. 457 – 470.

② 魏南江:《手机媒介传播形态及其使用现状的万人调查——以江苏省17所中小学家长、学生、教师为例》,《现代传播》2011年第1期。

③ 吴觉巧:《互联网使用对青少年与父母间亲子沟通的影响》,硕士学位论文,兰州大学,2009年。

④ 胡婷:《网瘾青少年亲子关系研究》,硕士学位论文,华中科技大学,2009年;王文星:《大学生网络成瘾与亲子关系研究》,硕士学位论文,长沙理工大学,2010年;赵璇、柯惠新、陈锐:《青少年网络成瘾的家庭影响因素研究》,《现代传播》2011年第4期。

活常识和家庭关系；传播的动机主要是传授经验和满足精神需要。①

杨立、郜键通过南京市875名大学生的问卷调查，在网络传播时代，出现了"文化反哺"现象。② 莫铮则发现，网络时尚热语确实制造了代际关系交流的障碍，但是真正造成家庭代际关系交流障碍的是人们的沟通或交流的意愿问题。③

综合以上研究，已有的研究主要关注手机青少年群体（特别是大学生）之间横向传播的研究，而没有进行手机代际纵向传播的研究；其次，研究的思路和方法单一，大部分研究者仅局限于各自单一学科的研究视角，跨学科综合运用的研究视野和手段甚少。这样就使得已有的研究显得比较平面，而且容易就造成不同学科各执己见，处于一种割裂的状态，相互之间缺乏共同对话的基础，致使众说纷纭。这些都为本研究提供了广阔的研究空间。

因此，本研究主要立足于家庭代际传播中的亲子沟通，将"家庭代际传播"界定为：家庭中父母与子女之间传递信息的过程，是以传递感受、态度、实事、信念和想法为特征的社会互动过程。

第五节 问题框架与方法论

一 问题框架

从总体上讲，本书基于吉登斯的现代性理论和梅罗维茨的媒介情境论分析手机对于青少年家庭代际传播的影响。依照拉斯韦尔的5W模式，本书从手机对家庭代际传播时空、代际传播主体、代际传播渠

---

① 蒋丽红：《城市老年人代际传播研究——以南昌老年人为例》，硕士学位论文，南昌大学，2011年。
② 杨立、郜键：《网络传播时代青少年"文化反哺"现象调查与研究》，《广播电视大学学报》（哲学社会科学版）2002年第3期。
③ 莫铮：《论网络时尚热语对家庭代际关系交流的影响》，硕士学位论文，河北大学，2011年。

道、代际传播内容、代际传播效果五方面的影响进行分析,最后归纳出代际传播演变的动因(见图0-1)。

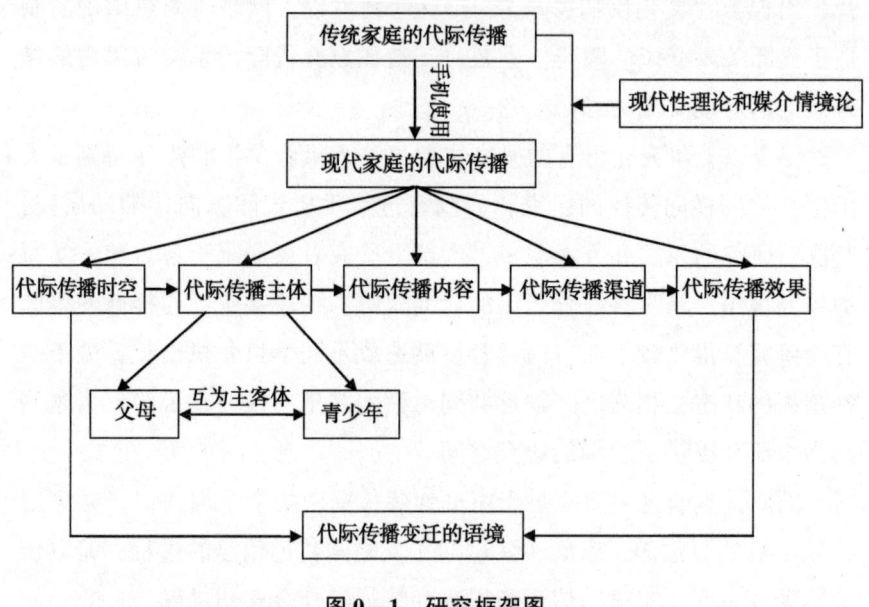

图 0-1 研究框架图

(一)本书的主要研究问题

本书对青少年的手机使用与家庭代际传播进行系统分析,探讨手机作为新兴媒介如何影响亲子关系、对家庭代际传播所带来的诸方面影响及其原因。由此,本书主要研究问题如下:

(1)手机在家庭代际传播中的功能和作用是什么?

(2)在手机出现之前,家庭代际传播状况如何?

(3)手机出现之后,对于家庭代际传播的时空、主体、渠道、内容、效果产生了哪些影响?

(4)为什么手机会对家庭代际传播产生影响?其背后深层次的原因是什么?

(二)本书在研究上实现两大创新

1. 研究对象的创新——手机传播与家庭传播的交叉研究

目前国内的研究基本上探讨的是手机对于青少年的影响,但没有深入到具体的社会生活中,去探讨手机作为一种变量在家庭这一独特场域中所产生的微妙影响。而本书创新性地将手机传播置于家庭这一特定的传播情境中,在家庭代际传播中审视手机媒介的作用。这无论是对于手机传播理论研究,还是对于家庭传播理论,都具有一定的创新性。

2. 研究视角的创新——从现代性的视角展开研究

目前国内的研究尚未对手机媒体与代际传播这一论题展开研究,而本书从现代性视角展开手机媒体与代际传播的研究,这在理论研究上具有一定的创新性:既扩展了手机传播和代际传播研究二者的学术空间,也极大地提升了手机传播和代际传播二者研究对于社会整体发展的学术价值。

(三) 本书在研究上也存在两大难点

1. 问卷调查与深度访谈的设计上

由于已有的相关调查和深度访谈较少,可借鉴的资料有限,本研究可能会走一些弯路,调查问卷及深度访谈的合理性、与对象的吻合度等都会是研究设计方面的难点。有些调查问卷要重新设计,有些访谈细节要重新思考,并需要变换调查和访谈对象。

2. 手机传播和家庭传播的交汇融合上

我国关于手机传播的研究处于起步阶段,家庭传播研究还处于相对空白的阶段,现有的研究成果还有待进一步系统化、理论化。因此,将二者理论进行交汇融合,将会面临理论与实践有机结合的严峻挑战。

二 研究方法

(一) 跨学科、比较的研究路径

青少年的手机使用与家庭代际传播,是一种错综复杂的社会现象,必须从多学科的视角展开研究,呈现手机与家庭代际传播的全景。因此,本书采用传播学、教育学、社会学、儿童心理学等相关学科的方法与原理,从多学科的视角进行研究。

首先,结合青少年的手机使用与家庭代际传播的演变,进行纵向的反思与总结,将传统的代际传播与当代的代际传播进行比较,以发现二者是否存在差异,有何差异及其差异的原因。

其次,本书还采用横向的代际比较,将青少年和父母进行比较,以发现父母与青少年在手机使用以及代际传播方面的异同,进而探讨其深层次的原因,从而有利于我们更全面、客观地认识手机传播对于代际传播的影响。

本书采取横向研究和纵向研究相互交织,构成一个分析的基本框架,以便结合历史、当下和未来勾勒出当代家庭代际传播的图景。

(二) 定性、定量相结合的研究方法

本书采用定性与定量研究相结合,主要包括:问卷调查法、深度访谈等。同时注重理论研究与实证分析相结合,确保研究的效度和信度。具体的研究方法包括:

1. 问卷调查法(Questionnaire Survey)

问卷调查法,即以问卷为工具进行资料收集的调查方法,是当前最常用的社会调查方法之一。英国著名社会学家莫泽(C. A. Moser)指出:"社会调查十有八九是采用问卷方法进行的。"[1]

问卷调查法的优势在于:明显的实证方法论背景;以假设演绎为主的逻辑程序;结构化和标准化的操作方式;重视抽样和统计分析间的内在联系;加上它与抽样和统计分析之间的内在联系、分析单位以个人为主、以精心设计的问卷作为收集资料的工具等诸多特点,使得它特别适用于从部分样本中推导出一个大总体的状况、性质和特征。美国社会学家艾尔·巴比(Earl Babbie)认为,"一个认真抽取的概率样本,加上一个标准化的问卷,可以提供对某一学生群体、某个城市、某个国家或其他大总体的精确描述";同时也特别适用于了解、分析和研究社会生活中具有不同背景的人们的行为。[2]

---

[1] 风笑天:《方法论背景中的问卷调查法》,《社会学研究》1994年第3期。

[2] Earl Babbie, *The Practice of Social Research* (*Fifth Edition*), Belmont: Wadsworth Publisher, 1989, p.254.

问卷调查法在实施过程中有着一系列严格的理论规范与实践操作规范：①较充分的文献检索和理论准备，确定问卷重点、科学设计调查问卷。在这一环节中，重点是保证研究的创新性、问卷设计的科学性和后期调查的可行性；②确定问卷调查的实施对象、范围、调查方法和调查规模等；③对调查问卷初稿进行试调查，根据试调查结果完善、确定调查问卷；④拟定调查手册或相关实施规范，确定并培训调查人员；⑤组织调查人员实施问卷调查；⑥回收调查问卷，对问卷进行有效性鉴别，剔除无效问卷；⑦对有效问卷进行后期数据分析整理；⑧撰写相关研究报告。

由于青少年是指由青春期开始到身心渐臻于成熟的发展阶段；女性约自12岁到21岁之间，男性约自13岁到22岁之间。① 这一年龄段正好是大部分青少年读初中至大学（专科或本科）阶段。由于中学阶段和大学阶段分别处于青少年的早中期和晚期，心理、生理发育具有很大区隔，亲子关系也呈现不同特征；再加上在中国，中学阶段升学压力大，导致父母对于中学生的掌控较为严格，这直接影响着这一阶段青少年的手机使用。因此，本研究将青少年分为中学生和大学生两大类，分别进行问卷调查：

（1）中学生的问卷调查：选取福建省漳州市（福建省东南部的地级市，全市总面积1.26万平方公里，常住人口490万）中学生为研究总体，采取分层整群抽样的方法。从普通初中、重点初中、普通高中、重点高中、职高五大类中各随机抽取一所学校，再从每所学校随机抽取2个班级，最后共抽取5所学校10个班级学生。

2015年1月，笔者在5所学校领导的大力支持下，采取在班会课上或自习课上当场发放，当场回收学生问卷的方式。家长问卷则由学生带回去让一名家长填答，家长填答后装进事先给定的信封并密封好，第二天由学生带回交给班主任，再由班主任转交给笔者。最后共发放学生问卷530份，回收有效问卷484份，有效率为97%。家长问

---

① 张春兴：《张氏心理学辞典》，上海辞书出版社1992年版，第134页。

卷530份，回收有效问卷377份，有效率88.08%。

为了更好地考察同一个家庭内部的"手机使用与家庭代际传播"现象，笔者采用将中学生与其父（母）呈一一配对关系来进行进一步的研究。经过筛选配对，最终得到352对中学生家庭。在352对有效配对样本中，初中生169名，高中生（包括职高生）183名；男生46.6%，女生53.4%；城市学生185名，农村学生167名；年龄范围为12岁至19岁（M=15.03，SD=1.77）；父亲174名，母亲178名；文化程度：初中及以下54.8%，高中（职高、中专）25.9%，大专以上19.3%；年龄范围为33岁至56岁（M=42.01，SD=3.69）。职业涵盖党政机关领导干部、专业技术人员、个体户、农林牧副渔劳动者、无业/下岗/失业人员等十二种类型，具有一定的代表性。

（2）大学生问卷调查：2016年1月，笔者以福建省所有在校大学生为抽样总体，采用分层整群抽样的方法，从全省985高校、211高校、一般本科高校、高职院校四大类中各随机抽取一所学校，再从每所学校随机抽取1个文科班级和1个理工科班级，最后共抽取4所学校8个班级学生及其家长。

问卷分为学生卷和家长卷两种版本。学生卷由学生在课堂上当场完成，当场回收；家长卷则由大学生寒假带回去由一位家长填答，下学期开学初上交；学生卷和家长卷采用同一编号以便识别。最后总共发放学生卷385份，回收有效问卷316份，有效率为82%；家长卷385份，回收有效问卷285份，有效率为74%。

同样，笔者采用将大学生与其父（母）呈一一配对关系来进行进一步的研究。经过筛选配对，最终得到265对家庭。265名学生中，女生占48.7%，男生占51.3%；理科生占54.2%，文科生占45.8%；年龄在17—24岁之间（M=20.09，SD=1.32）；"985"学生50名、"211"学生79名、"一般本科"学生66名、高职生70名。265名家长中，父亲占58.1%，母亲占41.9%；他们的年龄在38—63岁之间（M=46.54，SD=3.97）；他们的教育程度：没上过学为8%，小学为26.9%，初中为29.2%，高中或中专为20.1%，本科及以上为20.8%；职业涵盖党政机关领导干部、专业技术人员、个体户、农林牧副渔劳动者、无业/下岗/失业人员等十二种类型，具有一定的代表性。

所有的有效问卷数据都录入社会科学统计软件包（SPSS18.0）进行分析。

2. 深度访谈法（In–Depth Interview）

深度访谈作为质性研究的一种主要方法，通过与被调查者深入交谈以此了解某一社会群体的生活方式和生活经历，探讨特定社会现象的形成过程，提出解决社会问题的思路和办法。[①] 和问卷调查相比，深度访谈能够更加开放性地获取主题和思想，特别适合探究不易理解的日常生活现象，发现以往研究中没有发现的新联系。[②]

深度访谈有两个最重要的特征，第一，"它的问题是事先部分准备的（半结构的），要通过访谈员进行大量改进，但只是改进其中的大部分，即作为整体的访谈是你和你的参与者的共同产物"；第二，"要深入事实内部"。[③]

深度访谈可以分成很多类型：就研究者对访谈结构的控制程度而言，可以分成三种类型：封闭型、开放型和半开放型。这三种类型也分别被称为"结构型"、"无结构型"和"半结构型"；根据受访者的人数，访谈可进一步分为个别访谈和集体访谈；根据访谈的次数，还可以分成一次性访谈和多次访谈等；[④] 根据访问的进行方式，访问可以分为直接访问（面对面访问）和间接访问（电话访问和网络访问）。

[①] 孙晓娥：《扎根理论在深度访谈研究中的实例探析》，《西安交通大学学报》（社会科学版）2011年第6期。

[②] Christensen T. H., "Connected Presence in Distributed Family Life", *New Media and Society*, Vol. 11, No. 3, 2009, pp. 433–451.

[③] Wengraf, T., *Qualitative Research Interviewing Biographic Narrative and Semi–structured Methods*, London: SAGE Publications, 2001, p. 3.

[④] 陈向明：《质的研究方法与社会科学研究》，教育科学出版社2000年版，第171—173页。

深度访谈的具体流程包括访前准备、访谈抽样、进行访谈、访谈记录、访谈编码、访谈分析、备忘录写作等环节。①

为了更好地考察手机对家庭代际传播的影响，2013—2015年笔者在整理和分析相关文献的基础上设计了访谈提纲，以此提纲对33对中学生及其家长；28对大学生及其家长，进行一对一、半结构式的深度访谈，每位的访谈时间不少于45分钟，并对访谈资料进行整理和分析。

（1）中学生的深度访谈：在这33名中学生当中：男生16名，女生17名（2名为来漳学习的藏族学生）；年龄在12—18岁之间；重点初中8名、重点高中9名、普通初中5名、普通高中4名、职高学生7名。

33名中学生家长中，父亲20名，母亲13名；年龄在37—48岁之间；受教育程度为小学5名、初中5名、高中（职高、中专）15名、大专及本科7名、研究生及其以上1名；职业包括农民、工人、个体经营者、教师、公务员、自由职业者等。

（2）大学生的深度访谈：28名大学生中，男生11名，女生17名；年龄在18—22岁之间；985高校6名、211高校6名、一般本科8名、高职8名。28位大学生家长中，母亲16名，父亲12名；年龄在41—50岁之间；受教育程度：没上过学1名，小学6名、初中7名、高中（职高、中专）4名、大专以上10名；职业涵盖党政机关领导干部、专业技术人员、个体户、农林牧副渔劳动者、无业/下岗/失业等。

可以说，这些学生和家长在年龄、性别、受教育程度、职业等各方面均具有一定的代表性，能够大致反映现代社会的青少年及其家长的家庭代际传播现状。

---

① 孙晓娥：《深度访谈研究方法的实证论析》，《西安交通大学学报》（社会科学版）2012年第3期。

第一章

权威消解：代际传播角色的重构

自从人类进入文明社会以来，文化传承的方向总是自上而下的，父辈总是以教化者的角色将知识体系、价值观念和生活方式传递给下一代，而子辈则扮演着被教化者的角色。父母的经验、阅历使得他们在青少年的社会化过程中扮演着绝对权威的角色。

然而随着信息传播技术的飞速发展，社会发生了剧烈的变迁。面对这种疾速的变迁，两代人不同的适应和接受能力，使文化传承的路径发生了转向。父辈对于知识和信息的垄断被打破，父辈和子辈被置于同样的信息场景中，以同等信息资源争夺场内的权威地位。特别是对于新观念、新知识、新器物，年长一代逐渐丧失了教化的绝对权力，而年轻一代却凭借信息与技术上的优势，获取更多信息资源，日益挑战父母"全知"的权威地位，并获得了对父辈进行"文化反哺"的能力。就手机新技术而言，在家庭内部，家长向孩子请教、学习手机使用的现象屡见不鲜。在青少年眼里，对于手机这种新兴的通信工具，父母已不再是无所不知、无所不能的"全知全能"角色，尤其在手机技术、信息检索、手机流行文化等方面的话语权威开始消解，代际传播的角色发生了重构。

第一节 代际"数字鸿沟"：手机—新技术与代际差异

对于手机新技术而言，许多父母都有这样的感受，孩子对手机的使用是一件"完全不同"的事情，他们有着与父母截然不同的使用能力和使用风格。正是因为对手机的认识、理解、使用的不同，才使得家庭代际传播存在分歧、隔阂，甚至冲突。

一 代际差异：两代人手机使用行为的比较

尼葛洛庞帝指出："数字增长的速度十分惊人……"① 那么，就手机而言，父母和孩子在手机的使用行为上有多大的差异呢？

（一）青少年的手机使用行为

通过对青少年手机使用行为的调查研究，我们发现：

1. 手机已在青少年中高度普及

从手机的普及率来看，中学生为90.3%，大学生为100%；智能手机的普及率：中学生为84.2%，大学生达到99.6%。可见，手机特别是智能手机在青少年中的高度普及，已是一个不可否认的事实。

2. 城乡并不是影响拥有手机的原因

以往的许多研究表明，在网络使用方面，城乡之间具有"数字鸿沟"。本研究发现，就青少年拥有手机方面，城乡之间基本上不存在"数字鸿沟"。

目前没有手机的21名青少年都是中学生，没手机的原因依次为（多项选择）：父母不允许（75%）、学校不允许（38.9%）、自己觉得没必要（33.3%）。但是这21名学生中，又有12人曾经拥有过手机，只是目前暂时没有手机。

在无手机的青少年当中，来自城市的中学生有13名，农村中学生只有8名；我们进一步进行卡方检验，结果表明：是否拥有手机与学校属性（重点中学、普通中学、职高）显著相关（$p<0.001$，见表1-1）；与父亲职业（$p>0.05$，见表1-2）、母亲职业（$p>0.05$，见表1-3）均无显著相关关系。这充分说明城乡、父母职业并不是影响青少年拥有手机的因素，学校属性才是影响青少年拥有手机的原因。

---

① ［美］尼葛洛庞帝：《数字化生存》，胡泳等译，海南出版社1997年版，第2页。

表 1-1　　　　　　是否拥有手机与学校属性的卡方检验

	值	df	渐进 Sig.（双侧）
Pearson 卡方	16.358	2	0.000
似然比	20.881	2	0.000
线性和线性组合	0.014	1	0.907
有效案例中的 N	352		

表 1-2　　　　　　是否拥有手机与父亲职业的卡方检验

	值	df	渐进 Sig.（双侧）
Pearson 卡方	12.251	11	0.345
似然比	13.283	11	0.275
线性和线性组合	0.364	1	0.546
有效案例中的 N	352		

表 1-3　　　　　　是否拥有手机与母亲职业的卡方检验

	值	df	渐进 Sig.（双侧）
Pearson 卡方	15.191	10	0.125
似然比	16.554	10	0.085
线性和线性组合	0.347	1	0.556
有效案例中的 N	352		

3. 首次使用手机的时间

在首次使用手机的时间上，大学生当中只有9.1%是小学及小学之前开始使用手机，而中学生这一比例则达到30%（见表1-4）。由此可见，青少年手机使用的低龄化已成为一个趋势。

表 1-4　　　　　　青少年首次使用手机的时间　　　　　　%

	小学之前开始	小学开始	初中开始	高中开始	大学开始
中学生	2.5	27.5	57	13.2	/
大学生	0.8	8.3	40	40	10.9

(1) 城市青少年首次使用手机的时间要早于农村青少年

一般来说,不论是发达国家还是发展中国家,城市总是首先接受新媒体,而乡村是相对滞后的。① 为了检验这一假设,我们将青少年开始使用手机的时间分别赋值为:小学之前=1,小学=2,初中=3,高中=4,大学=5,来计算城乡学生开始使用手机时间的平均值。均值越大,表明开始使用手机的时间越晚。

结果表明,城市青少年初次使用手机时间的均值为2.90,农村青少年的均值为3.21,这表明农村学生开始使用手机的时间要滞后于城市学生。卡方检验进一步表明(见表1-5),这种差异,达到了显著性水平($p<0.001$),即城市青少年首次使用手机的时间要早于农村青少年。

表1-5　　　　青少年首次使用手机时间的城乡差异

	值	df	渐进 Sig.（双侧）
Pearson 卡方	52.949	5	0.000
似然比	55.153	5	0.000
线性和线性组合	15.929	1	0.000
有效案例中的 N	617		

(2) 青少年首次使用手机的时间与父母的职业显著相关

卡方检验结果表明(见表1-6、1-7),青少年手机的首次使用时间与父亲职业($p<0.001$)、母亲职业($p<0.05$)均呈显著相关。可见,父母作为青少年的监护人,在青少年首次使用手机的时间上具有一定的话语权,直接影响到青少年首次使用手机的时间。

---

① Chen, W. &B. Wellman, "Charting Digital Divides: Comparing Socioeconomic, Gender, Life Stage, and Rural Urban Internet Access and Use in Five Countries", in Dutton, W. H., Kahin, B., O'Callaghan, R. &Wyckoff A. W. eds., *Transforming Enterprise*, Cambridge, MA: The MIT Press, 2004, p. 467; Graham, S. & Marvin, S., *Telecommunications and the City: Electronic Spaces, Urban Places*, London: Routledge, 1996, p. 2; OECD, *Understanding the Digital Divide*, Paris: OECD, 2001, p. 24.

表1-6　青少年首次使用手机时间与父亲职业的卡方检验

	值	df	渐进 Sig.（双侧）
Pearson 卡方	105.932	44	0.000
似然比	98.893	44	0.000
线性和线性组合	0.350	1	0.554
有效案例中的 N	617		

表1-7　青少年首次使用手机时间与母亲职业的卡方检验

	值	df	渐进 Sig.（双侧）
Pearson 卡方	63.899	40	0.010
似然比	73.026	40	0.001
线性和线性组合	0.709	1	0.400
有效案例中的 N	617		

4. 手机的使用动机（多项选择）

调查结果显示（见表1-8）：虽然中学生和大学生的手机使用动机前三位均为："和父母联系"、"和同学联系"、"上网搜索资料"；但是同样排在第三位的使用动机——"上网搜索资料"，大学生的比例（57.7%）远远超过了中学生（35.3%）。排在第四位的使用动机也出现了差异：中学生为"游戏娱乐"，大学生为"拍摄照片"。由此可见，青少年随着年龄的增长，更加注重手机的工具功能。

表1-8　青少年手机使用动机　　%

	和父母联系	和同学联系	上网搜索资料	游戏娱乐	拍摄照片
中学生	87.1	71.4	35.3	24.3	
大学生	76.2	66.8	57.7	31.7	40.4

5. 经常使用的手机功能（多项选择）

中学生经常使用的手机功能依次为：语音通话（69%）、手机QQ（64.5%）、短信（57.1%）、手机微博（16.7%）、微信（15.6%）。大学生为：手机QQ（93.6%）、语音通话（69.8%）、微信

(64.9%)、手机短信（53.6%）、手机微博（51.7%）。

这些结果表明，青少年使用手机QQ的频率之高，远超过手机的传统功能——短信；特别是大学生，使用手机QQ比例竟然超过了语音通话；中学生使用微信的比例远远低于大学生，这和父母出于微信交友的风险性，限制中学生使用微信有关。

（1）除语音通话、短信功能外，青少年的手机使用功能与年龄呈正相关

我们采用线性回归（见表1－9），发现在使用语音通话、短信功能上，青少年无显著的年龄差异（$p>0.05$；$p>0.05$）；但是手机QQ（$\beta=0.413$，$p<0.001$）、微信（$\beta=0.543$，$p<0.001$）、手机微博（$\beta=0.387$，$p<0.001$）这三种使用功能均与年龄呈正相关。也就是说，除语音通话、手机短信外，手机QQ、微信、手机微博等需要一定技术的使用技能会随着年龄增加而增强。

表1－9　　　　　手机使用功能与年龄的回归分析

变量	回归系数		t	R^2
	非标准化	标准化		
手机QQ	0.062	0.413	11.256***	0.169
微信（飞信）	0.087	0.543	16.020***	0.293
微博	0.061	0.387	10.400***	0.148

注：*** $p<0.001$。

（2）女生更多地使用手机短信、微信、微博功能

我们通过将性别设为虚拟变量（男性=1，女性=0）来建立线性回归（见表1－10），结果显示，手机短信（$\beta=-0.143$，$p<0.001$）、微信（$\beta=-0.140$，$p<0.001$）、手机微博（$\beta=-0.177$，$p<0.001$）与性别呈负相关，即女生更多地使用手机短信、微信、手机微博功能；这是因为女性内心情感较为细腻丰富，更喜欢运用文字、图片等来抒发内心情感、传情达意。而在使用语音通话（$p>0.05$）、手机QQ（$p>0.05$）功能上均无显著的性别差异。

表1-10　　　　　　手机使用功能与性别的回归分析

变量	回归系数		t	R^2
	非标准化	标准化		
手机短信	-0.143	-0.143	-3.581***	0.019
微信（飞信）	-0.133	-0.140	-3.501***	0.018
微博	-0.164	-0.177	-4.457***	0.030

（3）青少年的手机使用功能与母亲职业呈显著相关，与父亲的职业不相关

单因素方差分析显示（见表1-11），青少年使用语音通话（F=2.114，p<0.05）、手机短信（F=2.134，p<0.05）、手机QQ（F=2.432，p<0.01）、微信（飞信）（F=2.608，p<0.01）、手机微博（F=2.284，p<0.05）均与母亲职业呈显著的相关关系，也就是说青少年的五种手机使用功能均受到母亲职业的影响。

表1-11　　　　　手机使用功能与母亲职业的方差分析

		平方和	df	均方	F	显著性
语音通话	组间	20.037	10	2.004	2.114	0.022
	组内	414.240	437	0.948		
	总数	434.277	447			
手机短信	组间	21.359	10	2.136	2.134	0.021
	组内	437.407	437	1.001		
	总数	458.766	447			
手机QQ	组间	23.459	10	2.346	2.432	0.008
	组内	421.532	437	0.965		
	总数	444.991	447			
微信（飞信）	组间	25.088	10	2.509	2.608	0.004
	组内	420.392	437	0.962		
	总数	445.480	447			

续表

		平方和	df	均方	F	显著性
微博	组间	22.249	10	2.225	2.284	0.013
	组内	425.609	437	0.974		
	总数	447.857	447			

相比之下，青少年经常使用的这五种手机功能均与父亲职业无显著的相关关系，即青少年的手机使用功能不受父亲职业的影响。

（4）不同学校属性的青少年，经常使用的手机功能也不同

ANOVA 方差分析发现，中学生在语音通话和短信这两种功能上，二者差异并没达到显著性的水平（$p>0.05$；$p>0.05$），即在手机通话和手机短信功能上，不同学校属性的中学生并无差别。但是在手机 QQ 的使用上，职高生九成多（90.8%）的使用比例，远远高于普通中学（69.1%）和重点中学（50%）。在微信的使用上，职高生的使用比例（28.9%），高于普通中学（16.9%）和重点中学（9.3%）。在手机微博的使用上，职高生的使用比例（23.7%），依然高于普通中学（17.4%）和重点中学（13.4%）。ANOVA 方差分析进一步发现（见表 1-12），这三种差异均达到了显著性的水平（$p<0.001$；$p<0.01$；$p<0.05$），即在这三种手机使用功能上，职高生使用比例最高，其次为普通中学，再次为重点中学。由此可见，职高生、普通中学的学生由于学习压力较小，因而有更多的闲暇时间来使用手机 QQ、微信和手机微博功能。

表 1-12　　　中学生手机使用功能与学校属性的方差分析

		平方和	df	均方	F	显著性
手机 QQ	组间	20.698	2	10.349	10.854	0.000
	组内	424.293	445	0.953		
	总数	444.991	447			

续表

		平方和	df	均方	F	显著性
微信 (飞信)	组间	10.120	2	5.060	5.172	0.006
	组内	435.360	445	0.978		
	总数	445.480	447			
微博	组间	8.054	2	4.027	4.075	0.018
	组内	439.803	445	0.988		
	总数	447.857	447			

在大学生样本当中，在语音通话功能的使用比例上，一般本科大学生为83.3%，211高校大学生为70.8%，985高校大学生为66.7%，高职大学生为55.8%；在微信的使用上，一般本科大学生为80.8%，985高校大学生为71.4%，211高校大学生为65.2%，高职大学生为46.8%；在微博的使用上，一般本科大学生为67.9%，211高校大学生为50.6%，985高校大学生为47.6%，高职大学生为37.7%。ANOVA方差分析结果显示（见表1-13），这三种差异均达到了显著性的水平（$p<0.01$；$p<0.001$；$p<0.01$）。而在手机短信、手机QQ这两种功能上则无显著的差异（$p>0.05$；$p>0.05$）。

表1-13　　大学生手机使用功能与学校属性的方差分析

		平方和	df	均方	F	显著性
语音通话	组间	2.958	3	0.986	4.865	0.003
	组内	52.892	261	0.203		
	总数	55.849	264			
微信 (飞信)	组间	4.590	3	1.530	7.160	0.000
	组内	55.772	261	0.214		
	总数	60.362	264			
微博	组间	3.623	3	1.208	5.039	0.002
	组内	62.550	261	0.240		
	总数	66.174	264			

这说明，一般本科大学生由于学习压力较小，较多地使用手机的语音通话、微信和微博功能；而高职生除了在手机QQ的使用比例上超过其他类型高校学生外（96.1%），在其他功能上均落后，这表明高职生手机使用功能较为单一。因此，有必要加强一般本科大学生手机使用的引导，防止手机成瘾；引导高职生正确地利用微信、微博来为自己的生活和学习服务。

结论：

首先，手机已在青少年中高度普及。不管人们愿意与否，手机特别是智能手机在青少年中的快速普及，已经深刻地影响着他们的生活，也成为当前老师、家长，乃至全社会最为责难和担忧的媒介。在访谈中，我们了解到尽管大部分中学都出台规定禁止携带手机到校，但是绝大多数学生还是偷偷地把手机带到学校，只不过在上课时关机或把手机设成振动放在书包里或口袋里，一放学，立马掏出手机使用。光靠"堵"，已经不能解决问题。谁也无法阻止高科技给社会带来的改变。最重要的是加强青少年的手机素养教育，教给他们如何适度使用手机，正确使用手机，从而趋利避害，不在信息时代的大潮中迷失自我。

其次，青少年的手机使用功能具有明显的性别、年龄的差异。由于语音通话、手机短信功能无须任何技术，因此青少年在此功能的使用上无显著的年龄差异；而手机QQ、微信、手机微博需要一定技术含量的使用功能，则会随着年龄的增加而增加其使用概率。与男生相比，女生更喜欢使用手机短信、微信、手机微博功能。

最后，母亲职业、学校属性成为影响青少年手机使用功能的重要因素。笔者在访谈中发现，在大多数现代家庭中，母亲在日常生活中与孩子的沟通较多，以手机为中介的家庭代际传播也不例外；母亲更多地承担着教育孩子的职责，更多地对孩子的日常手机使用行为进行引导、限制和规劝。这与本调查研究"母亲的职业与青少年经常使用的手机功能显著相关"的结果一致。

学校属性也是影响青少年手机使用功能的重要因素。重点中学的学生由于学习压力大,手机使用功能较为单一化,使用比例超过一半的只有语音通话功能(76.8%)和手机短信(60.3%);手机QQ、微信(飞信)、手机微博的使用比例较低,分别占50%、9.3%、13.4%。这和职高学生手机使用功能的多样化:手机QQ(90.8%)、语音通话(72.4%)、手机短信(68.4%)、微信(飞信)(28.9%)、手机微博(23.7%)形成了鲜明的对比。对于大学生而言,高职生使用手机功能较为单一化,而一般本科大学生使用手机频率较高。因此,加强对青少年,特别是职高、高职、一般本科学生手机使用的正确引导迫在眉睫。

(二)家长的手机使用行为

父母问卷的调查结果显示:

1. 家长基本上都拥有手机

在调查的样本中100%家长拥有手机:其中74.4%的家长拥有1部手机,19.9%的家长拥有2部手机,5.7%的家长拥有3部及以上的手机。拥有智能手机的家长占77.5%,低于青少年的拥有比例(86.4%)。城市家长中,拥有智能手机的比例高达85.2%;农村家长中,拥有智能手机的为70%。线性回归结果表明(见表1-14),这种城乡差异达到显著的程度($\beta = -0.182$,$p < 0.001$)。这说明在现代家庭中,家长都拥有手机,城市家长拥有智能手机的比例要高于农村家长。

表1-14 　　　　　智能手机与居住地的回归分析

变量	回归系数		t	R^2	Sig.
	非标准化	标准化			
居住地	0.152	0.182	4.597	0.032	0.000

2. 手机的使用动机(按顺序依次列出)

调查数据显示:"父母手机使用的动机"前三项依次为:"和孩子联系"(67.1%)、"和同事或亲戚朋友联系"(47%)、"信息搜索"(39.71%),这与孩子的前三项使用动机基本一致。

3. 经常使用的手机功能（多项选择）

在调查的父母当中，经常使用的手机功能依次为：通话功能（86.5%）、手机短信（55.6%）、微信（37.8%）、手机QQ（21.9%）、手机微博（5.5%）。

与孩子经常使用手机QQ不同，父母更经常使用手机短信；父母当中手机微博的使用比例明显低于孩子；但是父母微信的使用比例高于中学生，低于大学生。

这是因为很多父母更习惯于运用社交媒体与熟人交流，而不是在微博这样公开的平台上发布与自己有关的信息，或者公开发表自己的观点。微信所具有的在线语音交流的功能，对于那些不会拼音和五笔输入法的父母来说，仿佛给他们打开了一扇神奇的大门，用微信聊天、转发文章几乎是他们每天要做的事情。

（1）母亲更多地使用微信功能

线性回归结果发现（见表1-15），除了微信（飞信）（β = -0.090，$p < 0.05$）与性别呈负相关外，语音通话、手机短信、手机QQ、手机微博功能均与性别不相关。这说明母亲更多地使用微信功能。

表1-15　家长使用手机功能与性别的回归分析

变量	回归系数		t	R^2	Sig.
	非标准化	标准化			
微信	-0.087	-0.090	-2.233	0.001	0.026

（2）年龄越大的父母，越经常使用手机通话功能；越年轻的父母，越经常使用手机短信、手机QQ和微信功能

线性回归的结果显示（见表1-16），除了手机微博与年龄不相关之外，语音通话与年龄呈正相关（β = 0.208，$p < 0.001$），手机短信（β = -0.150，$p < 0.01$）、手机QQ（β = -0.145，$p < 0.01$）、微信（β = -0.197，$p < 0.001$）、手机微博（β = -0.117，$p <$

0.05）均与年龄呈负相关，也就是说年龄越大的父母，越经常使用手机通话功能；越年轻的父母，越经常使用手机短信、手机 QQ、微信功能。

表 1-16　家长使用手机功能与年龄的回归分析

变量	回归系数		t	R^2	Sig.
	非标准化	标准化			
语音通话	0.017	0.208	3.973	0.040	0.000
手机短信	-0.020	-0.150	-2.833	0.020	0.005
手机 QQ	-0.016	-0.145	-2.743	0.018	0.006
微信	-0.021	-0.197	-3.754	0.036	0.000

（3）受教育程度越高的父母，越经常使用手机短信、手机 QQ、微信和手机微博等新式功能

线性回归结果分析显示（见表 1-17），除了通话功能与家长的受教育程度不相关之外（$p > 0.05$），家长们的手机短信（$\beta = 0.247$，$p < 0.001$）、手机 QQ（$\beta = 0.124$，$p < 0.01$）、微信（$\beta = 0.134$，$p < 0.01$）、手机微博（$\beta = 0.114$，$p < 0.01$）四种功能均与教育程度呈正相关。由此可见，受教育程度越高的父母，越经常使用手机短信、手机 QQ、微信和手机微博等功能。

表 1-17　家长使用手机功能与受教育程度的回归分析

变量	回归系数		t	R^2	Sig.
	非标准化	标准化			
手机短信	0.150	0.247	6.313	0.059	0.000
手机 QQ	0.063	0.124	3.110	0.014	0.002
微信	0.080	0.134	3.351	0.016	0.001
手机微博	0.032	0.114	2.838	0.011	0.005

（4）家庭月收入越高的家长，越经常使用手机短信、手机 QQ、微信和手机微博功能

线性回归的结果显示（见表1-18），在五种功能中，除了家长们的语音通话功能与家庭月收入不相关之外（p>0.05），手机短信（β=0.197，p<0.001）、手机QQ（β=0.131，p<0.01）、微信（β=0.065，p<0.001）、手机微博（β=0.016，p<0.05）功能均与家庭月收入呈正相关，即家庭月收入越高的家长，越经常使用手机短信、手机QQ、微信和手机微博功能。

表1-18　家长使用手机功能与家庭月收入的回归分析

变量	回归系数		t	R^2	Sig.
	非标准化	标准化			
手机短信	0.077	0.197	4.980	0.037	0.000
手机QQ	0.043	0.131	3.264	0.015	0.001
微信	0.065	0.170	4.283	0.027	0.000
手机微博	0.016	0.090	2.245	0.007	0.025

（5）城市的家长更多地使用手机短信、微信和手机微博

我们将城乡设为虚拟变量（城市=1，农村=0）来建立线性回归（见表1-19），结果发现，手机短信（β=0.176，p<0.001）、微信（β=0.122，p<0.01）、手机微博（β=0.089，p<0.05）与居住地呈显著的正相关，即城市家长更多地使用手机短信、微信和微博功能。然而，在语音通话（p>0.05）、手机QQ（p>0.05）功能的使用上，城乡不具有显著的差异。

表1-19　家长使用手机功能与居住地的回归分析

变量	回归系数		t	R^2	Sig.
	非标准化	标准化			
手机短信	0.175	0.176	4.438	0.029	0.000
微信	0.118	0.122	3.041	0.013	0.002
手机微博	0.041	0.089	2.210	0.006	0.027

结论：

首先，手机作为现代化的通信工具，已经成为家长们的生活必需品，在手机的普及率上超过了孩子。但是在智能手机的拥有比例上，却略逊色于孩子。

其次，年龄越大的父母，越经常使用手机通话功能；越年轻的父母，越经常使用手机短信、手机 QQ、微信（飞信）功能。此外，由于微信的丰富多样、形象直观的表达更符合女性的需求，因此母亲们更多地使用微信（飞信）功能。

最后，家长们经常使用的手机功能与社会经济地位有关。受教育程度越高，家庭月收入越高，越会经常使用手机短信、手机 QQ、微信、手机微博等功能。

二 手机使用：代与代之间的"数字鸿沟"

自从 1995 年美国政府发布《在网络中落伍》（*Falling Through the Net*）系列研究报告，详细揭示了美国社会不同阶层人群采纳和使用互联网的差别之后，"数字鸿沟"这一概念开始流行开来。[1] 虽然早期的"数字鸿沟"指的是互联网，但是随着信息传播技术的发展，"数字鸿沟"概念已扩展至有线电视、手机等新兴媒体。在社会经济发展水平不同的国家和地区存在着"数字鸿沟"，在文化程度、职业、阶层和收入不同的群体中存在着"数字鸿沟"。那么，在同一个家庭中，亲代和子代之间，是否也存在着明显的数字鸿沟？青少年的手机使用，究竟是加大抑或缩小代际"数字鸿沟"？

（一）代际"数字鸿沟"（"数字代沟"）概念界定

自从 1995 年美国政府发布《在网络中落伍》（*Falling Through the Net*）系列研究报告之后，"数字鸿沟"概念开始流行开来。"数字鸿

---

[1] Servon, L. J., *Bridging the Digital Divide: Technology, Community and Public Policy*, Malden, MA: Blackwell Publishing, 2002, p. 110; National Telecommunication and Information Administration, "Falling Through the Net: A Survey of the 'Have Nots' in Rural and Urban America" (1995), http://www.ntia.doc.gov/ntiahome/digital divide/.

沟"("digital divide"或"digital gap"),也译为"数字分化"、"信息分化"、"信息鸿沟"、"数位差距"、"数位落差"等;它指的是一系列的不平等,包括不同国家之间信息传播技术的接入、接触和使用差异;① 同一国家内部,不同社会和人口特征群体的信息接入、接触和使用差异。② "数字鸿沟"的实质是以互联网为代表的新兴数字技术在扩散和普及方面的不均衡现象。

有学者将"数字鸿沟"分为三道:第一道鸿沟指的是接入信息设备上存在的差距,也称"接入沟";第二道鸿沟指利用信息资源的能力差距,也称"使用沟";第三道鸿沟指接入或鉴别信息价值的能力,又称"意识沟"。③

"数字鸿沟"可以从以下层面检视:全球鸿沟(global divide)、社会鸿沟(social divide)和民主鸿沟(democratic divide)。④

塔普斯科特(Tapscott)对于"数字鸿沟"的贡献,是将"代际"作为解释两个群体"数字读写能力"差异的结构性分类标准。他认为,成年人无法像孩子那样自然地处理或适应"新技术";⑤ 年轻人通常比家长更熟练地运用互联网。⑥ 从网络社会学视角来看,这种"数字代沟"(digital generation gap)会随着互联网的不断普及而逐步缩小,但是不会消除。⑦

---

① Drori, G. S. & Jang, Y. S., "The Global Digital Divide: A Sociological Assessment of Trends and Causes", *Social Science Computer Review*, Vol. 21, No. 2, 2003, pp. 144 – 161.

② Willis, S. & Tranter, B., "Beyond the 'Digital Divide': Internet Diffusion and Inequality in Australia", *Journal of Sociology*, Vol. 42, No. 1, 2006, pp. 43 – 59.

③ 金文朝:《数字鸿沟的批判性再检讨》,《学习与探索》2005年第1期。

④ Norris, P., *Digital Divide: Civic Engagement, Information Poverty and the Internet Worldwide*, New York: Cambridge University Press, 2001, p. 303.

⑤ Tapscott, D., *Growing up Digital: the Rise of the Net Generation*, New York: McGraw - Hill, 1998, p. 35.

⑥ Erstad, Ola, "Electracy as Empowerment: Student Activities in Learning Environments Using Technology", *Young*, Vol. 1, No. 1, 2003, pp. 11 – 28.

⑦ 曹荣湘:《数字鸿沟引论:信息不平等与机遇》,《马克思主义与现实》2001年第6期。

(二) 研究假设

鉴于以上研究的不足,本研究试图探讨以下问题:在同一个家庭内部,青少年和家长在手机使用上是否存在着明显的"数字代沟"现象?如果存在,这两种现象分别会受到社会结构中哪些因素的影响?对此,本研究提出如下假设:

1. 问题一:青少年与家长在手机使用上是否存在"数字代沟"?

荷兰学者梵·迪克(Van Dijk)指出,物质连接设备的缺乏,导致了物质接入(material access)的差异;缺乏对新技术的兴趣,导致了数字经验的匮乏,即精神接入(mental access)的差距;二者决定了人们物质接入的差异(即第一道"数字鸿沟")。[①] 近年来,随着手机价格的不断降低,手机逐渐成为普及的科技产品。因此,本研究假设:

H1a:在第一道"数字代沟"("接入沟")上,青少年与家长不存在显著差异。

第二道"数字鸿沟"包括:因为技术界面的不够友好以及社会支持的不充分而导致数字技能的匮乏,即技能接入(skills access)的差距;使用机会的缺失或不均衡分布,引发的使用接入(usage access)差异。[②] 由于青少年和家长生活的时代背景不同,教育背景不同,对于手机这种新技术有着不同的理解、接受和适应能力。因此,本研究假设:

H1b:在第二道"数字代沟"("使用沟")上,青少年与家长存在显著差异。

---

① Van Dijk, J., "A Framework for Digital Divide Research", *Electronic Journal of Communication*, Vol. 12, No. 1−2, 2002, p. 3.

② Ibid.

2. 问题二：哪些因素会影响青少年与家长的第二道"数字代沟"？

在"数字鸿沟"的相关研究中，通常把技术的"使用"作为重要的指标，从而引出年龄[①]、性别[②]、地区[③]和学校属性[④]等变量，来考察其对于媒介使用情况的影响。[⑤] 因此，本研究做出如下假设：

H2a：第二道"数字代沟"与亲子双方的年龄均显著相关。
H2b：第二道"数字代沟"与亲子双方的性别均显著相关。
H2c：第二道"数字代沟"与居住地显著相关。
H2d：第二道"数字代沟"与青少年的学校属性显著相关。

家庭社会经济地位（Socioeconomic Status，简称 SES）这一概念，已被大量应用于测量个体的家庭背景和社会资本，具体包括父母学历、职业和家庭收入几个重要指标。[⑥] 家庭社会经济地位是衡量影响"数字鸿沟"的社会结构因素。[⑦] 韦路、李贞芳的研究发现，社会经

[①] DiMaggio, P., Hargittai, E., Celeste, C., & Shafer, S., "From Unequal Access to Differentiated Use: A Literature Review and Agenda for Research on Digital Inequality", in K. Neckerman ed., *Social Inequality*, New York: Russell Sage Foundation, 2004, pp. 355 – 400.

[②] Wilson, K. R., Wallin, J. S., & Reiser, C., "Social Stratification and the Digital Divide", *Social Science Computer Review*, Vol. 21, No. 2, 2003, pp. 133 – 143.

[③] Hindman, D. B., "The Rural – urban Digital Divide", *Journalism and Mass Communication Quarterly*, Vol. 77, No. 3, 2000, pp. 549 – 560.

[④] 江宇：《社会结构和网络技能获得——一项关于高中生互联网使用技能差异的实证研究》，《新闻与传播研究》2007 年第 2 期。

[⑤] Hoffman, D., Kalsbeek, W., & Novak, T., "Internet and Web Use in the US", *Communications of the ACM*, Vol. 39, No. 12, 1996, pp. 36 – 46.

[⑥] 郑洁：《家庭社会经济地位与大学生就业——一个社会资本的视角》，《北京师范大学学报》（社会科学版）2004 年第 3 期。

[⑦] Kim, S. H., "Testing the Knowledge Gap Hypothesis in South Korea: Traditional News Media, the Internet, and Political Learning", *International Journal of Public Opinion Research*, Vol. 20, No. 2, 2008, pp. 193 – 210.

济地位对于人们使用新媒介的影响要多于其使用传统媒介的影响。①因此,本研究假设:

H2e:第二道"数字代沟"与家庭社会经济地位显著相关。

(三) 变量测量

"数字代沟"。①第一道"数字代沟":是否拥有手机(是=1,否=0)和智能手机(是=1,否=0);②第二道"数字代沟"=(在手机的五种常用功能:语音通话、短信、手机QQ、微信、手机微博)中,孩子使用的功能数 – 家长使用的功能数。

(四) 研究发现

如果我们把"社会各阶层之间在使用互联网(手机)上的差别"界定为"数字鸿沟",那么,父母与青少年之间的"数字鸿沟"又是怎样的呢?

1. 青少年与父母的"数字代沟"

数据结果显示:

(1) 在第一道"数字代沟"上,青少年与家长并无显著差异

调查发现,青少年拥有手机的比例(96.5%)略低于家长(100%),然而拥有智能手机的比例(86.4%)却高于家长(77.5%)。

这是因为智能手机以其丰富多样的功能、新奇时尚等流行元素,更契合年轻人的心理特质,自然深受青少年喜爱。"智能手机功能挺多,能上微博、微信……天气、地图都有,很方便。"(CZ5,女,17岁,高三)此外,同辈群体的压力,也是青少年拥有智能手机的原因。"她(女儿)想要智能手机,提了好几次,说同学都有。"(PR,父亲,41岁,大学老师,博士)

---

① 韦路、李贞芳:《新旧媒体知识沟效果之比较研究》,《浙江大学学报》(人文社会科学版)2009年第5期。

但是我们通过线性回归分析发现,这两种差异均不显著,也就是说在拥有手机和智能手机上,青少年与家长均无显著差异（$p>0.05$；$p>0.05$）。H1a得到支持。

(2) 在第二道"数字代沟"上,青少年与家长存在显著差异

即使拥有相同的手机接入,也不意味着人们以相同的方式或程度来使用手机。

在手机的五种常用功能中,青少年平均使用2.59种,家长平均使用2.07种。线性回归结果显示（见表1-20）,这种差异达到显著程度（$\beta=0.268$, $p<0.001$）,即家长与孩子之间存在明显的第二道"数字代沟"。H1b得到证实。

表1-20　　　　　　　　手机使用功能数的代际差异

变量	回归系数		t	R^2	Sig.
	非标准化	标准化			
青少年手机使用的功能数	0.204	0.268	6.893	0.070	0.000

青少年的使用比例为（多选）：手机QQ（72.8%）>语音通话（67.1%）>手机短信（55.6%）>微信（34.8%）>手机微博（31.4%）。家长为：语音通话（86.5%）>手机短信（57.7%）>微信（37.8%）>手机QQ（21.9%）>手机微博（5.5%）；值得注意的是,家长使用手机QQ、手机微博这两种新式手机功能的比例远远低于孩子,"数字代沟"显而易见。一位高三女生小叶这样说道："我们同学之间很少用短信了,有时要传图片不方便,像今天,我们同学就直接把照片发到QQ上。我们大家都在QQ、微博上,有什么事情就在上面说一下。"（CY2,女,17岁,高三）

而微信,之所以家长的使用比例超过青少年,是因为很多中学生家长出于对微信负面影响的担忧,禁止孩子使用微信。

我不让她玩微信。微信比QQ更加可怕,因为微信交友更快,

见面也更容易。孩子还很单纯,防范意识不强,容易上当受骗。
(PW2,母亲,46 岁,公司职员,高中)

(3)第二道"数字代沟"受亲子双方的年龄、性别、孩子学校属性和家长受教育程度因素的影响

①第二道"数字代沟"与亲子双方的年龄均呈显著正相关,与居住地不相关

为了更好地探究影响第二道"数字代沟"的社会结构因素,我们将手机使用的"数字代沟"作为因变量,采用线性回归的方法,分别考察亲子双方的年龄、居住地对它的影响,结果如表 1 – 21 所示:第二道"数字代沟"均与亲子双方的年龄呈显著正相关,即年龄越大的青少年与父母的"数字代沟"越大($\beta = 0.373$,$p < 0.001$),年龄越大的家长与孩子的"数字代沟"越大($\beta = 0.235$,$p < 0.01$)。H2a 得到验证。这是因为年龄越大的孩子,掌握的手机功能越多,而年龄越大的家长掌握的手机功能越少,因而造成了二者之间的"数字代沟"。

表 1 – 21　　　　年龄、居住地、受教育程度对第二道
"数字代沟"的回归分析

变量	回归系数		t	R^2	Sig.
	非标准化	标准化			
青少年的年龄	0.191	0.373	9.954	0.137	0.000
家长年龄	0.081	0.235	5.987	0.054	0.000
家长受教育程度	-0.251	-0.135	-3.377	0.017	0.001

居住地对第二道"数字代沟"的影响并不显著($p > 0.05$),也就是说家庭内部的"数字代沟"并没有显著的城乡差异。H2c 未得到支持。

②第二道"数字代沟"与亲子双方的性别呈显著相关

我们根据青少年和家长性别,将青少年家庭分为四组,来测量不同性别组合家庭的"数字代沟"均值,结果显示:女儿与父亲的"数字代沟"最大($M=0.74$),其次为母亲与女儿的"数字代沟"($M=0.68$),父亲与儿子的"数字代沟"($M=0.45$),母亲与儿子的"数字代沟"最小($M=0.10$)。

单因素方差分析结果表明(见表1-22),这四组平均得分的差异达到显著程度($F=4.609$,$p<0.01$),即不同性别组合对于"数字代沟"具有显著影响。H2b得到证实。

表1-22 不同组别家庭对第二道"数字代沟"的方差分析

	平方和	df	均方	F	显著性
组间	31.500	3	10.500	4.609	0.003
组内	1396.535	613	2.278		
总数	1428.036	616			

③第二道"数字代沟"与中学生的学校属性呈显著相关

不同学校属性的中学生家庭的"数字代沟"依次为(见表1-23):职高生家庭>重点初中家庭>普通高中家庭>重点高中家庭>普通初中家庭。单因素方差分析显示(见表1-24),这种差异达到显著程度($F=7.537$,$p<0.001$),即不同学校属性的中学生家庭的"数字代沟"具有显著差异。H2d得到验证。

表1-23 不同学校属性的青少年家庭的第二道"数字代沟"

学校属性	孩子使用的手机功能数(M)	家长使用的手机功能数(M)	"数字代沟"(M)
职高	2.89	1.89	1
重点初中	1.63	2.17	-0.54
普通高中	2.22	1.86	0.36
重点高中	2.34	2.04	0.3
普通初中	1.77	1.66	0.11

表1-24　　　不同学校属性的中学生家庭对第二道
"数字代沟"的方差分析

	平方和	df	均方	F	显著性
组间	59.847	4	14.962	7.537	0.000
组内	688.869	347	1.985		
总数	748.716	351			

调查显示，职高生由于学习压力小，因而有更多的闲暇时间来使用手机的多种功能，因此与家长的"数字代沟"最大；重点初中生由于年龄小和学习压力大，父母严格管制孩子手机功能的使用，因此呈现家长使用功能数多于孩子的逆向"数字代沟"。

相比之下，不同学校属性的大学生家庭的"数字代沟"没有显著的差异（$p>0.05$）。H2d 得到部分验证。

④第二道"数字代沟"与家庭社会经济地位

首先，第二道"数字代沟"与家长的受教育程度呈负相关；

教育程度是测量"数字代沟"最常用的社会结构指标。我们以是否具备专科及以上学历为标准，将家长的受教育程度分成高低两组（以高=1，低=0进行赋值）作为自变量，进行线性回归分析，结果发现（见表1-21）：第二道"数字代沟"与家长的受教育程度呈显著负相关（$\beta=-0.135$，$p<0.01$），即家长受教育程度越高，家庭内部的"数字代沟"越小。

> 我建议他们（父母）用微信、短信、手机 QQ，他们接受不了。我妈（PZ，农民，50岁，没读过书）说："我学不会，我种花、卖花，打个电话就可以了；不识字，通话比较简单。"（CZ，男，22岁，大三）

其次，第二道"数字代沟"与家长的经济收入和职业不相关。

在手机进入家庭后，家长的经济收入、职业是否会对第二道"数字代沟"产生影响呢？单因素方差分析显示，第二道"数字代沟"与家长的经济收入和职业均不相关（$p > 0.05$；$p > 0.05$），因此，H2e 得到部分支持。

（五）结论

手机媒体的"接入"和"使用"，即第一道和第二道"数字代沟"，勾勒了手机媒体在青少年家庭生活中的应用图景。研究结果显示：

1. 在手机"接入沟"上，即拥有手机（智能手机）上，青少年与家长并无明显的代际差异。这说明了手机特别是智能手机已在人们当中，包括青少年中的快速普及。在访谈中，笔者发现：虽然大部分中学都禁止学生携带手机到校，但是绝大多数青少年还是会偷偷地把手机带到学校，只不过上课时关机或把手机设成振动放在书包里或口袋里；一放学，立马掏出手机使用。此外，在当今充满不确定性的风险社会，手机对于增强青少年和父母的安全感，减少不确定信息，是一种非常重要而实用的媒介。这就不难理解在调查中，当问及"给孩子配置手机的原因"（多项选择）时，92.2% 的父母回答"方便联系"，54.3% 的父母是"出于孩子的安全考虑"。

2. 在手机"使用沟"上，亲子之间却横亘着一道"数字代沟"：在手机的五种常用功能中，青少年使用的功能数明显多于家长；相比家长更习惯使用手机短信功能，孩子们则更多地使用手机 QQ、手机微博功能。

手机价格的优势和易操作性，使得亲子之间的手机"使用沟"不受家长的经济收入、职业和城乡因素的影响，却受到亲子双方的年龄、性别、青少年学校属性和家长受教育程度因素的制约，即年龄越大的青少年与父母的"数字代沟"越大，年龄越大的家长与孩子的"数字代沟"越大；女儿与父亲的"数字代沟"最大，母亲与儿子的"数字代沟"最小。职高生家庭的"数字代沟"最大，普通初中生家庭"数字代沟"最小；家长受教育程度越高，家庭内部的"数字代沟"越小。

第二节　权威消解：手机—新技术与文化反哺

权威地位的形成往往是以一个人获得他人的信任并且愿意遵从其意愿为体现。权威的塑造依赖于两个因素：一是对信息资源的垄断。等级关系中，权威身份的展示和维持是要通过对知识、技能以及与角色相关的经验的控制来完成。二是对"后台"行为的隐藏。塑造权威性，就需要"神秘感"，使之与众不同，广阔的"后台"个体行为是"非权威"无法触及的。[①]

在传统社会中，父辈总是凭借信息的垄断地位以及营造权威的神秘感，出现在子辈面前。因为他们总是比孩子知道得早、知道得多，孩子的所有疑惑都能从父母那儿得到解答。而在高度现代性社会，家庭内部由父母权威建立的信息堡垒被摧毁，家庭权威地位因新媒体改变的场景而被解构。以电视、网络、手机为代表的信息传播技术打开了原本被父母控制的信息流通渠道，海量信息像失控的水龙头，以毫无区别的方式，直接以图像、声音等编码等级较低的形式流向青少年，无论是信息的传播数量还是传播速度，都不加任何限制。通过信息传播技术，青少年能够获得任何关于社会"后台"信息，父母权威形象的神秘感荡然无存。

在这种"读图时代"、"视听时代"，青少年对大量的社会信息理解已不再需要长期的解码过程，大量的信息越来越少地使用文字符号，而越来越多地采用图像、声音符号。对于这些信息的接收理解能力，青少年已与父母无本质差别，父母与青少年之间设立的符号障碍被清除。[②] 须臾之间，青少年和父母站在了平等的起跑线上。不仅如此，由于孩子相对父母而言，更容易也更愿意接受新的知识和信息，

---

① 何志武、吴瑶：《媒介情境论视角下新媒体对家庭互动的影响》，《编辑之友》2015年第9期。

② 同上。

特别是新技术的扩散与使用。于是，在现实中出现了新技术使用的"文化反哺"的现象，以往父母绝对权威的地位逐渐消解。

一 角色转换：青少年对信息的主动接触

社会化是一个"成为"的过程，是一个角色到另一角色的转换。从某种意义上讲，任何社会化过程的目标都是为了获得那个群体"共享而特殊"的信息。某一被社会化而尚未进入某一群体的个体，往往被排除在该群体的整个信息系统之外。例如，小孩被排除在成人生活的许多"秘密"之外。当然，这种排除在群体秘密之外并不是永久的或绝对的。被社会化的个体可以接触该群体信息，但是这种接触是按部就班、循序渐进的。[①]

波兹曼在《童年的消逝》一书中也指出：印刷术的出现，使成人和儿童阶层之间存在着一种"知识差距（knowledge）"。[②]这种"知识差距"是通过知晓不同特定信息内容而造成的，是划分儿童和成人不同阶层的基础。此时，成人对未成年人的符号环境有着前所未有的控制力。从童年到成年的社会化过程中的每一步，都要经历一个过程。在这个过程中，儿童被成人限制接触某些类型的场景，以及其中所能得到的信息。

但是随着信息技术的日新月异，特别是电子媒介的出现，改变了青少年知识获取的模式，青少年可以通过电子媒介（从父母老师之外）享受到与父母一样的信息数量、信息类型、信息体验环境；甚至一些青少年在获取、拥有、运用、掌握信息的能力远远超过了父母，他们能比父母更快地获取更多的信息与知识。因此，尼葛洛庞帝在《数字化生存》一书的结尾指出，在信息社会，"年轻人是富裕者，而年老人是匮乏者"；"孩子们抢占了全球信息资源"，这种数字化的

---

① ［美］约书亚·梅罗维茨：《消失的地域：电子媒介对社会行为的影响》，肖志军译，清华大学出版社 2002 年版，第 54 页。

② ［美］尼尔·波兹曼：《童年的消逝》，吴燕莛译，广西师范大学出版社 2004 年版，第 41 页。

未来,比以前更多地掌控在年轻人手中。①

就手机新技术而言,手机媒介随身携带的便利性、操作的简易性、强大的信息搜索功能、即时互动的信息传播方式、多媒体的信息表现形式,极大地拓展青少年获取资讯的渠道和来源,有利于他们快速有效地获取信息与知识,了解社会、了解世界。在日常生活中,他们可以随时随地根据自己的兴趣和需要"拉出"自己所需的信息,浏览时事新闻、上网搜索、手机电子词典查单词……这就使得子代实现了对信息的主动接触,甚至在信息知识的获取方面超越亲代,成为在代际知沟上的优势主体。

这种对信息的主动接触,不仅意味着青少年可以多接触一些信息知识,而且赋予了青少年选择接收某种信息的权力,使父母与孩子在获取信息上处于平等的地位,没有了差异可言,信息成了一种共享的模式。它在一定程度上拉近了父母和孩子之间的"知识差距",父母和孩子在信息获取方面的界线不再泾渭分明,传统的社会角色已然发生了变化。

小冯(CF1,女,15岁,高一)告诉笔者,智能手机使她能够随时随地获取信息、搜索信息,及时解决她的疑难问题。"现在的智能手机可以下载一些软件,如英汉词典等一些工具书,如果遇到疑难问题,可以随时使用手机查阅词典,还可以上网查到所需的资料"。

巫女士(PW3,母亲,42岁,高中,导游)坦言,手机上网功能使父母和孩子在知识的拥有和获取上不再有差距,父母已不再拥有优势地位。"上次她(女儿)问我一道数学题,我也做不出来。她就拿出手机上网搜索,很快就找到解题的方法了。"

二 文化反哺:亲子互动与参与式学习

早在 20 世纪 70 年代,玛格丽特·米德就指出,在急剧社会变迁

---

① [美]尼葛洛庞帝:《数字化生存》,胡泳等译,海南出版社 1997 年版,第 272 页。

的推动下，一种全新的代际传播模式必然会出现，即原先充当被教化者角色的子代，能够扮演教化者的角色，这种状况在"数字化时代"尤为明显。子代凭借对于新媒介技术的敏感性和接受能力，成为"信息富者"，而亲代却沦为"信息贫者"，由此子代获得了对亲代进行"文化反哺"的话语权。

（一）概念界定

1."文化反哺"

自从涂尔干（Durkheim）提出正向社会化的概念以来，"正向社会化"成为西方学者关注的话题。直到20世纪60年代末至70年代初，西方学者才开始认识到社会化是一个双向过程。1970年，美国文化人类学家玛格丽特·米德（Margaret Mead）从文化传播的角度出发，将人类文化划分为三种类型：前喻文化（postfigurative）（亲代向子代进行教化）、并喻文化（cofigurative）（子代和亲代的文化传播都依赖同辈人完成）和后喻文化（prefigurative）（子代扮演亲代教化者的角色）。而后喻文化（即反向社会化），是新时期的一种基本文化传播范式，指的是传统的受教育者反过来影响施教者，向他们传授知识、价值观和社会规范的反向社会化过程。[①]

我国学者自20世纪80年代末将反向社会化研究引入国内，开始关注青少年"反向社会化"。1988年，南京大学周晓虹教授把这种和"嗷嗷林鸟，反哺于子"自然现象类似的社会文化现象称为"文化反哺"。简言之，"文化反哺"是在急剧变迁的社会所发生的，年长一代向年轻一代进行广泛的文化吸收过程，[②] 是弥合现代社会"代沟"问题的有效路径之一。

随后，社会学、文化学、青年学等不同学科的学者对文化反哺的成因、内容、意义进行了有意义的探讨：如周晓虹通过焦点小组访谈，进一步发现"文化反哺"的内容为：日常行为、价值观、生活

[①] 玛格丽特·米德：《文化与承诺——一项有关代沟问题的研究》，周晓虹、周怡译，河北人民出版社1987年版，第7页。

[②] 周晓虹：《试论当代中国青年文化的反哺意义》，《青年研究》1988年第11期。

态度、新器物的使用和新潮流的了解等方面;年轻一代对于新事物的较强适应能力、与同辈群体的交往以及传播技术的普及,是他们获得"反哺"能力的主要原因。"文化反哺"悄然改变了原有的亲子关系格局,增加了孩子对家庭事务的决策参与权,同时也增强了家长的社会适应能力。① 进入网络时代,网络语言、网络知识和技能成为年轻一代"文化反哺"的新形式。②

2. 亲子沟通

亲子沟通作为青少年社会化的一个具体形式和重要途径,已成为一个被传播学、社会学、心理学、教育学所共同关注的主题。国外对于亲子沟通领域的研究,始于20世纪70年代,时至今日,已在该领域取得了一些研究成果。③

相比之下,国内亲子沟通的研究尚处于起步阶段:研究领域主要集中在心理学、教育学和社会学三个学科。研究内容涵盖:(1)青少年亲子沟通的特点,主要从青少年亲子沟通的主动性、时长、内容、沟通渠道及沟通感受等方面进行了探讨;④(2)影响青少年亲子沟通的因素,主要包括青少年的年龄、性别、家庭环境、家庭功能、父母受教育程度、父母教养方式等;⑤(3)亲子沟通与青少年心理发展,如同伴关系、行为问题、学业成绩、情感发展方面展开研究。⑥

---

① 周晓虹:《文化反哺:变迁社会中的亲子传承》,《社会学研究》2000年第2期。

② 石国亮:《从网络语言看青年文化的反哺功能》,《中国青年研究》2009年第7期。

③ McLeod, J. M., & Chaffee, S. H., "The Construction of Social Realty", in J. Tdeschi ed., *The Social Influence Process*, Thousand Oaks, CA: Sage, 1972, pp. 77 – 111; Blandon, A. Y., & Volling, B. L., "Parental Gentle Guidance and Children's Compliance Within the Family: A Replication Study", *Journal of Family Psychology*, Vol. 22, No. 3, 2008, pp. 355 – 366.

④ 方晓义、林丹华、孙莉、房超:《亲子沟通类型与青少年社会适应的关系》,《心理发展与教育》2004年第1期。

⑤ 刘宁等:《上海核心家庭亲子沟通状况及其影响因素分析》,《中国公共卫生》2005年第2期。

⑥ 王争艳、刘红云、雷雳、张雷:《家庭亲子沟通与儿童发展关系》,《心理科学进展》2002年第2期。

3. 父母教养方式

父母教养方式（又称家庭教养方式）是指父母教养态度、教养行为和非言语表达的集合体，它反映了亲子互动的性质，具有跨情境的稳定性。① 父母教养方式自 20 世纪三四十年代提出以来，一直是教育学和心理学界关注的焦点。研究者普遍认为，父母教养方式是影响青少年身心发展（如人格特征、社会适应、认知发展、行为问题、学业成就、同伴关系等）的最直接和最显著的因素之一。②

影响父母教养方式的因素包括：子女的年龄、性别、气质等特征；父母的性别、气质、婚姻状况、受教育程度、职业、经济收入等特征；社会环境（社会文化背景、家庭所处的地域、社会支持等方面）。③

4. 技术接受与使用整合模型（Unified Theory of Acceptance and Use of Technology，UTAUT）

随着信息技术的普及，用户信息技术接受研究成为信息系统领域备受关注的热点议题之一。早在 20 世纪 80 年代，美国学者戴维斯（Davis）提出了技术接受模型（Technology Acceptance Model，TAM）④，旨在研究个体用户对于某项新技术的使用意向及其影响因素；之后，普拉萨德和戴维斯（Venkatesh & Davis）在 TAM 模型基础上，将其修订为科技接受模型 2（TAM2）；⑤ 2003 年，普拉萨德等人

---

① Darling, N., & Steinberg, L., *Parenting Style as Context*: *An Integrative Model*, Washington, D. C.: American Psychiatric Association, 1993, pp. 487 – 496；张文新：《儿童社会性发展》，北京师范大学出版社 1999 年版，第 260 页。

② 刘佰桥、陈秀敏、王希海：《父母教养方式对大学生心理健康的影响》，《社会心理科学》2009 年第 6 期；曾荣、王洁、朱晓峰：《父母教养方式对大学生学习适应的影响》，《中国健康心理学杂志》2008 年第 10 期。

③ 李彦章：《父母教养方式影响因素的研究》，《健康心理学杂志》2001 年第 2 期。

④ Davis, F. D., "Perceived Usefulness, Perceived Ease of Use, and User Acceptance of Information Technology", *MIS Quarterly*, Vol. 13, No. 3, 1989, pp. 319 – 340.

⑤ Venkatesh, V., & Davis, F. D., "A Theoretical Extension of the Technology Acceptance Model: Four Longitudinal Field Studies", *Management Science*, Vol. 46, No. 2, 2000, pp. 186 – 204.

（Venkatesh，Morris，Davis，et al.）在整合信息系统领域八种重要的技术采纳理论模型，即理性行为理论（Theory of Reasoned Action，TRA）、计划行为理论（Theory of Planned Behavior，TPB）、动机理论（Motivational model，MM）、技术接受模型、TAM-TPB整合模型（Combined TAM and TPB，C-TAM-TPB）、PC利用模型（Model of PC Utilization，MPCU）、创新扩散理论（Innovation Diffusion Theory，IDT）和社会认知理论（Social Cognitive Theory，SCT）的基础上，进一步提出了技术接受与使用整合模型（UTAUT）。[1]

该模型将八大理论模型中的原因变量，整合成四个对用户技术接受和使用行为有影响的核心变量：绩效期望（Performance Expectancy，PE）、努力期望（Effort Expectancy，EE）、社会影响（Social Influence，SI）和便利条件（Facilitating Conditions，FC）以及四个调节变量：年龄（Age）、性别（Gender）、经验（Experience）和自愿性（Voluntariness）。实证研究表明，UTAUT模型对于用户接受和使用新技术行为的解释力高达70%，比之前的任何一个技术接受模型都具有更强的解释力。

绩效期望是指个体感知使用某项技术可以提高工作绩效的程度。绩效期望是影响使用意愿的显著因素。努力期望来源于感知易用性和复杂性等变量，用来表征个体使用某种信息技术所需付出的努力程度。努力期望是使用意愿的决定因素。社会影响是指个体意识到的周围群体认为其是否应该使用新信息技术的影响程度。便利条件是指个体感知现有的组织和技术设施能够支持其技术使用的程度。绩效期望、努力期望、社会影响和便利条件通过影响使用意愿，来间接影响使用行为。在此过程中，还会受到个体年龄、性别、使用经验及自愿性等变量的调节。

---

[1] Venkatesh, V., Morris, M. G., Davis, G. B., Davis, F. D., "User Acceptance of Information Technology: toward a Unified View", *MIS Quarterly*, Vol. 27, No. 3, 2003, pp. 425-478.

由于 UTAUT 模型能很好地预测使用者接受信息技术行为的内在驱动因素，因此该模型已被广泛运用于探究不同情境下信息技术的接受和使用情况，如移动互联网[①]、电子信息系统[②]、网络学习系统[③]等。但是由于 UTAUT 模型提出的时间较迟，因此国内研究主要是基于 TAM 模型，基于 UTAUT 模型研究较少；而且主要运用于信息技术的研究。

（二）研究假设

鉴于已有研究主要是基于经验和观察的现象性描述；少数的实证研究虽然证实了文化反哺的存在[④]，但是鲜有对文化反哺的内在行为逻辑进行研究，对于反哺意愿、反哺行为、反哺效果缺乏操作化的测量；深入到家庭场域内，对父母和子女进行双向度的实证测量，并与亲子沟通、父母教养方式勾连起来，建立基于 UTAUT 模型的文化反哺研究，更是凤毛麟角。因此，本研究的问题为：

1. 问题一：亲子双方的反哺意愿如何？受到了哪些因素的影响？

亲子双方的反哺意愿，包括孩子是否有意愿向家长传授手机技术，家长是否有意愿向孩子学习手机技术。当家长考虑学习新手机技术时，他通常会思量新技术对他的工作是否有所帮助，或者是否能给他的生活带来方便。因此，家长对于手机技术的绩效期望，会正向影响家长的被反哺意愿。根据 UTAUT 模型，本研究提出如下假设：

H1a：家长对于反哺的绩效期望正向影响其被反哺意愿。

---

① 周涛、鲁耀斌、张金隆：《整合 TTF 与 UTAUT 视角的移动银行用户采纳行为研究》，《管理科学》2009 年第 3 期。

② 徐蕾、王建琼、查建平：《基于 UTAUT 的微型企业电子商务采纳行为研究》，《中央财经大学学报》2014 年第 7 期。

③ 赵英、杨阁、罗萱：《大学生对 MOOC 接受与使用行为的调查研究》，《中国远程教育》2015 年第 8 期。

④ 杨立、邰键：《网络传播时代青少年"文化反哺"现象调查与研究》，《广播电视大学学报》（哲学社会科学版）2002 年第 3 期。

如果家长感觉新手机技术容易学会，且不需要付出太多的精力，那么他们会比较愿意学习新手机技术。因此，提出假设：

H1b：家长对于反哺的努力期望正向影响其被反哺意愿。

当家长决定是否学习新手机技术时，往往会受到同事、亲戚、朋友等周围群体的影响。如果周围的人都在使用手机新技术，那么，家长会倾向于学习使用该项手机技术。因此，假设 H1c 为：

H1c：家长感受到的社会影响正向影响其被反哺意愿。

在技术接受研究中，不同年龄、性别、居住地、受教育程度、职业、收入的使用者在信息技术的接受过程中存在着明显的差别。

个人创新性是指"个体对新观念的接受能力，以及基于与其他人沟通的经验，所做出变革性决策的程度"[1]。本研究认为，家长的个体创新性越强，对手机新技术的接受能力就越强。此外，具有智能手机的使用经验，接受和掌握新手机技术通常是轻车熟路，往往能够提高家长对于新手机技术的接受程度。普拉萨德等人[2]（Venkatesh et al.）发现，如果用户是自愿使用新技术，那么自愿性是不会影响关键的变量。因此，本研究的变量不包含自愿性。

鉴于此，本研究做出如下假设：

H1d：家长的个体特征（性别、年龄、居住地、受教育程度、职业、收入、创新精神、使用经验）与其被反哺意愿显著

---

[1] Midgley D. F., & Dowling, G. R., "Innovativeness: The Concept and Its Measurement", *Journal of Consumer Research*, Vol. 4, No. 1, 1978, pp. 229–242.

[2] Venkatesh, V., Morris. M. G., Davis, G. B., Davis, F. D., "User Acceptance of Information Technology: Toward a Unified, View", *MIS Quartely*, Vol. 27, No. 3, 2003, pp. 425–478.

相关。

　　H1e：青少年的个体特征（性别、年龄、居住地）与其反哺意愿显著相关。

　　创新扩散理论认为，在技术的创新与扩散过程中，"意见领袖"要有办法说服他的追随者（Rogers）。① 因此，在文化反哺过程中，良好的亲子沟通是促成文化反哺的重要因素。此外，父母教养方式影响着青少年是否愿意向父母传授手机新技术。由此，本研究假设：

　　H1f：亲子互动质量越高，青少年的反哺意愿越高。
　　H1g：青少年反哺意愿与父母教养方式显著相关。

　　2. 问题二："文化反哺"的内容是什么？反哺行为受到哪些因素的制约？
　　反哺行为是指实际发生的青少年对父母进行手机技术指导的具体行为。本研究对于反哺行为的界定主要集中于反哺内容，即反哺行为中孩子对家长进行技术指导的具体内容。当家长发现自己有能力使用手机新技术，或是能够便捷地得到相应的支持和帮助；亲子双方的反哺意愿越高，那么他们的反哺行为会更频繁。据此，提出如下假设：

　　H2a：便利条件正向影响反哺行为。
　　H2b：亲子双方的反哺意愿均正向影响反哺行为。

　　3. 问题三："文化反哺"的效果如何？受到了哪些因素的影响？
　　文化反哺的效果是指父母手机技术使用能力的提升程度和对亲子关系影响程度的测量，即文化反哺是否会提高父母手机技术水平？是否会影响亲子间的感情？是否会改变亲子之间的关系或地位等。它与

---

① Rogers, E., *Diffusion of Innovation*, New York, NY: The Free Press, 1995, p. 317.

反哺意愿、反哺行为的关系如何？因此，假设 H3a，H3b 分别为：

H3a：亲子双方的反哺意愿与反哺效果显著相关。
H3b：反哺行为与反哺效果显著相关。

基于以上问题和假设，本研究构建的理论模型如下图所示（见图 1-1）。

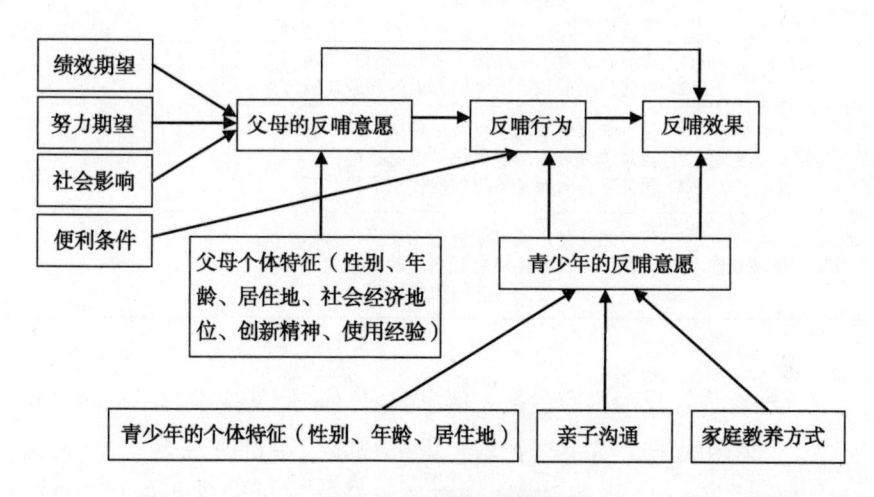

图 1-1 研究理论模型

（三）变量的测量

家长的绩效期望、努力期望、社会影响、便利条件；亲子双方的反哺意愿等变量的测量是在借鉴已有研究的基础上改编而成[①]，所有选项采用李克特五级量表测量（1 表示"非常不符合"，5 表示"非常符合"）（见表 1-25）。

---

① Venkatesh, V., &Davis, F. D., "A Theoretical Extension of the Technology Acceptance Model: Four Longitudinal Field Studies", *Management Science*, Vol. 46, No. 2, 2000, pp. 186-204. 周涛、鲁耀斌、张金隆：《整合 TTF 与 UTAUT 视角的移动银行用户采纳行为研究》，《管理科学》2009 年第 3 期。

表1-25　　　　　　　　　各变量的测量

变量	测量题项	α
绩效期望	1. 学习掌握新的手机技术，可以提高我的工作效率。 2. 学习掌握新的手机技术，对我的日常生活比较有用。	0.80
努力期望	1. 对我来说，学习掌握新的手机技术，不需要花费很多精力。 2. 我觉得通过手机来做自己想做的事情比较容易。	0.77
社会影响	1. 当周围人在使用我不熟悉的手机技术时，我会向孩子请教。 2. 为了不在周围人中显得落伍，我会向孩子请教新的手机技术。	0.70
便利条件	1. 我拥有学习手机新技术所必需的知识和能力。 2. 我向孩子请教手机使用方面的问题比较方便。	0.70
父母被反哺意愿	1. 我对掌握常用的手机技术很感兴趣。 2. 我对掌握最新的手机技术很感兴趣。 3. 我会主动向孩子请教如何使用手机。	0.72
青少年反哺意愿	1. 我很想让父母能够掌握常用的手机技术。 2. 我很想让父母能够掌握最新的手机技术。 3. 我会主动指导父母如何使用手机。	0.71

反哺行为：反哺内容包括：信息获取（如信息搜索、手机网络新闻等）、休闲娱乐（如手机音乐、手机视频、手机游戏等）、交流沟通（短信、手机QQ、微信等）、商务交易（手机网络购物、手机网上银行等）、工具扩展（手电筒、录音、照相等）、个人管理（壁纸设置、通信录、故障处理等）。本部分题项采用李克特五级量表（1表示"从不请教"，5表示"总是请教"）。所得分数相加，总分越高，反哺内容越丰富。

反哺效果：在参考已有研究的基础上改编而成[1]，包括对正面和负面效果测量的6个题项（见表1-26），采用李克特五级量表测量（1表示"非常不认同"，5表示"非常认同"）。

---

[1] 宋强，《新媒体环境下网络"技术反哺"现象的研究》，2012，http://media.people.com.cn/n/2012/1107/c150617-19520540.html。

表1-26　　　　　　　　　　　反哺效果

	测量题项	α
反哺效果	1. 通过指导父母使用手机，我们之间有更多的交流话题，关系更加融洽。 2. 指导父母使用手机新功能后，父母沉迷于手机，减少了亲子交流的时间。 3. 通过指导父母使用手机，提高我在家庭中的地位。 4. 通过孩子的指导，我的手机使用技术有了提高。 5. 孩子指导我使用手机新功能后，我更多地使用手机，减少了锻炼和休息的时间。 6. 孩子指导我手机新功能后，我更多地使用手机，视力有所下降。	0.71

亲子沟通量表。采用巴尔内斯和奥尔森（Barnes&Olson）[1] 编制，经过安伯欣[2]修订的"亲子沟通量表"。该量表已在国内青少年群体中广泛使用，具有良好的信度和效度。量表包括亲子沟通的开放性和问题性两个维度，每个维度各包括10题，共20个题项。开放性沟通是指亲子之间能够开放、自由地沟通交流：如"我可以很容易地向父母说出我所有的真实感受""我的父母会尽力去理解我"等；问题性沟通是指亲子之间在沟通时感到拘谨，不会坦诚地向对方表明自己的真实看法：如"我不可能告诉父母我的某些真实感受""我很小心地选择与父母的谈话内容"等。每个题项采用5点计分（1 = "非常不符合"，5 = "非常符合"），在对问题性题项进行反向记分之后，与开放性题项相加，所得总分越高，表明青少年与父母沟通的开放程度越高，存在问题越少。该量表经过试测，具有较好的信度（α = 0.85）。

---

[1] Barnes, H. L., & Olson, D. L., "Parent – adolescent Communication Scale", in D. H. Olson et al. ed., *Family Inventories*: *Inventories Used in a National Survey of Families Across the Family Life Cycle*, St. Paul: University of Minnesota Press, 1982, pp. 33 – 48.

[2] 安伯欣：《父母教养方式、亲子沟通与青少年社会适应的关系研究》，硕士学位论文，2004年。

父母教养方式量表。采用阿林德尔等人（Arrindell, et al.）[①]编制，北京师范大学心理学院蒋奖等人[②]修订的"简式父母教养方式量表"。该量表已在父母教养方式的研究中得到广泛运用，具有较高的信度和效度。量表共21个题项，分别由情感温暖、拒绝和过度保护3个维度构成。采用4级计分法（1＝"从不"，4＝"总是"），其中第17题反向计分。计算各维度的总分后，除以该维度的题目数，得出该维度的平均得分，得分越高，表明该父母使用该种教养方式的程度越高。情感温暖维度得分越高，表明父母在教养子女时，给予孩子的温暖越多；拒绝维度得分越高，表明父母经常以拒绝的方式对待子女；过度保护维度得分越高，表明父母经常采取监管的方式对待子女。该量表经过试测，也具有较好的信度（α＝0.72）。

人口统计学变量。手机文化反哺行为的发生，依赖亲代与子代之间的相互作用，因此人口特征变量的测量包括亲子双方的年龄、性别（男＝1，女＝0）、居住地（1＝城市，0＝农村）；本研究还根据师保国、申继亮[③]编制的"家庭社会经济地位量表"，将家长的受教育程度（按照"没上过学"、"小学"、"初中"、"高中、职高、中专"、"专科或本科"和"研究生"的层级，分别赋值1—6）、职业（"临时工、失业、待业人员、非技术及农业劳动者阶层"、"体力劳动工人、个体经营人员、技术工及同级工作者"、"一般管理人员与一般专业技术人员、事务性工作人员"、"中层管理人员与中层专业技术人员、助理专业人员"、"职业高级管理人员与高级专业技术人员、专业主管人员"，依次赋值1—5），这些测量指标能够有效地反映被

---

① Arrindell, W. A., Sanavin, E., Aguliar, G., et al., "The Development of a Short Form of the EMBU: Its Appraisal with Students in Greece, Guatemala, Hungary", *Personality and Individual Difference*, Vol. 27, No. 4, 1999, pp. 613–628.

② 蒋奖、鲁峥嵘、蒋苾菁、许燕：《简式父母教养方式问卷中文版的初步修订》，《心理发展与教育》2010年第1期。

③ 师保国、申继亮：《家庭社会经济地位、智力和内部动机与创造性的关系》，《心理发展与教育》2007年第1期。

调查者的基本情况。

(四) 研究发现

1. 反哺意愿

(1) 亲子双方的反哺意愿均较高，但孩子的反哺意愿略高于家长的被反哺意愿

调查结果显示，青少年反哺意愿的均值为 4.11，父母被反哺意愿的均值为 3.52 (5 = "非常符合"，"非常不符合 = 1")。由此可见，亲子双方的反哺意愿均较高，但孩子的反哺意愿略高于家长的被反哺意愿，且这种差异达到显著的程度（$\beta = 0.249$，$p < 0.001$）（见表 2-27）。也就是说，与父母相比，青少年具有更为强烈的反哺意愿，要帮助父母学习掌握手机新技术。

青少年之所以具有这么高的反哺意愿，主要基于两方面的原因：

一是出于孝顺，想让父母享受手机新技术的便利。

在传统儒家文化影响至深、推崇"孝道"的中国，作为晚辈的青少年希望通过指导父母，使其利用手机获得更多的社会信息资源，享受新技术带来的便利，回报父母的养育之恩。

> 我爸爸每次跑到移动营业厅去充话费，去银行排很长的队转账，我觉得很麻烦，就教他用支付宝转钱、充话费；他经常跑步，就教他安装记步器 APP；他车里地图很多年没更新，我就教他下载手机高德地图。有时讲了很多遍，有点不耐烦，但还是会教他。（CS2，女，21 岁，大三）

> 我和我妈在聊天过程中，发现她有些功能不会用，如截图、转发、发小视频、语音信息……用了很麻烦的方式，我尽可能教，教了太久，会有点不耐烦。（CZ11，男，23 岁，大四）

二是想显示自己已经长大，有成就感。

> 我教他们（父母）手机使用的一些东西，很有成就感，感觉

长大了。在他们眼里我最小（家里排行最小），总像小孩子。(CY5，女，22岁，大三)

而大多数父母承认，在手机技术方面，自己不如孩子而向他们请教是很正常的现象，谈不上什么丢面子的。不仅文化程度低的父母如此，就是那些文化程度较高的父母也肯定了向孩子学习的现实性。因此，他们往往能够心平气和地接受来自子女的反哺。

> 手机，她肯定知道得比我多，比我新；比如微信怎么发朋友圈、用微信发图片、小视频、发红包；刚才出去玩，我还问她照相的镜头怎么拉长、拉远；她还建议我用手机地图，挺好用的。(PG3，母亲，44岁，大专，公务员)
>
> 我不会发短信，别人发短信给我，我就问孩子。(PL4，母亲，37岁，农民工，小学)

表 1–27　　　　　　　　亲子双方反哺意愿的差异

变量	回归系数		t	R^2	Sig.
	非标准化	标准化			
家长的反哺意愿	0.304	0.249	4.166	0.058	0.000

（2）家长的绩效期望、努力期望、社会影响均与其被反哺意愿呈显著的正相关

表 1–28 显示，对家长被反哺意愿有显著性影响的变量按照标准化回归系数由大到小依次为：努力期望（$\beta = 0.599$，$p < 0.001$）、绩效期望（$\beta = 0.562$，$p < 0.001$）、社会影响（$\beta = 0.522$，$p < 0.001$）。这说明：当家长觉得学习手机新技术较容易、有用，周围有很多人使用该项手机新技术，他们会更愿意去学习。假设 H1a、H1b、H1c 成立。

（3）家长的性别、年龄、使用经验、月收入与其被反哺意愿不相

关；而创新精神、受教育程度、职业、居住地与其被反哺意愿呈显著的正相关

数据分析发现，家长的性别、年龄、使用经验、月收入均与其被反哺意愿不相关；而家长的创新精神、受教育程度、职业、居住地与其被反哺意愿之间存在显著的正相关关系（$\beta = 0.630$，$p < 0.001$；$\beta = 0.157$，$p < 0.001$；$\beta = 0.241$，$p < 0.001$；$\beta = 0.177$，$p < 0.01$）（见表1-28）。H1d部分成立。

表1-28 家长的绩效期望、努力期望、社会影响、创新精神、受教育程度、职业、居住地与其被反哺意愿的回归分析

变量	回归系数		t	R^2	Sig.
	非标准化	标准化			
绩效期望	0.759	0.562	11.018	0.313	0.000
努力期望	0.794	0.599	12.137	0.357	0.000
社会影响	0.718	0.522	9.924	0.270	0.000
创新精神	0.698	0.630	13.164	0.395	0.000
受教育程度	0.326	0.157	2.506	0.035	0.000
职业	0.479	0.241	4.024	0.054	0.000
居住地	0.878	0.177	2.925	0.028	0.004

这些结果表明，家长的创新精神会促使其增加对新兴手机技术的好奇心，更愿意付诸努力去学习使用新技术，因而反哺意愿越高，这与罗杰斯的创新扩散理论一致。国外研究发现，社会经济地位低的家长在新技术方面更多地受到孩子的影响。[①] 可是中国家长的做法却背道而驰，由于地处农村，受教育程度低，学习手机新技术较困难；职

---

① Straubhaar, J., Spence, J., Tufekci, Z., & Lentz, R. G., *Inequity in the Technopolis: Race, Class, Gender and the Digital Divide in Austin*, Austin: University of Texas Press, 2012, p.85; Tripp, L. M., & Herr-Stephenson, R., "Making Access Meaningful: Latino Young People Using Digital Media at Hoine and at School", Vol.14, No.4, 2009, pp.1190-1207.

业层级低，工作中需要使用手机新技术的机会较少，社会经济地位低的家长反哺意愿反而较低；而受教育程度较高的家长对于新技术的距离感较小，更愿意学习手机新技术；家长的职业层级越高，工作中需要使用手机新技术的机会较多，因此反哺的意愿也就越高。

（4）青少年的性别、年龄与其反哺意愿不相关，但与居住地呈显著正相关

回归分析结果显示，青少年的性别、年龄与其反哺意愿不相关，但与居住地呈显著正相关（见表1-29），即城市青少年的反哺意愿要高于农村青少年（$\beta = 0.128$，$p < 0.05$）。H1e得到部分支持。

（5）亲子沟通质量越高，青少年反哺意愿越高

为了考察青少年反哺意愿与亲子沟通之间的关系，我们对这两个变量进行线性回归分析。结果显示（见表1-29），亲子沟通质量与青少年的反哺意愿呈显著的正相关关系（$\beta = 0.305$，$p < 0.001$），即亲子沟通质量越高，青少年的反哺意愿越高。良好的亲子沟通，会使青少年感知到关爱与被尊重，形成对自己、他人和周围环境积极、向上的认知和期望，因而反哺意愿会较高。H1f得到支持。

（6）父母"情感温暖"教养方式与青少年反哺意愿呈显著的正相关

调查发现，父母教养方式中"情感温暖"、"过度保护"、"拒绝"三个因子的均值分别为3.01、2.00、1.49（4 = 总是，3 = 经常，2 = 偶尔，1 = 从不）。这说明当代父母较多地采用情感温暖的方式教养孩子，其次是过度保护，而较少地采用拒绝的教养方式。

为了了解父母教养方式和青少年反哺意愿的关系，我们对父母教养方式各因子与学生反哺意愿进行回归分析（见表1-29）。结果显示，父母情感温暖与青少年反哺意愿呈显著正相关（$\beta = 0.273$，$p < 0.001$），而父母过度保护、父母拒绝与青少年反哺意愿相关均不显著。这说明父母给予孩子的情感温暖越多，会使孩子体验到更多的爱护和关怀，使他们形成了自信、主动、爱探索、自我肯定的个性特征，更愿意帮助父母掌握手机新技术，因而反哺意愿会越高。H1g得

到支持。

表1-29 居住地、亲子沟通、父母教养方式与青少年反哺意愿的回归分析

变量	回归系数		t	R^2	Sig.
	非标准化	标准化			
居住地	0.518	0.128	2.098	0.013	0.037
亲子沟通质量	0.057	0.305	5.198	0.090	0.000
父母情感温暖	0.867	0.273	4.597	0.071	0.000

2. 反哺行为

（1）文化反哺内容的基础性

在父母被问及"当您在手机使用上遇到问题时，经常会向谁请教"，87.2%的家长选择孩子，6%选择同事，3.8%选择配偶，3%选择亲戚朋友。由此可见，家长向孩子请教手机技术已成为家庭场域中的普遍现象。面对家长的请教，58.5%青少年觉得"很自豪，乐于回答"；34%觉得"很平常"；"认为他们基础差，应付一下"为6.8%，"对此不屑一顾"仅为0.7%。

那么，家长向孩子请教哪些手机使用知识呢？调查研究发现，青少年向家长手机文化反哺内容的均值依次为：交流沟通（30.47）、信息获取（3.4）、工具扩展（3.00）、休闲娱乐（2.99）、个人管理（2.96）、商务交易（2.87）（5="经常"，1="从不"）。这说明，当前青少年对父母的手机"文化反哺"，较多地集中在以即时聊天工具为代表的交流沟通功能的指导，以搜索引擎、网络新闻为主的信息获取的指导，以录音、照相为代表的工具扩展功能的指导；而对于手机购物、手机网上银行为代表的商务交易功能的指导较少。这反映出当前手机"文化反哺"的一个显著特点，即反哺内容的基础性，侧重于手机基础技能的指导。

孩子挺厉害。我不会用时会向他请教，比如手机出现故障

(突然关机)、新功能怎么用(下载歌曲、安装 wifi 万能破解器、删掉不好看的壁纸)。我三星手机的功能都是他帮我开发的,下载软件、清理内存、苦瓜(注:一款移动美食应用,通过与全国知名连锁餐饮品牌合作,可以把美食电子优惠券装进手机,用户在合作商家直接出示手机上的优惠券即可享受优惠,免去了传统优惠券携带不方便、需要打印等诸多不便)……但我有点接受不了。(PW1,母亲,43 岁,本科,中学教师)

孩子教我用的微信,说微信怎么怎么好,我说不是跟 QQ 差不多嘛;他教我微信怎么申请。现在我用得比他多,他反而不怎么用了。(PJ1,母亲,47 岁,本科,大学教师)

(2) 便利条件、亲子双方的反哺意愿正向影响其反哺行为

表 1 - 30　　亲子双方的反哺意愿与反哺行为的回归分析

变量	回归系数		t	R^2	Sig.
	非标准化	标准化			
便利条件	0.997	0.273	4.601	0.071	0.000
大学生反哺意愿	0.603	0.273	4.604	0.071	0.000
家长被反哺意愿	0.666	0.368	6.419	0.132	0.000

线性回归分析发现(见表 1 - 30),便利条件、亲子双方的反哺意愿与反哺行为均呈显著的正相关($\beta = 0.273$,$p < 0.001$;$\beta = 0.273$,$p < 0.001$;$\beta = 0.368$,$p < 0.001$),即反哺的条件越便利,亲子双方的反哺意愿越高,反哺内容就越丰富。H2a、H2b 成立。

3. 反哺效果

(1) 文化反哺效果多为正面

数据分析显示(见表 1 - 31),文化反哺的正面效果多于负面效果,且二者之间的差异达到显著的程度($\beta = 0.281$,$p < 0.001$)。文化反哺的正面效果包括:促进了亲子亲合,使亲子之间有更多的交流

话题，关系更加融洽（3.92）；通过孩子的指导，提高了父母的手机使用技能（3.84）。

在访谈中，很多青少年和家长也肯定了文化反哺的积极影响：

> 我教我妈妈用微信，教了一年，还不怎么会用；后来我才知道她无聊，故意找个话题跟我聊天。(CY6，男，18岁，大二)

> 父母先接受手机，再了解我们；他们一天天适应智能手机，就更加贴近我们年轻人的想法。(CX3，女，20岁，大三)

> 代沟会变小，我爸妈很害怕跟不上我的脚步，有什么手机新技术，他们很愿意学，很怕自己落伍；（我们之间）也多了一些话题，可以互相讨论微信新闻。(CS2，女，21岁，大三)

负面效果并不是很明显：孩子指导父母使用手机新功能后，父母更多地使用手机，减少了锻炼和休息的时间（2.87）；父母更多地使用手机，视力有所下降（2.61）；父母沉迷于手机，减少了亲子交流的时间（1.78）（5=非常符合，1=非常不符合）。但是少数父母的手机成瘾问题也不容忽视。在访谈中，CY7（女，21岁，大三）向笔者讲述了她教会妈妈使用手机后，妈妈将手机从消磨时光的工具变为精神依赖工具的故事。

> 我妈妈是家庭主妇。我怕她无聊，就教她手机的一些功能，结果我想不通，她比我还上瘾，整天捧着手机，离不开手机。我放假回家挺珍惜和家人在一起的机会，吃饭都不会看手机。结果我妈吃饭一直看手机，都不爱跟我们说话；现在轮到我啰唆："吃饭不要玩手机"；她还躺在床上看手机视频、听歌。现在我挺怀念一家人坐在一起一边看电视，一边议论，那场面挺温馨的。

但是"文化反哺"并未从实质上改变亲子之间的相对地位："通

过指导父母使用手机,提高我在家庭中的地位"选项得分为 2.57(介于"2 = 不符合"和"3 = 不确定"之间)。这是因为子代在亲子关系中地位的提高,不仅仅是因为他们"反哺"父母的能力,也与独生子女政策的推行有关:独生子女家庭在中国的普及,导致了家庭结构的裂变,使得亲子关系出现了代际倾斜的趋势,子代在亲子关系中的重要性增加。

表1-31　　文化反哺正面效果与负面效果的回归分析

变量	回归系数		t	R^2	Sig.
	非标准化	标准化			
负面效果	0.342	0.281	4.752	0.076	0.000

(2) 亲子双方的反哺意愿越高,反哺正面效果越好

回归分析结果表明(见表1-32),亲子双方的反哺意愿与反哺的正面效果均存在显著的正相关($\beta = 0.469$,$p < 0.001$;$\beta = 0.428$,$p < 0.001$),即亲子双方的反哺意愿越高,反哺的正面效果越好。显然,反哺行为是一个互动过程,如果孩子具有较高的反哺意愿,在反哺过程中对于父母的态度和投入的程度都较好,因而反哺正面效果越好;同样,家长具备较高的被反哺意愿,在学习过程更为认真和主动,掌握新技术技能越快,在此过程中与孩子的沟通就越好。H3a 得到支持。

(3) 文化反哺的内容越丰富,反哺正面效果越好

表1-32 的线性回归分析发现,文化反哺内容与反哺的正面效果存在显著的正相关,即文化反哺的内容越丰富,反哺的正面效果越好($\beta = 0.439$,$p < 0.001$)。这不难理解,反哺的内容越丰富多元,反哺行为越频繁,这无论对于提高家长的手机使用技能,还是对促进亲子关系都是有所裨益的。H3b 成立。

表1-32　亲子双方的反哺意愿、反哺行为与反哺正面效果的回归分析

变量	回归系数		t	R^2	Sig.
	非标准化	标准化			
青少年反哺意愿	0.495	0.469	8.621	0.217	0.000
家长反哺意愿	0.370	0.428	7.690	0.180	0.000
反哺行为	0.210	0.439	7.917	0.189	0.000

（五）结论

1. 文化反哺的发生机制：家庭和社会场域的相互作用

虽然文化反哺在现代家庭是一种司空见惯的常态现象，但是在不同的家庭和社会环境下，程度却迥然各异。究竟在何种家庭和社会场域下，文化反哺更有可能发生？哪些因素会影响到文化反哺的效果？

本研究对此进行了深入探讨，结果发现：青少年的反哺意愿与其性别、年龄不相关，与其居住地显著相关，即城市青少年的反哺意愿要高于农村青少年。亲子沟通质量越高，父母在教养孩子时给予的情感温暖越多，青少年的反哺意愿越高。这说明当新技术在家庭场域扩散时，家庭文化很重要。

亲代的被反哺意愿受到其创新精神的影响最大，即亲代越具有创新精神，被反哺意愿越高；其次是努力期望的影响，即亲代如果觉得学习新手机技术不需要付出太多的精力，就会愿意接受孩子的反哺；再次是绩效期望的影响，即亲代如果觉得学习手机新技术对自己的工作和生活有所帮助的话，被反哺意愿就会较高。最后，周围人的影响也对家长的反哺意愿产生一定的影响。

此外，人口统计学变量也影响着亲代的被反哺意愿。在中国，农村亲代的被反哺意愿低于城市亲代；社会经济地位较低（即受教育程度较低和职业层级较低）的亲代由于缺乏掌握手机新技术的知识和技能，运用手机新技术的工作、生活场景较少，因而被反哺意愿反而比社会经济地位高的亲代低，这直接影响到反哺行为和反哺效果。因此，提升社会经济地位较低的年长世代的新媒体素养应成为今后社会

关注的焦点问题。

当文化反哺的条件越便利和亲子双方的反哺意愿越高,反哺行为就越频繁发生,反哺的内容就越丰富,但是目前文化反哺的内容主要侧重于基础性手机技能的传授。当亲子双方的反哺意愿越高、反哺的内容越丰富,反哺的正面效果就越好,即越能提高家长的手机使用技能,促进亲子关系的融洽。

2. 文化反哺有效地弥合了代际隔阂,促进了代际的共生和契洽

代际隔阂(简称为代沟)是指由于时代和环境的剧变,在社会化的进程发生中断或模式转型,从而导致代际在社会价值观念、行为取向方面所出现的差异、隔阂和冲突的社会现象。①

青少年阶段是儿童向成人转变的过渡时期,生理的迅速发育和自我意识的高度膨胀,使青少年的成人感与独立感不断增强,代际隔阂格外凸显,具体表现为对父母权威的认可度降低,与父母的亲密关系较儿童早期有所疏远,与父母的沟通逐渐减少,甚至发生矛盾冲突等。虽然它是工业社会或现代性的产物,是传统社会向现代社会急速变迁导致的代际的断裂性或非连续性,但是缩小代沟,改善亲子关系还是成为全球普遍关心的焦点问题之一。

本研究发现,"文化反哺促进了亲子亲合,使亲子之间有更多的交流话题,关系更加融洽"($M = 3.92$,$4 = $符合),即亲子之间实现了共生和契洽。

共生和契洽是美国社会学家罗伯特·帕克(Park)提出的人们之间可建立的两种有益社会关系:共生(Symbiosis),比如蚜虫的分泌物是蚂蚁的美食,反过来蚜虫也接受蚂蚁的服务,它们之间互相利用,建立的关系可视为共生;契洽(Consensus),这是在人类社会才有的比"共生"更高层次的关系,此时个体能够牺牲自身的利益以

---

① 周晓虹:《从颠覆、成长走向共生与契洽——文化反哺的代际影响与社会意义》,《河北学刊》2015年第3期。

成全其他个体,契洽比合作更为突显人类的特征。① 费孝通先生受帕克的影响指出,代际最理想的关系应按此逻辑递进:子代对于亲代,最初是一种生理的联系,接着是一种共生的联系,最后才发生契洽的联系。②

首先,文化反哺以全新的自下而上的信息传播方式,改变了传统中国单向的亲子沟通方式,增加了代际互动,使亲子之间有了更多的交流话题和交流机会,弥合了因社会剧变而导致的亲子之间的代际隔阂,为代际从单向的灌输或管制转向双向的互动交流提供了现实的可能。由于互动是双方相互理解的基础,当这种互动为良性时,定会增进两代人之间的相互理解,从而促进亲子亲合。

其次,文化反哺这一新的代际沟通方式的出现,通过对代际差异文化的相互包容,进而实现代际矛盾的和平解决。契洽的前提是互动双方的感同身受。在文化反哺过程中,亲代意识到自身文化的相对性和子代文化的合理性,对于新技术从惊讶、不解到包容、接纳,这无疑增加了他们对于子代的理解和宽容;而对于子代来说,他们发现亲代也并非冥顽不化,一旦接受了新技术,其对于新技术的热爱有时甚至超过自己,这就减少了因亲代的不解和愠怒而产生的代际冲突,原本矛盾或对立的亲子之间实现了相互包容。

最后,文化反哺能够促使两代人之间相互学习,共同成长,实现一种和谐的共生方式。一方面,社会文化的传承离不开亲代对子代的教育和指导;另一方面,亲代唯有与子代一起成长,继续社会化,才能更好地适应现代社会的发展。文化反哺所带来的"反向社会化"模式,势必造就代际关系中的"双向社会化"。在"双向社会化"过程中,两代人兼具教育者与受教者的双重角色,以主体对主体的形式

---

① Park, Robert E., & Ernest, W., Burgess, *Introduction to the Science of Sociology, Including a Index to Basic Sociological Concepts*, Chicago: The University of Chicago Press, 1970, p. 87.

② 费孝通:《乡土中国生育制度》,北京大学出版社1998年版,第207页。

进行着沟通与交流,带着相互尊重的意识投入积极的交谈中,彼此学习、互换、沟通。这种持续不断的对话和沟通,不断修复与弥合两代人之间的文化断裂和非连续性,自然增进双方的了解和沟通,增强了代际的同质性,这样代际双方就容易实现"视阈融合",进而达到真正的"心理交融"。原来矛盾对立的代际关系经历了从代际隔阂、代际冲突、代际共生到代际反哺,由此建立起一种共生、契洽的代际关系,以父权模式为特征的传统代际关系逐渐向亲子平等模式转变。

3. 文化反哺有助于增强年轻世代的自信和责任感,提升年长世代的新媒体素养

随着信息社会的来临,面对信息技术日新月异的发展、信息容量的几何级数增长,两代人不同的适应和接受能力,导致了"数字代沟"的出现:即年轻世代成为信息技术的富裕者,年长世代成为匮乏者。

美国研究发现,在电脑、手机等新技术早期扩散阶段,孩子们对传授和帮助父母掌握新技术表现得异常活跃,并最终成为家庭内部技术变革的代言人;[1] 有孩子的家庭往往更多地使用电脑、手机等数字媒介。[2] 尽管孩子是新技术扩散和使用过程的众多影响因子之一,但是他们的影响不容忽视。

本研究发现,中国也不例外:在手机新技术的创新与扩散过程中,中国的子代表现得较为积极,反哺意愿较父母高;面对家长的请教,近六成(58.5%)青少年觉得"很自豪,乐于回答",孩子欣喜地看到自己在新技术方面所具有的优势,由衷地感到自己对父母的价

---

[1] Kiesler, S., Zdaniuk, B., Lundmark, V., & Kraut, R., "Troubles with the Internet: The Dynamics of Help at Home", *Human - Computer Interaction*, Vol. 15, No. 4, 2000, pp. 323 - 351; Wheelock, J., "Personal Computers, Gender, and an Institutional Model of the Household", in R. Silverstone & E. Hirsch ed., *Consuming Technologies: Media and Information in Domestic Spaces*, London, England: Routledge, 1992, pp. 97 - 112.

[2] Kennedy, T. L. M., Smith, A., Wells, A. T., et al., *Networked Families*, Washington, D. C.: Pew Internet & American Life Project, 2008, p. 1.

值和作用，清晰地认识到自己在向家长推广手机知识时的积极作用，并自觉地将对父母的指导作为自己的职责，积极主动地向家长传授手机使用方面的知识，这无疑会激发其成长自信和责任感，更乐于为父母付出，并从中获取更多的快乐；同时这也有助于他们自我认同的建立与发展。因为这种"人们由于拥有资源而具备的能力，不仅表现为一种客观存在，而且表现为人们的一种主观感受，亦即权力感，正是这种权力感可以增进人们的自我概念、自尊感、福祉感及重要感"①。

而亲代坦然承认自己在手机技术方面的不足，对子代在技术方面的领先地位表示了认同，愿意放下身段向孩子请教，这就为亲代提供了一个更加深入了解手机技术的机会，并学会使用手机的信息获取、交流沟通、休闲娱乐等功能来改善工作和生活，部分家长还学会使用手机进行商务交易。在研究中，许多家长承认"通过孩子的指导，提高了我的手机使用技能"（M = 3.84，4 = 符合）。因此，我们可以充分发挥家庭中"文化反哺"的积极作用，使之成为缩小社会"数字代沟"，提升年长世代新媒体素养乃至他们社会适应能力的重要路径。

第三节 关系重构：手机—新技术与话语权力

在传统社会里，社会变迁极其缓慢，现在无非是过去的复制，未来无非是现在的拷贝，人们主要是通过人生阅历和社会经验来获取知识。与之相应，在家庭中，父辈总是扮演教化者的角色，子辈是理所当然的被教化者，因而父母在一定程度上具有社会角色的权威地位和话语主动权。

随着信息传播技术的发展，使得孩子能够从父母、老师以外获取大量的知识和信息，父母逐渐丧失了信息垄断地位，因而也丧失了一定的权威性；在某些新技术知识上超越了父母，从而获得了一定的话

---

① 陈树强：《增权：社会工作理论与实践的新视角》，《社会观察》2004年第1期。

语权和家庭权威。在很多家庭中,孩子已成为家庭中手机使用的中心和意见的来源。孩子的"技术专家"身份悄然改变了家庭中的知识权威结构,提高了他们在家庭中的地位,增强其在家庭中的话语权力。这种代际传播中的平等性或是"文化反哺",可能会消解传统家庭的权威结构,促进新型亲子关系的重构。

一 话语表达：家庭事务的即时参与

由于手机使用的便捷性,使得青少年在家庭事务的参与方面,不再局限于"物理性的家庭空间",而是延伸至家庭之外,在一个更广阔的时空框架内,掌握着即时的参与权与讨论权。在调查中,当问到"当家中要做出一些决定时,父母是否会打电话和您商量"时,近八成（89.3%）的中学生回答"会",大学生这一比例则高达92.5%。可见,手机的使用,大大方便了青少年,特别是大学生对于家庭事务的参与,使得他们能及时参与到家庭事务的讨论之中。

有学者进一步研究,手机媒体的使用拓展了青少年七方面的知识面,从而增加了其在父母心目中的决策力。这七个方面分别是:学业知识、娱乐知识、购物知识、新闻时政知识、健康保健知识、日常生活知识、家务整理知识。[①]

调查结果显示:父亲对于子女通过手机媒体所获取知识的需求性顺序,从高到低依次为:日常生活方面知识、学业知识、新闻时政知识、娱乐知识、健康保健医疗知识、家务整理方式知识、购物方面知识。母亲对于子女通过手机媒体所获取知识的需求性顺序,依次为:娱乐方面知识、学业知识、新闻时政知识、日常生活方面知识、健康保健医疗方面知识、家务整理方式知识、购物选择方面知识。由此可见,父亲更重视孩子通过手机媒体所获取的日常生活知识,从而提高了孩子的决策地位;母亲更重视孩子从手机媒体中所获取的娱乐知

---

① 杨弢:《手机与未成年人的全面发展研究》,硕士学位论文,浙江大学,2011年。

识,从而提高了孩子的决策地位。①

但是,青少年这种对于家庭事务的即时参与,就中学生而言,绝大多数还是局限于与他们有关的学习、生活和娱乐等方面。在重大决定方面,父母一般不会与他们协商。这是因为中学生年龄较小,身心发育尚未成熟,对一些重大决定尚未有成熟的分析和判断能力;再加上中学生的学习压力较大,一般父母也不愿意让孩子因此而分心等原因有关。

> 和我有关(决定)才会打电话。关系不大,就不打电话和我商量,怕影响我学习。(CB,男,16岁,高一)

> 家里做一些决定时,和我有关系才会打电话咨询我的意见。(CR,女,14岁,初三)

相比之下,大学生由于生理和心理都基本发育成熟,已经具备一定的认知和判断能力,再加上所受的高等教育使他们具有较高的知识水平,因此在家庭决策上往往具有一定的话语权。很多大学生家庭在决定日常生活用品的购买,特别是一些重要决定时,往往会征求子女的意见,甚至由子女去做主:例如决定到哪里去旅游、乘坐何种交通工具、具体的交通路线,购买电视机、电脑或汽车的品牌、型号,甚至决定房屋的装修风格……

> 家里装修,会打电话要我在淘宝上查价格、品牌;还问我装修的风格,怎么设计,毕竟那么大的事情。(CC4,女,20岁,大三)

当然,子代地位最高的,当数"外来移民"家庭了。"外来移民"家庭的孩子向那些捷足先登的大孩子们学习,然后再将知识传递

---

① 杨癸:《手机与未成年人的全面发展研究》,硕士学位论文,浙江大学,2011年。

给家里的年长父母。他们自己决策,自己动手,自己去和外部世界打交道,他们在家庭中的地位,往往是那些未掌握实际家庭决策大权的城里的子女们所不能企及的。

这种对于家庭事务的即时参与和话语表达,在一定程度上影响着家庭内部亲子关系及地位。

> 我是家里的主心骨,有很多事情都会问我,买电脑、买房子、买汽车,会打电话和我商量。我会给建议,比如'这个地方很好,会升值'。我感觉长大了,可以平等了。(CY7,女,21岁,大三)

但是这种家庭事务的即时参与,还受到子女是否为独生子女或是家里的长子或长女的影响。因为大学生如果有哥哥或姐姐的话,那么父母一般会咨询家庭中年纪较长的孩子。

> 我爸妈有什么事,都会问我姐姐,不会问我。在他们眼里,我最小。(CL10,女,20岁,大三)

二 关系重构:单向权威—双向权威

家庭社会学理论指出:家庭权力是一名家庭成员改变其他家庭成员行为的能力。这名家庭成员之所以拥有改变他人的行为和价值,在于他拥有更多的资源。[①] 具体来说,权力具有两层含义,其一,权力是一种由资源派生出的力量;其二,权力是一种进行组织和管理的权威。[②]

[①] 朱强:《家庭社会学》,华中科技大学出版社2015年版,第150页。
[②] 黄月琴:《"弱者"与新媒介赋权研究——基于关系维度的述评》,《新闻记者》2015年第7期。

传统社会的相对封闭性，使文化的传承更多地采取了口耳相传、言传身教的方式。尽管也存在外来文化的影响，但是这种影响是非常有限的。因此，在传统社会中，青少年的社会化模式为"线性模式"，即青少年往往只能单向地向父辈学习知识技能、生存方式、伦理道德等。这种自上而下的教化方式，决定了父辈对子辈拥有不容置疑的权威地位和话语主动权。

　　从儿童心理来说，在儿童早期，子女对于父母权威的遵从是毋庸置疑的。然而随着儿童社会认知的发展，尤其在进入青春期以后，儿童开始质疑父母的权威，放弃对父母的盲目崇拜和无条件服从，取而代之的是理性的评价与有条件的服从。国外的相关研究也表明，青少年对父母权威性的质疑随着年龄的增加而增强。

　　科学技术和现代媒介的发展更是加速了这一权威的消解。电视、网络、手机等形如网状结构，使青少年获取信息的途径日益多元，不需要父母或教师的教导就可获得大量知识和信息。在拥有知识的数量与知识的更新上，他们甚至超过了父母。因此，青少年的社会化模式发生了重大变化，从原先的"线性模式"转变为"网状模式"，父母在文化知识的占有上不再是子女心目中的绝对权威。

　　不仅如此，社会文化的急剧变迁，新事物和新规则的层出不穷，一方面使父母原有的知识结构，甚至价值判断在某种程度上丧失了权威的解释力；另一方面，亲代子代面对新事物的反应态度不同、适应能力不同、理解吸收快慢不同，父母一辈常常受到传统和经验的束缚，而孩子往往比父母更乐于接受新变化，更快地适应新的环境，更快地掌握新技术，从而获得更多的信息，因而在很多方面父母和子女相比的确是落伍了。由亲代向子代的单向社会化的瓦解，成为不可避免的结果。父母对知识与信息的垄断地位及权威瓦解了，子女却获得了前所未有的"文化反哺"能力。

　　除了互联网之外，这种现象在手机上也尤为典型。手机使用过程中的"去中心化"，充分体现了代际传播的主导权是从上一代"转移"到下一代手中的。父母承认在手机使用上不如子女，并且心甘情愿地向子女求教手机知识，已是一种司空见惯的现象。"手机不懂就问，小孩懂得比我们多；很自然就问了。"（PH6，女，49岁，高中，会计）

原本在家庭话语权体系中处于相对弱势的子代，由于在信息技术方面拥有更多的文化资本，通过新媒体实现了某种"赋权"，即增加了对亲代的影响力，家庭的话语权力发生了部分位移。

赋权（empowerment），亦译为"增权"、"充权"、"增能"、"赋能"、"增强权能"、"激发权能"等，是西方20世纪六七十年代出现的用语。① 赋权的核心则在于其核心词权力（power），赋权的对象是社会生活中处于无权、失权和弱权地位的人或群体，它使原本的弱势者获得且强化权力和能力。从个人层面来看，赋权是"赋能"（enabling），是一种自我效能（self-efficiency），它源于个体对自主（self-determination）的内在需求，通过提升个体的效能感意识，让个体感受到自我掌控局面的过程。从社会关系角度来看，赋权赋予人们影响生活过程的能力，与他人共同控制公共生活的能力，以及加入决策机制的能力。②

在手机技术的创新与扩散过程中，子代通过教授亲代手机使用技能，提升了个体的自我效能感，感受到自己部分掌控家中话语权的愉悦感；不仅如此，以手机为代表的新技术，赋予了子代加入家庭决策，与亲代共同控制家庭生活的能力，这种能力直接影响着家庭生活过程。在这一过程中，家长的绝对权威地位逐渐消解，父母居于主导地位的单向权威，已逐渐向亲子双方处于相对平等地位的双向权威转变，家庭权力结构随之发生改变。

---

① 陈树强：《增权：社会工作理论与实践的新视角》，《社会学研究》2003年第5期。
② ［法］佩恩：《现代社会工作理论》，何雪松等译，华东理工大学出版社2005年版，第279页。

第二章

时空分离：代际传播时空的重塑

时间和空间不仅仅是理解宏观社会过程和社会制度的逻辑起点，更是分析微观个体和群体日常生活行为的重要工具。吉登斯认为，只有围绕社会系统在时空延伸方面的构成方式，才能理解和把握社会"秩序问题"。①

在梅罗维茨看来，情境就是信息系统。手机的出现，构成了家庭代际传播的又一平台，形成了一种全新的传播情境。它打破了传统的面对面、书信传递作为传播手段的交往情境，重组了场景中原有的秩序规范，代际传播的时空也因场景的变化而发生重塑。

从空间上看，以手机媒介为中介的家庭代际传播，使亲子互动不再受制于"必然在场"的支配，模糊了"在场"与"缺场"的界限，实现了不在同一物理场景中的亲子互动。

从时间上看，手机随时随地的可接触性与可获得性，使亲子互动实现了身体的"无时不在"，参与到"身体不在场的互动中"，实现了人际互动的同步性。

第一节 "在场"与"缺场"：后现代社会的时空分化

"空间和时间是人类生活的根本物质向度"，是对社会结构及其

---

① 邓志强：《网络时代社会认同的时空转换——基于时空社会学的分析视角》，《人文杂志》2014 年第 8 期。

变化的最直观的表达。① 当社会发生变化时，"时间与空间的新观念，将会作为新技术的副产品及其在世界中的作用方式而出现"②。

手机作为一种信息通信技术，对社会的影响和作用，也能够从时空框架的变化和转型中最直接、最深刻地反映出来。

一 "在场"与"缺场"的对立并存

对于"在场"与"缺场"的关注，源于吉登斯结构化理论中对于空间的思考。吉登斯认为，现代性预设了一个新时空的出现，引发了人际社会关系的强化，这种强化源自时空分离的可能以及"脱域"的存在。③ 时空分离使得社会生活在无限时空范围内的延伸成为可能，为时空自由重塑提供了条件。"脱域"机制使得社会行动得以从地域化情境中抽取出来，并且能够跨越广阔的时空去重组新的社会关系。在现实生活世界中，人们不必再受地域、环境、时间等"在场"模式的束缚，而可以尽情享受"缺场"所能带来的跨时空、跨地域的愉悦交互。

（一）"在场"的意义解读

在场（presence）一词包含两层含义：第一，所谓"在"是主体的在，没有主体就谈不上在场了；第二，所谓"场"是特定的空间，正是这个空间构成了主体所在的环境、事件。对于主体来说，在时间上是直接的当时，在空间上是直接的当地，此时此地正在发生，主体能够看得见、叫得应，这个空间处于主体的感官感觉或影响之内，也就是主体在现场并面向事物本身。"在场"是主体在现场与"场"发

---

① ［美］曼纽尔·卡斯特：《网络社会的崛起》，夏铸九、王志弘等译，社会科学文献出版社 2006 年版，第 354 页。
② Caporael, L. R. and Xie, B., "Breaking Time and Place: Mobile Technologies and Reconstituted Identities", in Katz, J. E. ed., *Machines that Become Us: the Social Context of Personal Communication Technology*, New Brunswick (U.S.A.) and London (U.K.): Transaction Publishers, 2003, p. 219.
③ 朱逸：《"缺场"空间中的符号建构》，《学习与实践》2015 年第 1 期。

生了关系。它是显现的存在，是直接呈现在"面前"和"眼前"的人和事。反之，则是缺场（absence）。①

在传统社会，空间是人们在各种实地场所通过自己的身体行动、群体交往和各种组织形式而展开的，虽其内容十分复杂，但其最显著的特点是在场性。无论是前工业社会中的游牧活动、田间耕耘或乡村社会，还是工业社会的机器生产、市场交易或城市社会，都是人们在特定场所中的社会行动展开的，都是人们的身体活动范围和社会行动的结果。因此，传统社会空间是人们身体可以进入、感官可以面对的场所，其形式和内容都具有直接具体性。②

"在场"空间的人际互动，凭借的是现实生活世界中的真实场景布置，行为的发起、发生与解读依赖彼此之间的姿势对话。③在这一互动过程中，语言、表情、姿态等诸多符号，成为意义表达与信息传递的主要工具。但是这类符号囿于自身的限定，必须依赖于一定的时间、空间条件，否则将会失去或减弱符号的意义表述，进而对互动产生影响。

（二）"缺场"的意义诠释

在前现代时代，空间和场所常是一致的。对于大多数人来说，在绝大多数情形下，社会活动的空间维度是受地域性活动控制的，即"在场"的控制。而现代性之后，通过对"缺场"（absence）的各种要素的培育，逐渐把空间从位置分离了出来，从地点上看，远离了任何既定的面对面的人际互动。④

特别是进入网络社会，人际互动逐步由"在场"转向"缺场"，

---

① 赵建国：《身体在场与不在场的传播意义》，《现代传播》2015年第8期。
② 刘少杰：《网络化的缺场空间与社会学研究方法的调整》，《中国社会科学评价》2015年第1期。
③ ［美］米德：《心理、自我与社会》，赵月瑟译，上海译文出版社2008年版，第72页。
④ ［英］安东尼·吉登斯：《现代性的后果》，田禾译，译林出版社2000年版，第16页。

成为人际互动的主要空间形式。不同于传统面对面的"在场"空间,"缺场"空间是一个隐匿了身体存在,面部表情、身体动作、具体环境都未呈现的虚拟空间;是一个以信息传播、符号交流、观念沟通、意义追求与价值评价为主要内涵的流动的网络空间。它突破了场所规定和边界限制,不再受制于特定的时间与空间,展开了更为丰富、范围更广的时空。在此情境下,跨越时空的交流为互动提供了诸多便利,人际互动变得更为频繁。

自此,社会空间形成了"在场"与"缺场"的对立并存。

二 手机传播中"在场"与"缺场"的互动①

吉登斯所提到的"在场"和"缺场",与个人的身体在他所处的社会情境中的定位及其在更广泛的时间和空间维度中的互动变化有关,并且两者之间不是绝对分化,而是相互渗透、相互融合的。此外,人们由"缺场"转化为"在场"所凭借的形式以及他们共同"在场"的程度,即"在场可得性"(presence-availability),也在时间与空间的转型中具有重要影响。

随着新兴信息通信技术的发展,"在场"与"缺场"之间的互动关系逐步发生了变化。出现在给定地点的个体,事实上仅仅处于"半在场"或者说"在场的缺场"(present absence)。当然,这种状态并非只是由手机传播所引起,而是早已存在于其他媒介的使用中了。以看电视为例:看电视可以将人们的注意力从当下的人际交流中分散出去;使用手提电脑、掌上游戏等,都可被视为向同在场的其他人暗示,他们此时的精神已经缺场了。②

但是,手机的"移动性"、"可及性"和"即时性"无疑助长了这种"在场的缺场"状态,使其延伸至人们生活中更多的情境之中。

---

① 节选自季念《手机传播中的时空重塑——2000年以来国内外学者关于手机与时空关系研究述论》,《文艺研究》2008年第12期。

② Geser, H., Towards a Sociological Theory of the Mobile Phone, http://socio.ch/mobile/t_geser1.pdf, 2004.

人们的身体是在场的，"但其注意力、精神以及感觉可以在手机铃声响起后的任何时刻被能随时联系他们的沟通网吸引到另外的地方"。因此，在身体的意义上，手机传播中的个体的在场具有连贯性，但在非物质或者精神意义上，他们的在场是不连贯的。① 与此相似，在其他人面前使用手机通话，实际上就是将自己置于一种特定的"社交的缺场状态"，而不为其他社交接触留下一点空间。"通话者或许在肉体上是在场的，可是他们的精神方位却朝向那些看不见的人"。② 此外，手机所提供的人们精神所在的移动世界充满了双向的人际沟通（虽然是经由技术），其在某种程度上具有比人们身体所处的当下世界更紧急、更重要的含义，因此，人们通常"毫不犹豫地，唐突地打断与其他人正在进行中的通话"而转去接听手机来电。③ 从而与传播者同处一地的其他人被微妙地知会，他们并不像手机另一头的通话者那么重要。

因此，手机通话实际上是一种比阅读、看电视等更为无礼的"在场的缺场"方式。④ 人们是如何为接听手机来电而让自己从身体所在的空间脱离出去的？它是由手机铃声的响起作为开始，表示有一个电话正拨打进来，然后人们必须快速地将自己从先前存在的社会语境中分神出来，从与在场的其他人的交流中脱离出来，并以向通话方问候作为进入手机建构的虚拟情境的开始；接着，在手机对话中，人们从当时当地的情境中"在场的缺场"了；而当手机通话接近尾声时，人们又准备重新出现在其身体所在的空间中，同时也告知在场的其他

---

① Fortunati, L., "The Mobile Phone: Towards New Categories and Social Relations", *Information, Communication & Society*, Vol. 5, No. 4, 2002, pp. 513–528.

② Puro, Jukka-Pekka, "Finland: A Mobile Culture", in Katz, J. E. and Aakhus, M. eds., *Perpetual Contact: Mobile Communication, Private Talk, Public Performance*, Cambridge: Cambridge University Press, 2002, pp. 19–29.

③ Geser, H., "Towards a Sociological Theory of the Mobile Phone", http://socio.ch/mobile/t_geser1.pdf, 2004.

④ [美]约翰·厄里：《关于时间与空间的社会学》，参见[英]布莱恩·特纳主编《Blackwell 社会理论指南》，李康译，上海人民出版社 2003 年版，第 505 页。

人,他们又将是空闲的、可接触的了。①对正在进行的面对面的社会互动而言是"在场的缺场"。显然具有破坏作用。如前文提到的,在手机通话或者发送/接收短信的过程中,人们很难维持与在场的他人之间的关系,从而使这些活生生的在他们面前的交流者们变得无助和不再重要。随着"在场的缺场"的扩张,个体最终会"将物理上出现在他们周围的现实遗忘掉",就像已经发生在某些公共场合中的一样——在公共交通工具上、在餐厅里、在街上,人们"在一个完全不同的现实的维度中",像是在对自己聊着天,笑着,大声嚷嚷着以及争论着。②

与"在场的缺场"相呼应,一种"缺场的在场"同时也因手机的使用而发展起来,即人们出现在由随时随地的手机传播建构起来的虚拟世界中,被包含进他们的通话对象所在的情境里——不论他们之间有多遥远的物理距离。因此,手机具有一种能在意义完全不同的小领域之间建立起联系,由此去维持那些永久的内在的关系,比如在家庭内部、亲密的朋友之间的关系等的潜力,从而超越了时间差异以及空间距离对这些传统的亲密小圈子的破坏。③

事实上,无论是"在场的缺场"对共享同一地点的社交的妨害,还是"缺场的在场"对亲密关系的远距离的维护,它们都从本质上体现了由手机使用实现或强化的人们随时随地在两种并行(物理的和手机传播虚拟的)时空之间切换的可能性。这与吉登斯所强调的"缺场"中人们之间的互动对社会活动以及时空框架的重要影响相一

---

① Ling, R., *The Mobile Connection: The Cell Phone's Impact on Society*, San Francisco: Morgan Kaufmann Publishers, 2004, p. 131.

② Greenfield, S., *Tomorrow's People: How 21st Century Technology is Changing the Way We Think and Feel*, London: Allen Lane, 2004, pp. 10 – 11.

③ Gergen, K. J., "The Challenge of Absent Presence", in Katz, J. E. and Aakhus, M. eds., *Perpetual Contact: Mobile Communication, Private Talk, Public Performance*, Cambridge: Cambridge University Press, 2002, pp. 227 – 241.

致，也是他提出的"时空伸延"的具体表现。①"时空伸延指的是各个社会在长短不一的时空跨度上'延伸'开去的各个过程。"② 而手机传播中"在场的缺场"与"缺场的在场"无疑证实了，手机的广泛使用不仅因其能实现随时随地的远距离沟通，使人们用信息通信代替在身体上跨越时间和空间距离的活动，从而获得即时的流动性而将时空"压缩"；而且也因加强了沟通双方各自身处的物理空间与通过沟通行为构建出来的非物质的时空之间的相互延伸和渗透的可能性而强化了"时空伸延"。

第二节 "缺场的在场"与"在场的缺场"：代际传播中时空的分离

"流动现代性"所影响的社会正从传统上强调稳定、秩序的固态社会模式转向"个体化"、"去中心化"、"分隔"的流动社会模式。

在高度碎片化的后现代社会，职业流动、异地求学等"地理流动性"的增加，使得传统的家庭边界与家庭关系正出现离散化的现象，分处不同时空的亲子之间如何通过移动通信工具实现"缺场的在场"，以此维系亲密关系，增强家庭凝聚力与归属感，成为当代家庭代际传播的重要模式。与此同时，人们的沟通模式正在从"多任务"状态转变到"多重生活"的虚拟人际沟通模式，亲子之间的在场是否就意味着凝聚与归属感，还是"比邻若天涯"，是一种无声的"在场的缺场"？

一 "缺场的在场"：亲子情感的联结

以手机为中介的家庭代际传播也是如此。由于手机允许物理上不

---

① [英] 安东尼·吉登斯：《现代性的后果》，田禾译，译林出版社 2000 年版，第 12 页。

② [美] 约翰·厄里：《关于时间与空间的社会学》，布莱恩·特纳主编《Blackwell 社会理论指南》，李康译，上海人民出版社 2003 年版，第 504—535 页。

在场的个体能够实现一种在他们出身的社区中的日常出场,故这种"缺场的在场"对那些想要维持与家庭联系的身在异地的人尤其有用,故而家庭代际传播能够穿越时空阻隔,跨越地理界限,成为亲子情感的连接纽带。

(一)永恒联系:移动的家园

人类最初也是最常见的互动状态是面对面的互动,而随着传播手段的变化,人际互动中的共同"在场"的范围和形式,也悄然发生了质的变化。

过去,家人共享家庭的物质空间和交流,一旦出门,你就离开了家庭的物质空间和大部分交流。如今,手机延伸并强化家庭的纽带,即使出门在外,家人之间的沟通交流也不受影响。"从家人交流的观点来看,家庭物质空间的相关性和必要性不如以前。实际上,手机是一个移动的家园。家庭的一些重要功能可以在任何地方得到,可以在任何地方执行,只要用手指头按一下手机就行了。"①

到了中学阶段,特别是大学阶段,不少青少年需要在校住宿,一个月甚至一年才能回家一次,对于家的思念之情不言而喻。他们可以通过手机与父母沟通,有好消息时可以与父母分享;心情不好时可以向父母倾诉,得到父母的慰藉和鼓励。父母则可以通过手机及时了解子女的学习生活近况,消除他们的牵挂担心。手机成为父母和孩子连接的纽带,带着手机就像随身携带着一个移动的家园。一个有着心灵感应和瞬间交流、无处不能交流的社会随之应运而生。无论身处何方,我们都会感觉像把家带在身边一样。

CJ(男,17岁,高一)是一名藏族学生,作为援藏对口支援计划学生来到漳州求学。由于路途遥远,他一年只在暑假时回去一次。CJ说道:"远离父母、远离家乡,手机让我感觉和家的

---

① [美]保罗·莱文森:《手机:挡不住的呼唤》,何道宽译,中国人民大学出版社2004年版,第89页。

距离很近。我经常可以听到父母的声音,很亲切。我会问父母工作、身体怎么样了。"

有了手机,沟通更方便,减少想念的程度;能及时掌握家里的动态;以前用公共电话不方便,很多重要的事情,比如家里老人摔倒,第二天才知道。(CX3,女,大三,20岁)

而对于父母离异的青少年来说,手机还可以成为亲子之间巧妙联系的桥梁。国外的早期研究发现,分居的父母与孩子的沟通对双方而言都很有意义。① 在成年人不能就联系规则达成共识的情况下,手机就在同住父母的监控视线之外创造了另一条平行的沟通渠道。同时,分开住的一方可以用移动电话和孩子沟通而不必受前配偶的阻拦。②

父母离异的CC1(女,16岁,高二),目前和爸爸、继母住在一起,"我爸爸、爷爷、奶奶反对我和妈妈经常见面。所以平时我跟妈妈联系,都是通过手机"。

(二) 远程照料:父母角色的代理

现代性的出现及科技的进步改变了空间与人类的关系,脱离了人际互动需要"在场"这个先决条件,使在一个特定场所进行的活动可随时受远方的人和事的影响。

对于父母来说,手机一方面是亲子之间沟通交流的渠道,另一方面也是父母教导孩子的工具。依托手机这个载体,父母即使不在场,也能够在电话的另一端较为全面地了解孩子在学习、生活中遇到的困难,并能及时给予帮助和引导,实现父母角色的代理。里科(Ra-

---

① Castelain, C., "The Paternal Cord: Telephone Relationships between 'Non-custodian' Fathers and Their Children", *Reseaux*, Vol. 5, No. 2, 1997, pp. 161–176.
② [挪] Rich Ling:《M时代——手机与你》,林振辉、郑敏慧译,人民邮电出版社2008年版,第89页。

kow）和纳瓦洛（Navarro）把手机的这种功能称为"远程照料"。①

1. 父母视角——角色重构

青少年成长的过程，就包含着离开父母、出门在外的内容。父母在给予孩子自由探索世界的同时，往往包含了对孩子安全的考虑和希望孩子独立学习的权衡。父母知道孩子去一个更广阔的天地是对的，但仍然对孩子的安全和一些特定情况下的保护问题存在忧虑，手机解决了部分问题。②

由于中学阶段的孩子大多是贪玩的，放学后或放假有一大片可自由支配的时间，父母常常会不放心。他们要求孩子放学后必须把手机打开，以便从学校回家后随时保持联系。郭女士（PG1，43 岁，高中，个体户）说："如果孩子不开手机，我就觉得紧张。"这样，由科技充当中介的"父母代理"正在蔓延。在英国，父母用各种方式把自己的小孩仔细用手机装备好，使自己成为"远距离父母"是一种常见的和正在增加的现象，这样他们就可以在任何地方监督孩子们的活动了。

在中国，情况也是如此。现在，只要孩子不在规定的时间回家，父母就可以拨通孩子的手机，督促、提醒他赶快回家，而不是在客厅焦急地等待着他回来。笔者的调查数据也显示，76.1%的父母表示，使用手机与孩子沟通的一项重要功能是"叫孩子回家"。

现在不少家长为了让孩子能考上好的大学，千方百计地把儿女送到百里，甚至千里之外的名校求学。俗话说，"儿行千里母担忧"。尤其是孩子第一次离开父母，他们的健康、学习和生活情况无时不牵动着父母的心。为孩子配一部手机，家长就可以随时了解到自己孩子的状况，并对孩子进行叮嘱和指导，实现"在场的可获得性"。手机

---

① Rakow, L. F., & Navarro, V., "Remote Mothering and the Parallel Shift: Women Meet the Cellular Telephone", *Critical Studies in Mass Communication*, Vol. 10, No. 2, 1993, pp. 144–157.

② ［挪］Rich Ling：《M 时代——手机与你》，林振辉、郑敏慧译，人民邮电出版社 2008 年版，第 87 页。

的高度普及和低廉的话费，也使远距离的父母照料成为可能。

  儿子（初一）第一次寄宿，我担心他在外面不会照顾自己。我会打电话给他，问吃饱了没有？身体怎么样？住得习惯吗？适不适应？和同学相处怎么样？科目有没有什么不懂？要多休息，多喝水，照顾好自己（PC1，母亲，45岁，高中，自由职业者）。
  CL1（女，高一，17岁）是一名游泳特长生，从10岁开始就长期在外训练。手机成了她与父母沟通的重要渠道。在访谈中，她妈妈说道："我经常打电话给她，告诉她做人的道理；如何和其他孩子沟通；什么样的男孩子才可以交。"（PG1，母亲，43岁，高中，个体户）

  出于工作原因，有些父母需要经常出差或到外地深造、工作。但是即使他们物理上的"身体缺场"，也能通过手机实现"缺场的在场"，履行教养孩子的职能。因为"脱域"把社会关系和信息传播从既定的时空情境中抽取出来，与此同时，又为它们的重新嵌入提供了新的时机。① 父母可以通过手机，随时嵌入到孩子每天的生活中，继续对孩子的生活、学习和规则进行着"微管理"。

  PR（父亲，41岁，博士在读）是一名大学老师，因为继续深造原因而到外地求学。虽然与女儿分隔两地，但是他对初三年级的女儿的教育一点儿也没放松。"我有一个习惯坚持了一年。就是早上6：00打手机给女儿，叫醒她读英语，我也起来锻炼和学习。手机响了几声后按掉了，说明她起来了。我还会在开学时打电话给她，帮她定学习目标：每一门课原来考几分，这学期要考几分；月考前打电话给她，问她复习得怎么样。有什么不懂的

---

① ［英］安东尼·吉登斯：《现代性的后果》，田禾译，译林出版社2000年版，第124页。

地方。"

> 我带团出去时会打手机回来,督促她早点睡觉,早点完成作业。(PW3,母亲,42岁,高中,导游)
> 我会打手机给他,叫他周一到周五,不要玩太久手机。(PH3,父亲,48岁,高中,村支书)

这些孩子日常生活细节的管理,在过去没有手机、手机不够普及或手机话费昂贵的时期是不可能实现的。但是,如今高度普及的手机传播,在某种程度上缓解了父母"缺场"的状况,使得他们能在远距离之外重塑父母的角色。

2. 孩子视角——矛盾心理

与父母的看法不同,孩子们对于父母的这种"远程照料"很矛盾。尽管很多青少年认同这种远程父母角色的代理,认为他们能够保持与父母的联系,感受到父母的关心,有种安全感和亲近感。调查数据显示,46.9%的学生在外遇到学习、生活上的问题,会使用手机向父母咨询请教。

> 我爸妈很关心我。每天固定中午、晚自习各打一次电话给我,询问我学习、生活情况。考试要以什么样的心态,告诉我不要紧张,早点休息、睡觉。我什么事情都会跟她们说。班级发生什么事情,报告学习吸收情况。上周我问他们竞选班干部该怎么做。(CW1,女,14岁,初一,寄宿生)
> 刚来这里,我不习惯这里的学习方法,会打电话问他们。平时我会胃疼,会问他们应该注意什么。(CD2,女,藏族,17岁,高一)

但是仍有一些学生质疑父母的这种做法:因为当父母试图在孩子生活中实现更多的"缺场的在场"时,他们似乎忘了孩子的实际年龄,拒绝承认孩子已经长大了。

小蔡（CC2，男，16岁，职高）清晰地表达了这种想法："你觉得有了手机后，我们的关系更好了。但事情不是这样的。我只能说更'方便'了，以前在一个电话亭要等很久。现在（父母）他们老是问：'你在学校吗？'、'你在干嘛？'、'你今天吃什么？'、'过得好不好？'、'不要老上手机QQ，对眼睛不好'……我们之间的关系没有什么深入、实质性的东西。"

我和同学出去玩，手机只要带出去就是定时炸弹，有时故意把手机落在家里。（CX3，女，20岁，大三）

二 "在场的缺场"：亲子关系的疏离

"现代性的一个特点是远距离发生的事件和行为不断影响我们的生活，这种影响正日益加剧。这就是我所说的脱域，即从生活形式内'抽出'，通过时空重组，并重构其原来的情境。"[①]

手机在带来亲子之间方便快捷、互动及时的沟通交流的同时，带来的亲子关系疏离感也不容忽视。移动通信也可视为亲子文化紧张关系的象征。

（一）近在咫尺的距离：交流的无奈

亲子之间的情感交流和心灵沟通在青少年的社会化过程中起着十分重要的作用，尤其是处于心理、生理急剧变化，遭遇种种选择和困惑的青少年阶段，家庭代际传播非常强有力地影响着青少年的人格发展和心理健康。

在传统社会，父母与孩子在交谈过程中，可以互相交流对不同问题的看法；互相倾诉自己的情感，互相之间得到慰藉和鼓励。但是随着手机成为一种生活必需品，它极大地改变了亲子之间直接的情感沟通方式：人机接触日益频繁，面对面的人际传播大为减少，取而代之的是亲子之间背对背，各自低着头、拿着手机和远在天涯的人交流，

[①] [英]安东尼·吉登斯：《第三条道路——社会民主主义的复兴》，北京大学出版社2000年版，第169页。

由面对面的接触交往所建立的富有情感的亲子关系将越来越淡化。正如梅罗维茨指出的："媒介既能创造出共享和归属感,也能给出排斥和隔离感。"①

首先,手机的使用在一定程度上减少了亲子之间的沟通频率。手机越来越丰富多样的娱乐、上网功能会抢占亲子的交流时间,转移父母和孩子的兴趣,导致亲子之间交流时间的减少,沟通兴趣的减少等。一个青少年坐在沙发上玩手机,几个小时不同父母交谈半句是常见的事。调查中我们发现,12%的青少年表示手机的使用"减少了我和父母的交流时间";11.9%的父母也认为有了手机后"减少了我和孩子的交流时间"。虽然比例不高,但其影响还是不容忽视。

例如原来吃饭时,一家人围坐在饭桌前,聊着今天发生在彼此身上或周围的趣闻轶事,成为一种家庭"仪式",也为家人提供了表露温情的机会。但是手机的出现,打破了这一传统的家庭信息场景,取而代之的是一家人围坐在饭桌旁,每个人都在低头玩手机,不时地发出会心的微笑,彼此之间却并不交流。家庭信息的共享功能被逐渐弱化与瓦解。

> 有时吃饭前,一边玩手机,一边和他们(父母)说话,不怎么听他们说。(CS1,男,21岁,大三)
>
> (儿子)他一边吃饭,一边看手机新闻。偶尔吃饭时还听手机唱歌,发短信给同学。我现在不准他吃饭时玩手机。(PH1,母亲,41岁,高中,居委会职员)
>
> 有了手机后,和父母一起聊天的机会少了;自己一个人沉浸在手机里,忽略了他们;春晚也不看了,各玩各的手机。(CY7,女,21岁,大三)

---

① [美]约书亚·梅罗维茨:《消失的地域:电子媒介对社会行为的影响》,肖志军译,清华大学出版社2002年版,第7页。

其次，手机所营造的这种虚拟人际交往环境，很容易使青少年沉迷于一种虚拟的满足，热衷于与远距离人物的人际交往，而忽略了物理空间中"近在咫尺"的亲子交流，从而拉大了亲子之间的心理距离，造成了亲子之间情感的冷漠和疏远。格根（Gergen）描述了这一现状："即使在家庭内部，地理的临近感也毫无意义。在很大程度上，每个家庭成员都过着心理分离的生活。"① 因为他们虽然身体"在场"，维持在特定的物理位置；但是，他们作为一种非物质的"在场"，也出现在另一个时空。这意味着他们的精神，相对于身体的物理"在场"而言是"缺场"的。

> 以前吃完饭看一会儿电视，和爸妈说一会儿话。现在基本上我都在玩手机。（CK2，男，16 岁，职高）
>
> 笔者在访谈时观察到，小杨（CY2，男，16 岁，高一）中午放学后回到家，就掏出手机坐在沙发上玩游戏；过一会儿，小杨的妈妈（PW2，46 岁，高中，公司职员）回来了，问了儿子一声："今天老师讲的你都听懂了吗？"在得到儿子肯定的回答后，她也拿出手机坐在沙发另一头，上网看起新闻来，一直到吃午饭时（将近半小时），母子二人都没有交流过。

这一现象折射出现代手机传播的问题，人们对身边的人视而不见，却随时随地与看不见的他人联系着。"世界上最遥远的距离，不是我站在你身边而你却不知道我爱你，而是我们坐在一起，而你却在玩手机"，这句话虽然带有戏谑的口吻，却道出了目前一些家庭亲子之间的现状。

（二）沉默的对抗：逃避的"保护壳"

手机的广泛运用，在打破旧有情境界限，促使旧有的不同情境合

---

① Gergen, K. J., "Self and Community in the New Floating Worlds", in K. Nyíri ed., *Mobile Democracy: Essays on Society, Self and Politics*, Vienna: Passagen Verlag, 2003, pp. 103 - 114.

并,进而形成新的传播情境的同时,也造成不同情境之间的一些旧有的连接机会消失,导致新的分离。

在现代家庭或亲友聚会中,当青少年感觉到与自己的亲戚长辈没有办法产生共鸣,就会选择利用手机作为逃避的"保护壳",转而与个体具有更多信息共同点的"子群体"、"子部落"成员进行交流。通过使用手机、发短信、玩游戏或是上网等方式,青少年可以将自己从当前的人际传播中分离出去,清楚地表示他与在场人员的疏离,也可视为向在场的其他人暗示,他们此时是精神缺席的。

> 妈妈带我和她的朋友一起吃饭,大人聚会超无聊。我坐在一旁,都快睡着了,总得找个有聊事。(CL4,男,14岁,初二)
>
> 大人吃饭时,没有同龄人时玩手机;爸妈唠叨时,有时不耐烦了,不想听,也不回应,我就玩手机。(CD1,女,15岁,高一)
>
> 朋友一起吃饭,以前孩子多多少少会讲一点;现在我们讲话时,小孩都是自顾自玩手机。我说儿子:"你这样很没礼貌。"儿子反问我:"你觉得有办法沟通吗?"这种现象我实在不能容忍,但是现在大部分孩子都是这样。我们能干嘛?(PW1,母亲,43岁,本科,中学教师)

借助手机,青少年可以与外部空间相连,并对外部空间的他人产生认同感。阿诺德(Arnold)认为,在手机传播中,人们往往是"在场的缺场",忽略那些在身体上与之接近的人,把他们从沟通的"在场"中除去,转而赋予身体上未"在场"的人更多的重要性,将他们转移到交流的"在场"。①

---

① Arnold, M.,"On the Phenomenology of Technology: The 'Janus-faces' of Mobile Phones", *Information and Organization*, Vol. 13, No. 4, 2003, pp. 231–256.

第三节 控制与反控制：青少年"私人空间"的入侵与协商

几乎每一代年轻人都曾经有过被父母"窥私"的不快经历：从偷看日记、信件到撬开带锁的日记本，再到查看QQ聊天记录……技术的不断进步，使青少年保存、记录"个人私密"的载体随之发生演变。特别是近年来，手机以前所未有的深度和广度，"侵入"并"弥漫"于青少年的日常生活之中，成为青少年成长过程中的重要经历。因其体积小，携带方便，隐秘性高，手机成为青少年构建"私人空间"的绝佳工具。

青少年阶段是青少年开始与父母分离，同伴开始成为他们生活中心的阶段。手机的出现满足了他们对隐私和交流的要求，同时也减弱了家长的管制，加快了他们摆脱束缚的脚步。手机成为他们释放青春期压力的有效手段，也是青春期反叛的有力武器。

但是，对于孩子成长过程的监管和约束，对于他们生活空间和社交活动的干涉，几乎是全世界所有父母的惯习。而手机随时随地的可获得性，使之成为延伸父母权威和控制的工具。过去，孩子想离开父母，只需要走出家门就可以了。然而，手机使这种事情不再可能，除非孩子有意关机或者谎说手机没电了。无论是自觉保持开机的状态，还是在与同学玩乐时被父母召回，青少年的"私人空间"通常有意无意地被家长侵入。

于是，以手机为中介的控制与反控制，入侵与协商便成为这一时期亲子关系的一个重要特征。本研究试图探讨以下几个问题：一、手机是否使青少年的"私人空间"得以构建？二、青少年是如何通过手机来建构、保护自己的"私人空间"？三、父母是如何利用手机侵入、压缩孩子的"私人空间"？四、亲子之间如何把握好"公共空间"与"私人空间"的边界？

一 流动的藏私：青少年"私人空间"的构建

根据布迪厄的"场域"和"惯习"理论，手机高度私密性的特性，为青少年构建起一个属于自己的"私人空间"提供了可能，并预设了游戏规则，设立了区隔的屏障。这个"私人空间"应具有私密性和自主性，它应是一个青少年的私人空间，一个不会向他人轻易公开其秘密的空间，一个防范他人擅自侵入的空间，同时也是一个自己能够主宰和决策的空间。

在问卷调查中，当问及"通过手机，是否拥有了一个属于自己的私人空间"，近七成（65%）的青少年明确表示"是"，20.7%青少年表示"不确定"，只有14.3%回答"否"。由此可见，手机有助于青少年私人空间的建构。

（一）青少年"私人空间"的构建方式

手机给青少年提供了更多的变数，使他们在社会生活、隐私和交流方面更为灵活。

1. 手机扩大了青少年的活动机会与空间。当孩子们从小学进入中学以后，他们就进入了一个同龄人来自更广阔地理区域的新世界。他们的社会视野迅速扩大，社交变得更为复杂，人际网络在不断扩大，交往范围也在不断拓展。而"移动电话的出现满足了青少年对安全、隐私和交流的要求，同时也减弱了家长的管制，加快了他们摆脱束缚的脚步"[①]。也就是说，由于手机的随时随地可获得性，便于父母随时掌握孩子的行踪，并能进行有效督促；如果发生什么事情，亲子之间也能及时进行沟通协调。这在一定程度上减少了他们对于孩子安全的忧虑，从而对子女的活动范围、活动时间等方面的限制有所放松。

---

① ［挪］Rich Ling M.：《时代——手机与你》，林振辉、郑敏慧译，人民邮电出版社2008年版，第103页。

有了手机后，和同学的交往更自由。以前，晚上妈妈不让我出去。现在我问妈妈："晚上同学开 Party，我能去吗？"她说："带上手机，不要太晚。"只要我带着手机，她能随时联系上我，知道我在哪里，是安全的，她就不会反对。（CR，女，14岁，初三）

2. 青少年可以在父母监督之外与同伴联系。以前使用固定电话，青少年与同龄人之间的交谈大多是在父母的"眼皮"底下进行，家长虽然不是直接的，但可以对孩子的社会交往有一定的了解；再加上大多数青少年是学校、家庭两点一线，很难拥有很大的社会交往空间。而手机的出现，使得青少年能在父母听不到的地方打电话，不仅能够避免被父母听到的尴尬，而且还可以获得更多与同伴、朋友互动的自主性，无形中使自己的"私人空间"在手机中得以建构起来。

我如果约同学出去玩，不希望家长听到，就到阳台去打。（CD1，女，16岁，高一）
我和同学讲话，不想被打断，就关在房间打。（CC1，女，16岁，高二）
我打手机会躲在自己房间，有父母在，讲话方式不一样。（CY8，女，20岁，大三）

有了手机后，青少年就可以跟成年人一样，拥有自己的圈子，自由地与外界建立联系。

手机比较方便、隐秘，我可以远离家庭，形成自己的社交圈。（CL4，男，14岁，初二）

有时，青少年会用发短信、手机 QQ 留言等"无声的交流"方式代替手机通话，更自由地构建着自己的社交网络；甚至一些青少年会

"盲发"，即可以在桌子下面不看着手机屏幕发送短信，直接在父母的眼皮底下建立自己的"私域"。这样即使与家长面对面坐着，父母也无法知道孩子是否在与他人交往，以及交往对象和交往内容。

3. 青少年有时会采取设置手机密码、删除手机短信、不设通信录等方式保护着自己的"私人空间"。

> 我下载了360防窃听模式，可以防止爸妈窃听。（CX2，男，13岁，初一）
>
> 我设了手机密码，我有自己的隐私，不想让父母知道。（CZ1，男，14岁，初三）
>
> 我的手机会设密码，有时他们（父母）看到我和男生的照片、短信，其实我们没什么，但他们会一直问，我怕解释不清，老是解释又很麻烦，就设密码。（CD2，女，17岁，藏族，高一）
>
> 我和同学的手机短信全是表情符号，他们（父母）想看就看，反正看不懂。（CZ5，女，17岁，高三）

4. 青少年还可以利用手机上QQ空间、微博，随时随地建构着自己流动的"私人空间"。

虽然电脑可以上QQ空间、微博，但是由于其体积庞大、隐匿不方便，家长可以通过限制上网时间有效地实现监督。而手机的体积小，携带方便，隐秘性高，只要一机在手，就可以随意进入自己的网络世界，而不被父母发现。因此，手机成为青少年构建自己"私人空间"的绝佳工具。

既然是自己的"私域"，就会有强烈的保护意识，一旦有人入侵他们的"私域"，他们都会想方设法保护自己的隐私。例如有些子女并不喜欢自己在网络平台上的言语和行为被父母"围观"，因此会选择将父母拉入黑名单，来防止父母获知自己的思想状况，从而躲避父母的干涉。

本来我的私人空间就被挤占。我爸还超"猥琐",三天两头就上我的"QQ"空间、微博看;我一旦发现他关注,就马上把他拉为黑名单。(CL2,男,17岁,高三)

由此可见,手机对于青少年的重要性,不仅仅在于个人物品,更是独立自主、不依赖父母的具体表征。

(二)青少年"私人空间"与自我认同

青少年阶段是青少年身心发育的阶段,也是青少年社会化的关键阶段。在这个阶段,青少年面临着角色认同的危机。他们开始渴望摆脱父母的束缚,希望自己以成年人的姿态获得个人的解放,拥有自己独立的天空;通过与同伴分享经验来构建自我同一性。已有研究发现,"私人空间"的构建对于青少年的个性化和自我同一性的发展尤其重要。

而手机恰恰是一个能够帮助他们发展关于自尊、独立、自主等自我概念意识的媒介。手机屏幕之后,充满着青少年对于独立感、成人感和自信感的渴求。手机背后的成人象征,是青少年扮演某种社会角色的有效整合手段,契合了他们"自我认同"的需求,提供了他们社会化的先期生活。

借助手机,青少年在"交流空间"中建构出自己的"私人空间",建立起自己的专属社交网络。在这个"私人空间"中,学校和家庭的监管暂时失去了效用,他们可以突破时空的阻隔,随时随地与同伴保持着联络沟通,恣意随性地传递着父母所不知的信息。他们不仅依靠此与父母区隔,而且通过它参与到一个纯粹由同伴或朋友构成的沟通互动中,彼此自由随意地分享着今天的故事、今天的心情。对于孩子来说,那是一个自由发表言论、自由舒展个性,而不被他人干涉的"私人空间"。这不仅给青少年带来短暂的快乐,还可以使他们在单调而紧张的学习生活中暂时"隐退",去另一个地方透透气;或者说手机成为青少年排遣压力的渠道之一,能使他们在繁重的学习压力和家长的严密监管中找到一丝的轻松与释放。芬兰学者奥克曼

(Oksman)和劳蒂埃宁(Rautiainen)的调查研究也发现,手机使芬兰青少年能够随时直接交流想法、沟通情谊、协调团体活动,绕过家庭、学校等传统机构的监督。①

当然,这个"私人空间"具有不稳定性。由于任何场域的存在都需要物质因素等条件的支撑,青少年的"私人空间"也不例外。首先,青少年必须拥有手机;其次,手机话费的保障。很显然,因为青少年在经济、社会等各方面尚未独立,所以这个"私域"的存在完全依赖父母的支持。只要有一项条件发生变化,那么这个"私域"就有可能不复存在。例如,如果父母认为手机影响学习或者手机消费太高,那么这个"私域"就立刻烟消云散。

> 他初二时有手机,但是现在没给他用手机。我跟他说:高中考上一、三中(重点中学)就买手机给他。结果他没考上。不给他买手机,他嘴巴扁扁的。以前有手机,他比大老板还忙;上课还玩手机游戏,话费老欠费。后来,他自己用压岁钱买。他买一部,我没收一部;我已经没收了四五部。没收时,他掉眼泪,有时干脆把手机摔了。(PZ5,母亲,42岁,本科,公务员)

所以说,青少年"私人空间"的存在要受到诸多条件的限制,主导权依然掌控在已被区隔在外的父母手中,这也从另一个侧面佐证了青少年的"私人空间"终究是有限的。

二 控制与协商:亲子之间的边界管理

(一)分裂式图景:家长意愿与孩子使用手机之间

家长为孩子配置手机,最初的意图是建构一个方便联系、易于管

---

① Oksman & Rautiainen, "Perhaps It is a Body Part: How the Mobile Phone Become an Organic Part of the Everyday Lives of Children and Adolescents: a Case Study of Finland", in J. E. Katz ed., *Machines That Become Us*, New Brunswick, NJ: Transaction Publishers, 2002, p. 293.

理和监督孩子的场域。在调查中，当问及"给孩子配置手机的原因"（多项选择）时，92.2%的父母回答"方便联系"，54.3%的父母是"出于孩子的安全考虑"，23%的父母表示"便于管理"，而"孩子的强烈要求""作为奖励或生日礼物"分别只占9.7%、9.2%。但实际结果是，在这个由父母亲自设立的场域中，家长是缺场的，是被排除在外的。父母意愿与青少年实际使用之间呈现出分裂式图景。

在父母看来，出于对孩子的担心和"养不教，父之过"的责任感，他们希望能及时了解孩子的心理动态和社交状况。在手机出现以前，这种代际传播多为面对面的掌控。手机出现之后，一方面，手机是一个可以随时了解孩子"行踪"的工具，在某种程度上可以延伸父母对孩子的控制。另一方面，手机独特的私密性为青少年扩展"私人空间"提供了契机，也让父母感受到不能有效监控孩子的危机。特别是青春期的青少年，随着生理和心理的急剧变化，他们开始拥有自己的"小秘密"，对父母也较少吐露他们内心的真实想法。这些变化让父母感到不安，他们觉得孩子毕竟还是孩子，需要密切关注他们的动向，以了解他们的思想变化。国外有学者也认为，"对孩子行为的总体把握是家长的责任"[1]。因此，有些家长会采取各种方式来对孩子的手机使用行为进行监督和控制，有意无意地侵入了孩子的"私人空间"。

而对于大多数青少年来说，由于生理的成熟期和第二性征的出现，他们觉得自己已经长大了，由此产生了强烈的自我意识。无论自己的行为是否正确，青少年们似乎都希望拥有一定的"私人空间"，不愿自己的生活被父母过多地限制和干涉。他们逐渐从肯定父母权威对自己个人问题的管制，到觉得需要一定程度的个人自由。因此，他们往往将父母的这种控制视作对他们"私人空间"的侵入，甚至通过各种方式来拒绝这种"控制"或者与之协商。于是，手机成为父

---

[1] Brown, B. B., "Peer Groups and Peer Cultures", in Feldman, S. S., and Elliott, G. R., *At the Threshold*, Cambridge, MA: Harvard University Press, 1990, pp. 171-196.

母和孩子采取不同策略重构他们反思性关系的争夺和冲突领域。

（二）控制与反控制："私人空间"的争夺战

吉登斯指出，时空的分离使社会互动转化为另一种信任。越来越多的社会互动之所以能够成功地进行，并不仅仅是因为行动者在时间和空间上的邻近，而是在于他们能够在特定的时空场域内进行定位，并处于相互监控和安排各自行为的场景之中。

1. 手机在某种程度上延伸了父母对孩子的监控

父母即使"身体缺场"，也能进入孩子的"私人空间"，清楚地知道孩子在什么地方做什么，还能在孩子超过规定时间未归时，及时地催促其回家。

> CW1（女，14岁）是初一学生，平时住校，只有节假日回家，所以父母给她买了手机，以便能及时掌握她的学习和生活情况。"我每天晚自习回去都会打电话给父母，报告今天的学习情况，和同学相处的情况，发生的好玩事情。"

在访谈中，大部分学生表示，对于父母规定的去哪里、什么时候回家的界限，他们都可以认可并遵守。

> 我出去玩，每到一个地方会打电话，告诉父母我到那里了，大概多久会回去，以免父母担心。(CL4，男，14岁，初二)
>
> 我出去玩，自己会带手机。超过时间点（晚上九点半）会说，若没说，妈妈会打过来。(CL5，女，16岁，初三)
>
> 我出去习惯带手机，到了以后打电话回家。超过限定的时间（晚上11、12点），他们（父母）会5分钟打一次。(CK2，男，16岁，职高)

但是通过这种方式，有时并不能完全达到监督孩子的目的。手机的来电显示功能，使孩子可以在不方便的情况下不接听父母的电话。

因为他们知道是谁打来的,所以他们没有必要接听。如果遇到质问,青少年会拿出一整套技术方面的借口,诸如电池没电了、没有听到、信号不好等。另外,还可以使用更先进的技术。例如来电铃声分类、设定过滤服务或转到语音信箱等。

> 有时玩得太晚,父母打过来,我怕他们骂,不敢接,回去就说放在书包里没听到。(CL6,女,17岁,职高)

> CZ5(女,17岁,高三)抱怨道:"我和同学出去。刚开始他们半小时打一次,后来10分钟打一次。老是催,有点烦。有时烦不想接,就说没听到。"

有的青少年并不躲躲闪闪,寻找借口,而是直接抵制父母的这种监控。

> 我最讨厌我和同学打篮球,爸妈打电话过来,我一般不会接,也不会回。都跟他们说好了和同学打球,7点回去。他们还打。(CX2,男,13岁,初一)

此外,"单纯"的手机传播,还可以大大简化青少年对父母说谎的成本。因为在此传播过程中,传播双方的情境彼此是不透明的,身体是抽离、缺场的。因此,传播者可以不必掩饰自己的表情和动作,只需要传递声音信息。这样即使父母手机通话或短信问到的地方,也不一定是孩子真正活动的地点。

> 初一时,我儿子有一次打手机给我说:"学校要补习,晚点回来。"结果我等了很久,还没回来,就去学校找他。我把整个学校都找遍了,没找到他。后来才知道他跟同学出去玩了。(PW2,母亲,46岁,高中,公司职员)

但是，微信、GPS等手机新式功能的出现，使父母能更加直观地了解孩子所在的地点。

> 上周她（女儿）和同学去云洞岩玩。我让她到了以后，拍一张那里的照片通过微信传给我，说明她已经到了。（PC1，母亲，45岁，高中，自由职业）

新兴的移动定位技术，还可以使父母通过他们手机中的GPS连接功能，及时查询和了解子女行踪。当孩子遇到危险或者偏离其经常出现的位置，父母可以及时发现并与子女取得联系。

2. 父母会对青少年的手机使用行为进行规劝、限制，甚至没收手机

调查研究发现：对于中学生来说，一半以上（53.3%）的家长对孩子的手机使用行为没有做出任何限定。但是，仍有将近一半（46.7%）的家长会做出种种限定（多项选择）：19.4%的家长限制孩子玩手机游戏，16.7%的家长限定上网的时间，5.4%的家长限制孩子使用智能手机，4.8%的家长限定孩子通话时间，其他限定占13%。

而到了大学阶段，由于大学生已经成年，加上没有了升学压力，且分隔两地，父母已很难对他们的手机使用行为进行限制，转而使用言语上的规劝。调查数据显示，大学生家长规劝子女的手机使用行为主要集中在两方面：减少手机上网（44.5%）和玩手机游戏（37.7%）的时间。

也就是说，无论中学生，还是大学生，只要孩子发短信、玩手机游戏、手机上网比较频繁，父母往往会进行语言干涉。

> 少发点短信，影响休息。（PY1，父亲，42岁，高中，图书馆职员）

> 走到哪，都玩游戏，屏幕那么小，眼睛早晚会坏掉。（PL3，

第二章 时空分离：代际传播时空的重塑　　123

母亲，39岁，中专，护士）

　　高中禁止上网，没开流量套餐。现在父母只是唠叨不要每天抱着手机。(CY6，男，19岁，大二)

有时，父母会限制中学生使用手机的时间，或是直接没收手机，甚至后悔给孩子买手机。

　　我会限定他玩手机游戏、手机上网的时间。(PW2，母亲，46岁，高中，公司职员)
　　我周一到周五没收手机，周末才给他（儿子）用。手机不是好东西，以前只能打电话还好，现在变得娱乐很多。以前还能限定电脑玩一小时，现在手机拿在手里，就是手机控，低头玩手机，影响学习和眼睛。(PL2，母亲，43岁，大专，幼儿园老师)
　　（高三）期中考后，我们班一部分人"牺牲"了，直接从智能手机变成普通机。(CL2，男，17岁，高三)
　　我给他买智能手机，让他能上网查找资料，了解社会信息，与社会接轨；我好后悔，气死了，他一边听手机音乐一边写作业；现在我让他写作业时，交出手机。(PW1，母亲，43岁，本科，中学教师)

或者借各种名义进入孩子的房间，看看孩子是否在玩手机。

　　他关在房间里打手机。我经常借口收衣服、拿东西进去一下。(PZ5，母亲，42岁，本科，公务员)

面对父母对自己手机使用行为的管制，中学生往往会想出各种方法应付。

　　我可以在睡觉时躲在被窝里发短信、进QQ空间、刷微博，

爸妈不知道。(CZ5，女，17岁，高三)

我曾经在半夜三点躲在被窝里发微信，安慰失恋的同学。(CL2，男，17岁，高三)

来自挪威的一项调查表明，20%的挪威青少年至少一周一次在晚上12点至早上6点之间发过短信。①

有一次我在玩手机，我妈突然进来了。我立马把手机扔到被窝里。(CL6，女，16岁，职高)

父母对我用手机和同学聊天，有意见，相当大。但是只要我学习不退步，一切都OK。要是成绩不好，就会归因于玩手机。(CL2，男，17岁，高三)

而到了大学阶段，面对父母对手机的放松管制，一些大学生反而降低了使用手机的时间。

手机游戏，高中受限制挺好玩，大学没限制不好玩了。(CC5，男，大一，18岁)

3. 有的父母会查看孩子的手机通信记录、短信、微信、QQ空间、微博

在新媒体普及之前，父母想要了解孩子最新动态的渠道有限，只能通过与子女或其周围的人交流、日常生活的观察或者查看子女的日记等方式。现在新媒体突破了传统的地点与信息获取之间的关系，绕过了地点隔离的特性，使父母能够及时得到关于子女的不限于家庭、学校场景的信息。因此一些父母在学会使用QQ、微信和微博之后，

---

① Rich Ling Telenor R&D, "'We Will Be Reached': the Use of Mobile Telephony among Norwegin Youth", *Information Technology & People*, Vol. 13, No. 2, pp. 102 – 120.

开始尝试运用这些新媒介来观察和了解子女的最新动向,如他们与什么人交往、经常讨论的话题内容、平时的兴趣点等。虽然只是零星半点的信息,但也可以让父母部分掌握子女目前的状态。

调查研究发现,35.8%父母会查孩子的通信记录或短信:其中"偶尔会查"占27.3%;"经常会查"占2.4%;"想查,但没法查"占6.1%。39.3%父母会上孩子的QQ空间看看:其中"偶尔看看"占27.3%;"经常看"占4%;"想看,孩子不让"占8%。关于微博,"不知道孩子是否有微博的家长"占25.5%;其次,为"偶尔看看"(16.4%);再次,为"想看,孩子不让"占4.0%;"经常看"占2.7%。

由此可见,偶尔对孩子,尤其是中学生进行抽查是相当一部分家长的常态。家长想查看孩子的手机短信、QQ空间、微博和通信对象,无非是为了获悉孩子的交往空间和心理状态。父母惊讶地发现,孩子在新媒体平台上的自我呈现与平常家庭中呈现的自我并不完全相同:在他们面前沉默寡言的孩子,在网络上却侃侃而谈;在他们面前甚少谈及自己的事情,却在网络上经常发表有关自己遭遇的文字等。但是只要孩子的所作所为在父母的容忍限度内或者是正确的范围之内,父母便不会主动透露曾经看到过什么,也不会过多发表意见看法。如此一来,也不会有激烈的亲子冲突。

有时候我儿子手机落在家里,我会偷偷查儿子的短信和通话记录。(PW1,母亲,43岁,本科,中学教师)

对于家长侵入自己"私人空间"的行为,大多数孩子采取了妥协的方式,一般来说,只要父母看到的内容不涉及自己最隐私的部分,那么孩子最多口头抗议一下。

-女儿(CZ5,女,17岁,高三)(有点责怪的语气)说:"你老上我的QQ'说说'看。"

- 母亲（PZ4，母亲，45岁，大专，公务员）："本来'说说'就是给大家看的。你又没什么，还怕被人看。"
- 女儿摇摇头，很无奈，不再说话了。

或是采取删除短信、设置密码、巧设通讯录、屏蔽、拉黑等不与父母发生直接"冲撞"的方式，在规范和条件限制的罅隙中坚守着自己的"私人空间"，也是青少年经常使用的一种方式。

> 他（儿子）的手机加了密码，我动一下他就叽叽叫。（PL2，母亲，43岁，大专，幼儿园老师）

> 我偶尔会查，就跟他说："手机借我玩一玩"。他（儿子）的通讯录空空的，全是阿拉伯数字；都没有短信，可能他都删掉了。（PL3，母亲，39岁，中专，护士）

> 她QQ号不告诉我。说她应该有自己的隐私，不让我管。（PG1，母亲，43岁，高中，个体户）

> 我每次发完、看完短信都会立即删掉，如果让爸妈看到可是不得了。我手机上的通讯录都是同学的昵称，如同学名字里有一个"磊"字，通讯录上的名字是"很硬"；名字中有"枭"字，就是"木鸟"；还有超人、羊羽、吓人……（CZ1，男，14岁，初三）

有时候，青少年会在微信或手机QQ上记录自己的心情或者发泄一些情绪，同龄人一般会在他们的状态下留言，通常在朋友们的安慰和插科打诨的对话中，这种状态就过去了。

> 如："霍！我受到两亿点暴击，不开心。"（CH4，女，20岁，大二）

> 梯子不见：抱抱。

但是父母则不同，出于对子女的上心，他们经常会对子女发布的内容较真。一旦看到孩子在微信或手机 QQ 上流露出负面情绪或发表不当的言论，父母便会立即打手机给孩子，试图扮演一个开导者和教育者的角色。本来只是鸡毛蒜皮的小事可到了父母那里却变成了惊天大事。父母的关心虽然是出于善意，但是这种小题大做往往会让青少年不堪重负。

为了减少不必要的麻烦，青少年往往会适当做出一些自我调适：如在父母要求添加 QQ、微信好友时，进行选择性的忽视和拒绝，从根本上将父母剔除在自己的受众范围之外；即使父母成为 QQ、微信好友，也可以采取朋友圈的权限设置和好友分组管理等隐私保护策略。权限设置可以将父母拉入黑名单，好友分组功能则可以实现将某些信息仅向特定的受传者（如同龄人）公开。他们往往开放一部分可以让父母看到的内容，但是对另一部分内容却有所保留。正如梅罗维茨所说的，一方面前台的行为具有后台的偏向，另一方面后台的最主要的内容会退避得更深。

> 我的微信会分批发，发给父母和朋友的不一样，主要是怕妈妈想太多了。（CC5，女，20 岁，大二）
> 应只玩微信的家长需要知道我生活的要求我要刷朋友圈了☺。（CZ8，女，18 岁，大一）

虽然青少年在手机 QQ、微信和微博上所发的内容很少涉及自己真正的隐私。但是因为感受到父母对自己一举一动的窥探，产生了不自在的感觉。原本在新媒体上感受到的独立和自由，随着父母密切的关注和试探性的询问而烟消云散，他们觉得自己还是并没有完全脱离父母的掌控。

> 他们（父母）要看去看，无所谓，就是感觉不好，心里不舒服。（CL6，女，17 岁，职高）

特别是成年大学生，生理和心理的成熟，使他们希望独立，渴望摆脱来自于家庭的控制，有更多自由的空间；再加上一年中的大半时间是待在家庭之外的。因此，他们基本上在家庭之外拥有自己的社交圈和活动范围。在这一社交圈内，他们有着自己为人处世的方式和原则。从某种意义上讲，这也是他们独立自主的象征。

可是在很多父母的心目中，虽然子女已成年，但是他们还是没有完全长大的孩子，始终是父母教育和保护的对象。这种强烈的落差之间，让已经成年的大学生内心萌发出一种脱离父母掌控的渴望。他们希望拥有自己的私人空间，不想让自己的个人生活完全暴露在父母面前，想将自己的交际圈和日常活动有所保留，包括聊天的对象和内容等。要保留自己的这种独立，只有想方设法让父母无法接触或者远离他们的社交区。因为他们知道，即使是父母从微信、手机QQ、手机微博上看到的只是关于自己的一些零星内容，也可能让父母产生管教孩子的想法和冲动。

4. 有的父母会通过家族亲戚的手机QQ、微博或微信，间接地了解孩子的信息

虽然多数青少年会排斥将父母设为自己的QQ、微信或微博好友，但是对于家族亲戚一般不会拒绝。这种开放的态度，使得若干家族亲戚（通常是比父母年轻的亲戚）在家庭代际传播中起到了"二级传播"之中介传播者的角色。这些亲戚长辈往往成为青少年在手机社交媒体上的潜在受众，他们一方面充当父母亲职监督的代理人角色，一方面扮演着信息中介者的角色，有时会有意或无意地将青少年QQ或微博上的信息通过面对面或其他传播方式转达给父母。在传统家庭情境中很少介入亲子沟通的家族亲戚，却在手机社交媒体所构建的数字家庭中扮演了中介传播者的角色。

龚女士（PG3，女，44岁，公务员）很少使用手机QQ和微博，但她却可以通过自己的妹妹代替自己对女儿在手机社交媒体行为进行观察，间接地获取女儿最新的动态信息。

这种在线与线下的人际沟通渠道，无形中扩张了家庭代际传播的网络，将传统家庭样貌转化成网络时代的数字家庭样貌。这也说明：青少年在使用手机媒体进行家庭代际传播的过程中，采取了在线与线下相结合的多层次传播策略：通过默许家族亲戚成为自己信息传播者，一方面满足了家庭信息沟通的需求，另一方面也在一定程度上缓解了父母因扮演亲职监督者角色而造成的亲子沟通困扰。

总的来说，这种亲子之间控制与反控制的张力在中学阶段尤为明显，到了大学阶段，由于无升学考试的压力，父母对子女学习的关注度大大降低，再加上空间上的距离，因此父母对于孩子的手机监管大为减弱，孩子们的自由度得到大大增强。

（三）信任与风险：传播隐私的管理

亲子之间控制与反控制，所引发的隐私边界管理问题亟待我们重视。但是如何管理亲子之间的隐私，并不是一件容易的事。美国学者桑德拉·佩特罗尼奥（Sandra Petronio）在她的著作《隐私的边界》（*Boundaries of Privacy*）一书中提出的"隐私边界协调管理"（Privacy boundary Coordination Operations）理论，为亲子之间隐私边界问题的解决提供了很好的借鉴。

1. "隐私边界协调管理"理论

佩特罗尼奥指出，人们在选择表露或隐藏隐私信息时，往往有着自己的一套行为准则，但是这个行为准则也有基本的推演规则。由此，她提出了"传播隐私管理"（Communication Privacy Management，CPM）理论用以管理隐私信息的基础假设。该理论包括隐私信息（Privacy Information）、边界（Boundaries）、控制与所有权（Control&Ownership）、基于规则的管理体系（Rule – based Management System）以及辩证的管理（Management Dialectics）这五个方面。[①]

[①] 顾理平、杨苗：《个人隐私数据"二次使用"中的边界》，《新闻与传播研究》2016年第9期。

人们利用 CPM 理论管理个人边界和共同边界，并划定边界的准入水平。在人际传播过程中，关系中的各方都在不断地进行"边界管理"，即管理"公共空间"与"私人空间"二者之间的边界。边界是指是否愿意和对方分享思想和情感的界限，或者是私密性与公共性之间的界限。这里包含两层含义：第一，个人隐私边界，主要指隐私处在个人控制范围边界内，这是隐私的一种常见状态，即个人控制着隐私传播的范围和边界；第二，公共隐私边界，主要指个人基于某种需求将隐私扩散到一定公共范围内。在个人隐私边界中，边界以内的个人信息就是处于不被他人获知的隐私信息状态，而边界以外的信息是可以被他人获知的个人信息。在公共隐私边界中，边界以内的公共信息是被特定公共领域内的各个成员建构一定规则加以保护的隐私信息，边界以外的公共信息是可以被所有公共领域内成员获知的信息。①

有时候，这条边界是具有渗透性的，这就是说可以透露一些特定的信息。有时候，边界是无法渗透的，这就是说，不能共享任何信息。诚然，边界的渗透性是会变化的，具体情况会导致边界的"封闭"或"开放"。封闭性的边界能够获得更多的自主权和安全感，开放的边界会获得更为亲密的关系和更多的共享信息。②一旦个人边界打开、隐私信息被透露，那么个人也就卷入到共同边界中，需要和他人共同管理协调边界。简而言之，CPM 所探讨的是关系当中的"开放性"和"隐私"、"公共空间"与"私人空间"之间的紧张关系。

在通常情况下，人们会学习先行规则，再从隐私边界被界定和改变中商议新的规则；又因为边界的需要，隐私规则还会从整体变为个体，所以隐私边界管理是一个动态的过程。③"人们要么会学习预先

---

① 顾理平、杨苗：《个人隐私数据"二次使用"中的边界》，《新闻与传播研究》2016 年第 9 期。

② [美] 斯蒂芬·李特约翰、凯伦·福斯：《人类传播理论（第九版）》，史安斌译，清华大学出版社 2009 年版，第 247—248 页。

③ Sandra Petronio, *Boundaries of Privacy: Dialectics of Disdosure*, New York: State University of New York Press, 2002, p. 26.

存在的隐私规则（Preexisting Rules），要么会和边界共同拥有者协商建立新的共同规则。"① 譬如当人们成为团队、家庭或者组织的一员时，他们会被告知这个圈子的隐私信息以表达原有成员对他们身份的认同，在隐私信息被披露时圈子预先存在的隐私规则也一并被告知。但是如果现有的隐私管理规则不能适应特殊的情况，这些根深蒂固的惯例性规则（Routinization）和适应性规则（Orientation）就都需要改变（Change）②，即出现改变性规则，特别是当边界扰乱（Boundary Turbulence）出现时，这些过程就是在协调管理隐私边界。

"隐私边界协调管理"理论的核心围绕"协调"，包括了边界连接（Boundary Linkages）、边界渗透（Boundary Permeability）和边界所有权（Boundary Ownership）三个方面。"边界连接"用来联系、塑造或改变我们必须分享的隐私信息。"共同隐私边界是依赖于个人隐私信息的披露进行连接的，所以当个人隐私边界变成共同边界时，个人隐私信息的获得与保护就变成了边界的连接者（Joint Venture）"。③ "边界渗透"在决定如何允许分享或如何保护隐私信息共同边界方面起着关键作用。"边界所有权"则是在边界协调中用来定义边界线的讨论维度。"边界连接"对"边界渗透"会产生重要作用，又都影响着边界所有权的持有程度。所有的这些关键因素都反映了人们管理隐私边界所必须注意的要点以及人们管理隐私边界的方式和必须承担的相互的责任。

2. 协调亲子之间的隐私边界

青少年阶段是青少年重新斟酌父母与自己权限的时期，许多过去被看作是父母管辖范畴的问题，在这个时期会被青少年认为是个人问题，他们希望在这些问题上能有更多的自主权。

---

① Sandra Petronio, *Boundaries of Privacy：Dialectics of Disclosure*, New York：State University of New York Press, 2002, p. 71.

② Ibid., p. 80.

③ Ibid., p. 88.

因此，亲子双方的隐私信息与公共领域信息的边界是独立、相交、包含等多重关系的存在。为了协调隐私信息的管理，亲子双方在管理边界连接的要素时，需要考虑亲子双方的利益，边界渗透的规则制定应考量亲子双方不同的呼声，边界所有权更是要界定清楚亲子双方的隐私边界从而有效保护隐私信息。

在"隐私边界协调管理"理论中，"边界连接的要素包括隐私表露的对象选择（Rules about Confidants）、表露时间（Rules about Timing）以及选择表露的话题（Rules about Topic）"[1]。基于此理论基础，亲子双方在进行代际传播时，必须认真考量亲子双方个人隐私的处理。在隐私表露的对象选择方面，无疑是亲子之间的互相表露；在表露时间方面，亲子双方可以根据实际情形选择合适的表露时间；不仅如此，亲子双方还应掌握话题表露的主动权。

边界渗透主要考量的是规则问题（Access and Protection Rules）[2]，因此，父母与孩子之间的代际传播必须要有一个清晰的界限，这个界限就是规定亲子双方参与该传播系统的规则，这个规则也意味着个体知觉到双方"公共空间"与"私人空间"的界限。具体来讲，主要包括五个方面的边界问题，即"何时"、"何地"、"怎样"、"何事"和"向谁"。

1. 何时：亲子之间何时可以与何时不可以分享某些思想感情之间的边界；

2. 何地：亲子之间在哪里可以分享与在哪里不可以分享某些思想感情之间的边界；

3. 怎样：亲子之间可以通过哪些方式与不可以通过哪些方式分享之间的边界；

4. 何事：亲子之间哪些事情可以分享和哪些不可以分享之间的

---

[1] Sandra Petronio., *Boundaries of Privacy: Dialectics of Disclosure*, New York: State University of New York Press, 2002, p. 92.

[2] [美] 丹尼尔·沙勒夫：《隐私不保的年代》，林铮顗译，江苏人民出版社2011年版，第79页。

边界。这是边界问题的主体部分，承载了代际传播的实质内容，决定了亲子之间隐私信息的开放程度。

5. 向谁：可以向谁分享与不可以向谁分享之间的边界。这是一个关键性的边界问题，也是边界中的可信部分，直接影响了代际传播的范围，限定了代际传播的效果。

边界所有权的核心是隐私信息的所有权（Ownership of Privacy Information）。所以，明晰隐私信息的所有者及其权利和义务是首要任务。有的家长认为，青少年发布在手机平台上的信息已经处在了公共领域，属于公共信息；但是事实上，青少年还是隐私信息的所有者，即使是家长也无权查看未经子女授权的个人隐私信息。

如果父母能把握好与孩子之间"公共空间"与"私人空间"的边界，尊重孩子的"私人空间"，较少侵入孩子的"私人空间"，相信其使用手机的行为与能力，但是在必要时进行规劝、提醒和监督，会让孩子感到是被平等对待的，其感受到的自主能力越多，信任程度越多，其亲子关系就越和睦融洽。

在访谈中，许多父母已意识到这一点，例如：

> 我绝对不会查她的通信记录和短信，手机属于私人空间。（PR，父亲，41 岁，大学教师，博士在读）
>
> 孩子长大了，有自己的空间，太关注他不好。大方向把握就可以了。(PH3，父亲，48 岁，高中，村支书)
>
> 我不会查，小孩都有自己的隐私。要尊重她的隐私。（PW2，母亲，46 岁，高中，公司职员）

反之，如果两者之间的界限模糊不清，公共领域与私人空间的重叠穿插，就会引发一系列的问题。例如手机每周 7 天每天 24 小时都可以呼叫，可能会使成长过程中父母与孩子的目的发生冲突，因为双方的目的是交叉的。在这个过程中，儿童在成长为成年人，他们正在迈出坚实的步伐走向完全信息自足的阶段，或者叫不必向父母做交代的阶段。如果手机使青少年连接在父母身上的脐带老是不被剪断，如果他们还是无事不向父母交代，那么手机就会像套在狗脖子上的皮带一样，妨碍青少年成长为独立的成年人。①

由此可见，亲子之间在"公共空间"和"私人空间"之间的平衡是至关重要的。

---

① ［美］保罗·莱文森：《手机：挡不住的呼唤》，何道宽译，中国人民大学出版社2004年版，第90页。

第三章

人机互动：代际传播渠道的变迁

社会交往是人类生存和社会发展的必要条件，媒介作为人们信息传播、相互交往的中介，在人类社会中起着非常重要的作用。媒介环境学认为，每一种新的媒介的产生都开创了人类社会交往的新方式。人类社会交往的历史实际上是媒介交往嬗变更替的历史。人类社会交往的需求推动着媒介技术的发展，媒介技术的发展反过来又推动着人类社会交往的发展，进而对包括家庭代际传播在内的人际传播产生重要影响。

就家庭代际传播而言，代际传播要顺利进行，必须借助当时情境的媒介技术进行，不同的发展阶段对媒介技术的需求是不同的。从面对面的传播，到书信传播，再到电报、电话、手机，这一发展链条记录了媒介技术的嬗变历程，也深刻反映了家庭代际传播发展变迁的历史。进入信息社会之后，随着手机媒介在全球范围内的日益普及，手机已经内化为信息时代家庭生活中最常见的媒介技术，其势必对家庭代际传播产生深远的影响。

笔者的调查数据表明，现在青少年与父母最常用的四种代际传播方式依次为：面对面（87.5%）、手机通话（84.9%）、手机短信（69.6%）、手机QQ（42.6%）、微信（12.4%）、手机微博（1.7%）；大学生与父母则依次为：面对面（55.5%）、手机通话（50.2%）、手机短信（34.3%）、微信（26.8%）、手机QQ（18.1%）、手机微博（2.7%）。由此可见，传统的面对面人际传播仍是家庭代际传播最重要的传播模式；手机通话、手机短信、手机QQ也在家庭代际传播中扮演着重要角色，其影响不容小觑。

第一节 身体·主体：代际传播中媒介技术的历史演变

媒介技术的研究一般遵循两种思路：一是用媒介技术来检验或补充原有的理论和方法；二是强调媒介技术的使用方式对个人和社会交往的影响。媒介技术本身具有的社会性，是在与社会互动过程中形成的。媒介技术按照人的需求被创造出来，并在技术中体现着人的需求。由于传播者和受众之间的信息传播需要以媒介为中介，并且信息传播的速度和范围受到了媒介技术的制约。

媒介技术发展的基本逻辑就是使传播本身不断突破时空对于身体的限制，按照身体"缺场"/"在场"的模式，口语媒介使传播双方同处一个时空；从书信媒介开始到电子媒介，传播一方的身体就开始从传播时空中隐退，通过符号（文字、声音、图像等）使得传播者和受传者之间的传播，成为一种传播者身体"缺场"，而受传者身体"在场"或"缺场"模式的沟通。

一 口语媒介："身体在场"的实时互动

在人类社会的早期，自我被嵌入到面对面关系的总体性之中，基于交通和媒介技术发展的局限，人际互动主要集中在面对面的时空。此时，口语媒介是信息存储、传播的唯一渠道，是时空统一的手段，是传播双方共同"身体在场"的实时交流。它在家庭代际传播中具有以下特点：

第一，简单快捷。在传统社会中，亲子双方共处同一物理空间，通过所用词语、面部表情、眼神接触、身体姿态，甚至空间距离等传递着人际信息；同时，通过自己的听觉和其他感官，尤其是视觉和触觉来接受信息。

第二，必须身体"在场"。口语媒介所依赖的是口腔的共振，如果超出声音所及的距离，信息传播便无法完成。因此，以口语媒介为中介的家庭代际传播，受时间和空间的限制，信息传播活动的时空自由度极小，传播双方只能在有限的时空范围内交流信息，局限于"身体在场"；而且信息传播速度极快，信息无法在人体外停留，稍纵即逝。传播双方的信息传播活动的时空自由度受到限制。

第三，承载着更为丰富、真实的信息。手机的出现，虽然方便了亲子之间的沟通联络，但是无论手机如何发达，远距离、间接、电波对电波或字对字的传播方式都永远无法替代面对面的人际传播方式。在调查中，我们发现，虽然时代变迁，技术革新，但是仍然无法撼动面对面是家庭代际传播最主要方式的地位。在面对面的人际传播中，亲子之间的目光相遇、表情对话，真实而准确地表达出彼此的喜怒哀乐和内心情感，最大限度地减少信息误传和遗漏，从而真正消除彼此之间的心理距离。因为眼神、表情、姿态和动作是其内心情感的自然流露，这些靠手机通话、发短信是无法"表露"出来的，更谈不上真正意义上的心灵交汇。

> 我们什么事情都喜欢当面讲。批评她、表扬她、心里对她有疑问，或者是我哪里做得不对，这样比较直接。而且从她的表情、反应，能抓住她大部分心理。（PW3，母亲，42岁，高中，导游）
>
> 用手机沟通有距离感。它破坏了传统形式，我更乐意当面讲的。（CX3，女，大三，20岁）
>
> 手机的好处是方便、快捷，不好的地方是不知道对方的真实想法和表情。（CW5，男，大一，19岁）

当面对面的人际传播方式逐渐在家庭代际传播中衰微时，心与心之间的距离究竟是远了还是近了，这不得不引起我们的深思。在对家长进行访谈过程中，大部分父母还是希望能与孩子面对面近距离地交流，希望两代人能促膝长谈，享受浓浓亲情。

二 书信媒介："身体缺场"的延时互动

书信媒介是一种偏倚空间并便于运输的媒介，因此它能够极大拓展行政体系的范围，为社会经验传递创造了条件。以书信媒介为中介的家庭代际传播，突破了口语传播的自然屏障，弥补了面对面代际传播的不足，拓展了家庭代际传播在时间和空间上的交流范围，缩小了亲子之间由于分隔两地，在时间和空间上存在的心理距离感。它从时间的久远和空间的广阔上实现了对口语媒介的超越。

第一，扩大了代际传播的时空范围。书信媒介无须亲子双方"身体在场"，使时空距离不再是代际传播过程中不可逾越的鸿沟。文字能够超越身体的在场，将不在场的亲子一方信息传达出来，大大拓展了代际传播的时空范围。"烽火连三月，家书抵万金"，描绘出了在电子媒介出现之前的古代社会，书信媒介对于远隔万里的家人看来，是何等的重要。

第二，传达出口语媒介无法传播的内容。书信媒介可以弥补面对面传播的缺陷，特别是处于青春期的孩子家长，他们非常想与孩子沟通，可是往往是沟通刚开始，亲子双方便发生争执，有时争得面红耳赤，最终不欢而散。而通过书信媒介，孩子可以把平时不好意思直接向父母吐露的心声，用饱含深情的笔墨传递给他们；或是流露内心的真情实感；或是表达对父母的不解，甚至他们身上的一些不能接受的地方；或是诉说成长的烦恼。

父母也可以通过书信媒介，敞开心扉，表达自己对孩子的爱，解答孩子的疑惑，提出期望。像古代诸葛亮临终前写给儿子诸葛瞻的《诫子书》中，表达出父亲对儿子的殷殷教诲与无限期望；近代《傅雷家书》中傅雷通过书信媒介，让儿子傅聪从字里行间中感受到父亲对他的教诲，体会到父亲对他的浓浓的爱；现代的《爸爸去哪儿》节目里，林志颖、郭涛、王岳伦和田亮等分别写给孩子的一封信，把亲子之间的真情实感和平时无法用言语表达的对孩子的疼爱、希望和鼓励，在信中尽情地一一诉说。

郭涛写给儿子石头的《希望你能长大成才》的一封信：

亲爱的宝贝：

爸爸是一个爱你的爸爸，关心、帮助你的爸爸，同时也是一个粗心有缺点的爸爸，当我看到很多节目里，自己的表现，有时候会脸红，有时候会反思，在教育问题上，爸爸还有很多问题需要解决，你不要记恨爸爸，爸爸是真心地为你好，只是好像有时候过于心急方法简单，但是我真的希望，但是我真的认识到，并且也会改正，爸爸也在学习，爸爸很开心，把这几个月来的想法通过书信的方式和你交流，也许十几年后，你再看到爸爸写的这封信就能明白爸爸的用心良苦，但这一切都是为了一个目的，就是希望你能长大成才，最后爸爸想说，不管你多大，走到哪儿，爸爸永远支持你，永远爱你，晚安我的儿子。

2013 年 11 月 27 日晚，12 时。
爸爸郭涛

第三，传播速度慢。即使人类已经可以超越面对面人际互动中"身体在场"的局限，书信媒介的传播还依赖于书写物质的制作、符号的记录，需要花时间依赖于交通工具来实现传递，因而传播速度较慢，跨越空间的时间消耗仍是一种不可消除的限制性因素。

第四，延时的代际互动。书信媒介虽然跨越了时空的局限，但是亲子之间却无法进行即时的沟通互动。

三 电子媒介："身体缺场"的人机互动

随着 19 世纪末电磁学的发展，电子媒介开始得以广泛的应用。如果说以前书信媒介的"身体缺场"，依靠的是交通运输的发展，是有形传播距离的拓展；那么，电子媒介则带来了质的飞跃，它真正开始废弃了空间向度，把空间从地域中分离出来，从此之后，信息的传播不再受地域束缚，地域对于行动的束缚被取消，空间与地域的关系被重新组合，媒介的时间和空间的延伸得以平衡。而在此之前，时间

和空间是通过地点来联结的。

电子媒介技术在家庭代际传播中的三种主要类型：电报、固定电话和手机，突破了时空的局限，使时空分离的家庭代际传播成为可能。

（一）电报媒介

电报是通信业务的一种，是最早使用电进行通信的方法，它利用电流（有线）或电磁波（无线）作为载体，通过编码和相应的电处理技术来实现人类的远距离传播与信息交换。电报媒介是依赖电子信息技术的高速发展而来的，是对之前媒介技术的革命性创新。它大大提高了人类的传播能力和传播效率，开启了电作为信息载体的历史。因此，电报媒介具有与之前媒介完全不同的特点。

第一，大大提高了传播的速度。书信媒介的传播速度与交通设施和交通工具密切相关，有时还受到天气状况的影响；而电报媒介是基于电子的传播，传播速度远非依靠人力、物力的传播速度所能企及。从此，亲子之间的信息传播进入以"秒"为单位的量化时期。

第二，传播成本较高。电报媒介传送的技术复杂，手续较多，因此费用也较为高昂。由于电报媒介是根据字数收钱。字数越多，收费越多；因此，亲子双方在通过电报媒介进行代际传播时，在考虑完整地表达旨意的同时，还必须再三斟酌，尽量精简字数以节省费用。

（二）固定电话

自从1876年贝尔根据电磁感应的原理研制出了世界上第一台电话机之后，人类第一次实现了远距离的即时互动。电话使得信息重新通过声音得以形象地传播，避免了电报媒介的局限。

固定电话第一次实现了即时远距离的双向沟通。口语媒介可以即时双向沟通，但是不能进行远距离的传播；电报技术拓展了代际传播的空间，却无法实现即时互动；而固定电话技术避免了之前媒介的缺陷，拓展了口语媒介的距离，减少了电报媒介的译码环节，提高了信息传播的速度，实现了即时远距离的双向沟通；而且两人对讲，单位时间内交流的信息量呈几何数的增长。分隔两地的亲子双方可以通过固定电话来倾诉相思之苦。

但是，固定电话的缺陷在于：

其一，传播双方的自主性受到限制。固定电话由于受到固定盒子——电话盒子或是亭子的限制，传播双方的自主性受到了固定时间和固定地点的限制。

> 1997年，当笔者在北京师范大学读本科时，女生宿舍区附近只有一个电话亭，每到傍晚，亭子前总是排着长队。为了给父母打一个电话，不得不在电话亭等上半小时甚至是一个小时之久；等待时的那种焦虑、无奈、烦躁，甚至埋怨前面打电话人用时之长，愤然敲打电话亭的玻璃门，而里面的人只是瞟了一眼，继续自己的喃喃细语；好不容易等到自己打电话了，却由于某种原因无人接听或是忙音，无比惆怅失落地离开；后来虽然每个学生宿舍都安装了固定电话，但是仍需和舍友错开往家里打电话的时间、和父母约定双方打电话的时间；打电话时，为了怕舍友窥私，抱着电话机、掩上门、扯着电话线到阳台去打……那一幕幕的情境，虽过去许多年，却仍是历历在目。

> 现在有手机比较方便，以前给父母打电话，在一个电话亭要等很久。(CL1，女，17岁，高一)

其二，传播成本较高。固定电话虽然传播速度快，但是资费较高；如果是异地，特别是跨国长途，费用更是不菲。杨澜在她的新书《留学改变了我的世界》中写道："那时候，即使我在国内已经工作了4年，也有了一定的积蓄，但在国外打长途电话仍是件奢侈的事情……如今我和儿子（已去哥伦比亚大学读本科）已经可以自由地视频通话或通过微信等方式随时联系。"

曾经一度辉煌的固定电话，不到10年时间，却一步步被手机挤退，渐渐地消逝了身影。不仅是曾经如雨后春笋般遍布大街小巷的电话亭淡出了人们的视线，而且就连家里的固定电话也是"无可奈何花落去"。

> 我们村取消固话了，都用手机打了。（CL7，女，21岁，大三）

> 有手机打，没必要用固话。只有小学同学联系我才用固话，初中、高中、大学同学都不会。（CS1，男，21岁，大三）

但是在有些管理严格的重点中学（严禁学生携带手机到校），固定电话仍是寄宿生与父母联系的重要媒介。

> 每天晚自修回来，我爸妈都会打宿舍的电话。有时问身体怎么样；有时说家里发生什么事。（CY1，女，12岁，初三）

（三）手机媒介

1940年，美国当时最大的通信公司贝尔实验室造出了世界上第一部移动通信电话，由于其体积太大，不便于携带，研究人员只好把它放在实验室的架子上，因而未被产业化。直到1973年，美国摩托罗拉公司工程师马丁·库帕发明了世界上第一部商业化手机，手机才进入民用领域，这距今也只有四十多年的时间。

中国作为中低收入的国家，在1987年引进第一套移动通信设备时，仅有700多名用户。但是手机以其具有的随身易携带性、易操作性、沟通即时性和表达方式多样性的优点，迅速成为大众使用最广泛的媒介。据《第38次中国互联网络发展状况统计报告》显示，截至2016年6月，中国手机网民规模达6.56亿。

"移动性"是手机媒介较之前传播媒介而言最具突破性的技术革新，也是它最显著的特征。手机作为便携式的传播媒介，不仅摧毁了时间和空间对于交流的限制，而且消除了个体所在"位置"对于沟通的限制，满足人们随时随地与他人联系的需求，削弱了人与场所的关联性，具有很强的适用性。手机在家庭代际传播中具有以下特点：

第一，沟通的即时便捷。手机的出现，使亲子之间可以实现随时随地收发信息，同时身体"在场"与"不在场"相互交织，大大提高了亲子之间信息传播的速度，更加剧了随时随地传播信息的过程。手机通信技术使全球联系起来，并在这一优势的基础上，实现即时沟通、远程化沟通交流。

第二，向上兼容性。随着科技的进步，手机作为一种新的媒介形态，处在不断的向上兼容的规则之中，它可以将以往各种媒介技术进行自由组合，实现媒介技术的回归，带来视觉、听觉的全面互动：如视频通信提供了一种虚拟在场的空间，手机短信又提供了不在场的沟通方式……手机改变了家庭代际传播方式，扩大了亲子互动的范围，使亲子沟通方式变得更加直观形象、丰富多彩。

第三，互动性。手机较之以前的电子媒介，一个突出的特点是互动性。传统的电子媒介，更多时候是充当了信息提供者的角色；而手机则以信息交换为目的。而且对于手机媒介来说，亲子之间的信息交换与协商更为便捷。为了使信息传播得以顺利进行，手机在家庭代际传播双方之间即时地进行信息调整，避免了信息符码交换双方的错位，从而为互动传播提供了条件。

第二节 即时互动：手机在代际传播中的运用

一 语音通话：面对面沟通方式的延伸

脱域的力量使得个人在传统的面对面互动的基础上，面临和处理着越来越多的中介互动。特别是在缺乏面对面交流时，传播技术的革新使得人际关系保持和改变成为可能。

与面对面的人际传播相比，以手机媒体为中介的人际传播有诸多的优势，一些不好当面讲的内容可以在电话中表达，从而避免了传播者的尴尬，尤其是它可以不受时空限制，进行远距离的信息传播。

现代社会，以手机为中介的家庭代际传播逐渐成为人们进行人际传播的重要体验。在访谈中，笔者发现，相比手机的其他功能，手机通话由于其简单快捷，即时性强，以及声音传播的情感性，仍是青少年和家长优先选择的家庭代际传播渠道。特别是近年来，各大移动运营商纷纷推出学生卡业务，大大降低了通话的成本，使父母和孩子之间频繁的手机通话成为可能。

CF1（女，15岁）是一名高一的学生，平时住在学校，只有周末才回家。"我比较喜欢打电话。打电话可以毫无章法，发短信还要考虑措辞。如果我做错事，会打电话跟父母道歉，听声音我会感觉到父母是伤心，还是在意。"

CC1（女，16岁，高二）的爸爸作为劳务输出，长期在外工作。CC1觉得"打电话，听到声音比较真切。发短信，有时他们收不到"。

CL2（男，17岁，高三）："我一般都打电话给我妈，基本上不发短信、用手机QQ。她打字太慢了，一句话要打四五分钟，我实在受不了。我发一条短信才十几秒，手写都没有我输入法快。"

我和父母常打电话，重要的、着急的事，讲电话比较清楚。（CH，女，20岁，大二）

PG（母亲，43岁，高中，个体户）的女儿是一名游泳特长生，长期在外训练，她平时都会打电话给女儿，"听声音能知道她的心情是高兴还是不高兴。有时她会撒娇，如成绩进步了会提要求，如果合理，我会接受"。

（一）青少年与父母的通话频率、通话时间均高于与同学通话的次数、频率

我们将青少年与同学、父母手机通话次数的选项均分别赋值为："每天1次或更少"=1、"每天2—3次"=2、"每天3次以上"=3，来计算通话次数的均值。均值越大，说明通话的次数越多。结果

发现，青少年与父母手机通话次数的均值（1.27）大于与同学通话次数的均值（1.20），这说明青少年与父母的通话频率要略高于与同学通话的频率。

依上述方法，我们将青少年每次与同学、父母通话时间的选项都分别赋值为："1分钟以下" =1、"1—5分钟" =2、"6—10分钟" =3、"11—20分钟" =4、"21—30分钟" =5、"31—60分钟" =6、"1小时以上" =7，来计算通话时间的均值。均值越大，表明通话的时间越长。结果显示，青少年与同学手机通话时间的均值（2.36）大于与父母通话时间的均值（2.19），即青少年与同学的通话时间要略长于与父母的通话时间。

我们进一步通过卡方检验（见表3-1、3-2），发现这两种差异均达到显著性水平，也就是说虽然青少年与父母通话的次数（χ^2 = 457.058，df = 32，$p < 0.001$）更多，但是与父母通话的时间（χ^2 = 748.339，df = 56，$p < 0.001$）却较短。

表3-1　　　青少年与同学、父母通话次数的差异分析

	值	df	渐进 Sig.（双侧）
Pearson 卡方	457.058	32	0.000
似然比	262.127	32	0.000
线性和线性组合	13.398	1	0.000
有效案例中的 N	617		

表3-2　　　青少年与同学、父母通话时间的差异分析

	值	df	渐进 Sig.（双侧）
Pearson 卡方	748.339	56	0.000
似然比	367.351	56	0.000
线性和线性组合	114.889	1	0.000
有效案例中的 N	617		

(二) 青少年与父母的通话次数、通话时间均与性别不相关

在我们的刻板印象中,女生似乎会更频繁地打电话给父母,通话时间也更长。但是卡方检验结果表明(见表3-3、3-4),青少年与父母的通话次数($p > 0.05$)、通话时间($p > 0.05$)均与性别不相关,也就是说男女生在与父母通话的次数、通话时间上均无明显的区别。

表3-3　　　　男女生与父母通话次数的差异分析

	值	df	渐进 Sig. (双侧)
Pearson 卡方	14.651	8	0.066
似然比	15.236	8	0.055
线性和线性组合	0.368	1	0.544
有效案例中的 N	617		

表3-4　　　　男女生与父母通话时间的差异分析

	值	df	渐进 Sig. (双侧)
Pearson 卡方	7.261	8	0.509
似然比	9.201	8	0.326
线性和线性组合	0.048	1	0.826
有效案例中的 N	617		

(三) 青少年与父母的通话次数、通话时间均与寄宿呈显著的正相关

卡方检验表明(见表3-5、3-6),青少年与父母的通话次数($\chi^2 = 66.826$, df = 8, $p < 0.001$)、通话时间($\chi^2 = 91.502$, df = 8, $p < 0.001$)均与是否寄宿呈显著相关,即寄宿生更频繁打电话给父母,通话时间也较长。

表3-5　青少年与父母通话次数与寄宿的卡方检验

	值	df	渐进 Sig.（双侧）
Pearson 卡方	66.826	8	0.000
似然比	73.372	8	0.000
线性和线性组合	25.916	1	0.000
有效案例中的 N	617		

表3-6　青少年与父母通话时间与寄宿的卡方检验

	值	df	渐进 Sig.（双侧）
Pearson 卡方	91.502	8	0.000
似然比	103.002	8	0.000
线性和线性组合	70.581	1	0.000
有效案例中的 N	617		

（四）青少年与父母的通话次数、通话时间与年龄呈正相关

单因素方差分析显示（见表3-7、3-8），青少年与父母的通话次数（$F=7.733$，$p<0.001$）、通话时间（$F=3.701$，$p<0.001$）均与年龄呈正相关，即年龄越大的青少年，与父母通话的次数越多，通话时间也越长。

表3-7　不同年龄的青少年与父母通话次数的方差分析

	平方和	df	均方	F	显著性
组间	178.757	11	22.345	7.733	0.000
组内	1372.555	605	2.890		
总数	1551.312	616			

表3-8　不同年龄的青少年与父母通话时间的方差分析

	平方和	df	均方	F	显著性
组间	91.034	11	11.379	3.701	0.000
组内	1460.278	605	3.074		
总数	1551.312	616			

这是因为（见表3-9），年龄越大的青少年，越有可能寄宿（t=7.322，p<0.001）。由此可见，寄宿是影响青少年打电话给父母次数、通话时间的因素，而不是年龄。

表3-9　　　　　　　寄宿生的年龄差异分析

	寄宿	N	均值	标准差	均值的标准误	t	df	Sig
年龄	是	340	18.05	1.905	0.132	7.322	384.166	0.000
	否	277	14.87	1.522	0.091			

（五）父母更主动打手机给孩子

与孩子相比，父母更主动地打手机给孩子。虽然父母每次发出的都是寻常的问候，但是在分隔两地的情况下，这是父母能够经常获得关于子女最新动态的一个重要途径。

　　我第一次离开家住在学校，他们不放心，刚来一礼拜，有时他们一天会打七八通电话。（CZ4，男，12岁，初一）
　　根本不需要我打电话告诉他们成绩，他们很主动问成绩。（CF1，女，15岁，高一）

青少年特别是高中生和大学生，觉得已经成年，懂得照顾自己，除非是重大事件，否则一般不会去"打扰"父母。

　　我很少主动打，爸妈每天都打，主要问学习和生活情况。（CL3，男，17岁，高三）
　　有事告诉他们（父母），他们一直问好久，还不如自己解决。（CC5，男，18岁，大一）
　　除非重大的事情（比如说骨折）会打给他们，一般突发事件（感冒之类）我不会打给他们，怕他们担心。（CJ，男，藏族，17岁，高一）

> 我两三天没打回去，他们就打过来；我心情不好，就躲在床上玩手机或者找同学，不会打给父母。（CK1，男，16岁，职高）

（六）在大多数情况下，以手机通话为平台所进行的家庭代际传播没有多少深入、实质性内容，更多的是询问彼此的生活状况、身体状况、学习情况以及突发情况的告知，很少涉及心事

受新媒体信息碎片化和时间碎片化特征的影响，在大多数情况下，亲子双方倾向于把手机当作一个问候式的平台，在上面交流的话题不会很深入，基本上是询问彼此的生活状况、身体状况、学习情况以及突发情况的告知，很少涉及心事。关于衣食住行的日常生活状态。

> 每周五，我会打电话给爸爸，问他这周有没有烦心事？工作上顺利吗？在大多情况下，他都敷衍，即使有事也不会跟我说，只是一种心理寄托吧，让自己放心。（CH2，男，17岁，高二）
>
> 女儿在外训练时，我会打电话问她今天生活怎么样？训练怎样？多注意休息，多喝水，照顾好自己。（PG，母亲，43岁，高中，个体户）
>
> 我晚点回去会打（电话给她）。她有时会打给我，问："阿妈，要不要我煮饭？要不要回来吃？"（PL4，母亲，37岁，小学，农民工）

与此同时，手机通话也稀释了亲子之间的亲密感。人际传播的目光接触、肢体语言与共处一个实体空间的亲密感逐渐媒介化。透过通话，亲子之间看不到对方的面部表情、肢体语言，只能依据对方的声音、语调和话语，揣测着彼此心思，彼此进行沟通。

二 手机短信：言语传播方式的补充

手机短信作为言语传播方式的一种延伸，在今天的家庭代际传播

中扮演重要角色。为了更好地比较发短信次数的多少,我们将青少年发短信给同学、父母次数的选项均分别赋值为:"每天1次或更少"=1、"每天2—3次"=2、"每天3次以上"=3,来分别计算发短信次数的均值。均值越大,表明发短信的次数越多。

结果显示,青少年发短信给同学次数的均值(1.21)要大于发短信给父母的均值(1.13)。卡方检验进一步表明(见表3-10),这种差异达到显著性水平(χ^2=32.299,df=6,$p<0.001$),即青少年更多地发短信给同学,而不是父母。

表3-10　青少年发短信给同学、父母次数的差异分析

	值	df	渐进 Sig.（双侧）
Pearson 卡方	32.299	6	0.000
似然比	25.902	6	0.000
线性和线性组合	10.361	1	0.001
有效案例中的 N	617		

（一）情感表露：亲情表达的直接、率性

中国人一向非常重视情感,亲情、爱情、友情占据了中国人的绝大部分情感世界。但是中国人往往封锁自己的内心世界,不愿表达自己的内心情感,或者是表达情感的方式非常婉转含蓄。

手机短信文本沟通的方式,传播双方"暂时性缺场"的传播模式,很好地契合了中国人含蓄内敛的情感表达方式。亲子之间面对面或是在电话中难以启齿的话语,可以借助手机短信进行传达。它使得亲情的表达更加直接、率性,更为深刻和浓烈。平时面对面说不出口的、比较"肉麻"的话语,通过手机短信,就自然而然地说了。

— 我在父亲节给爸爸发了一条短信:"亲爱的爸爸:父亲节快乐!"以前不会这样说,太熟悉了不好当面说。(CH2,儿子,男,17岁,高二)

— 我收到短信后,感动得要命。(PH3,父亲,48岁,高中,

村支书）

大学生发短信时，通常会讲究语句优美，句式较长："亲爱的妈妈，生日快乐。其实我的心理断奶期，也是您的生活方式改变期。您要适应不以我为主旋律的生活，逐渐地我会长大，独立，有一天会成为您的天。"①

> 母亲您今年老了很多，为了我们很辛苦；我会努力，也希望您能照顾好自己。（CY5，女，22岁，大三）

而中学生发短信一般简单明了，随意自然。这一方面是因为青少年在语言表达上较大学生逊色；另一方面，也是更为重要的原因是，青少年的学习压力较大，没有充分的时间和精力去细细斟酌短信的措辞。来自挪威的数据也显示，青少年的短信使用者是缩写词和表情符号的最大用户群，并且使用频率随年龄的增长急剧下跌。②

> 妈妈生日时，我有发短信给她："生快！"再加上表情☺。华丽的词语会很"作"。（CZ5，女，17岁，高三）

在一些传统节日里，有的父母还会用借助短信，用更为诗意和深刻的语句，与孩子分享节假日所蕴含的深刻文化底蕴。

> 每到节假日，我的节日祝贺会发有古典诗词的短信给女儿。如中秋节我会发"海上生明月，天涯共此时"，以加深她对诗词和节日的印象。（PR，父亲，41岁，大学老师，博士在读）

---

① 胡春阳：《手机传播与人际亲密关系的变革》，《新闻大学》2012年第5期。
② ［挪］Rich Ling M.：《时代——手机与你》，林振辉、郑敏慧译，人民邮电出版社2008年版，第140页。

因此，手机短信正成为青少年与父母情感表达的一种重要方式，特别是亲子双方不在同一物理空间时，它既能实现随时随地表达情感，又能避免亲子之间表达亲密感情时的尴尬。同时，通过使用短信，让亲子情感表达更加精练，避免了面对面交流时的唠叨，易于为青少年所接受；而且它属于平等性交流，一来一回之间，传受双方抹去了辈分界限，缩小了彼此之间的心理距离，亲子情感也更加融洽。

（二）尴尬化解：亲子问题的巧妙沟通

手机短信互动，一方面具有同步性，能够表达言语不愿表达、不能表达之意，委婉含蓄，避免了声音对话的尴尬，再加上沟通时的"缺场"，无法感知对方的现场反应，使得手机短信成为亲子之间尴尬问题巧妙解决的媒介。

> 像CF（女，15岁，高一）要是考试没考好，会先发短信给爸妈，说："我考得很差，先不要骂我"，试探一下父母的反应，也让父母有所心理准备。
>
> 我和爸爸吵架后，会在当天发道歉短信给他。以前没有手机，要隔两三天才和他说话。(CH2，男，17岁，高二)
>
> 我和爸爸发生冲突，会用短信先沟通；免得一句话说错了，又吵了起来。(CW4，男，19岁，大二)

即使面对面"在场"，亲子之间一些不方便、不敢当面说的话，也可以通过手机短信巧妙地表达出来。

> 有一次，爸爸带我去他的朋友家。我怕他喝太多酒，当面说他又怕他没面子，就悄悄给他发了一条短信，提醒他：出门开车，喝酒比较危险。(CC1，女，16岁，高二)

另一方面，手机短信互动异步性的特征，形象地表述了"缺场"的含义。因为"缺场"既可以表现为物理空间中的不存在，又可以表现为时间上的异步性。即使传播一方早已退出了传播情境，如对方关机、暂时不愿回复或无法回复，信息也能暂时存储在对方的手机里，使传播活动照常进行，只不过这种互动具有一定的滞后性。

有时，家长还可以通过短信督促孩子早点回家；在与孩子发生矛盾冲突时，能够通过短信做思想工作，进行开导，及时化解矛盾。

> CL1（女，17岁，高一）是一名游泳特长生。有一次，训练太辛苦了，受不了，她就想放弃训练回家。在给父母打了几次电话之后，父母仍不同意。她十分生气，大发脾气一通，说了一句"你们不喜欢我，不欢迎我回家"后，就挂掉电话，再也不愿接父母电话了。她的妈妈（PG1，43岁，高中，个体户）立即给她发了一条短信："你是父母的心头肉。家里的大门永远向你敞开。"第二天，CL1想通了，就给妈妈回复了一条短信："妈妈，对不起，我昨天发脾气，是我错了。可能我是由于……原因。"母女二人冰释前嫌，巧妙地化解了冲突。

> 我和儿子吵架后，以前要写纸条，现在方便了，会发短信给他，分析吵架的原因，要他体谅父母的心情，向他解释为什么这么对待他。有时他愿意回，有时不愿意回。（PL2，母亲，43岁，中专，幼儿园老师）

手机短信便利了亲子之间学习、工作与私人生活的协调，模糊了不同领域之间的界限。

> 她（女儿）有时丢三落四，忘了带书、带作业，就在学校发短信给我，说"地理书（或作业）少拿了，你给我拿过来"；放学时老师拖课，会发短信给我，以免影响上课；下课了，我还没下班，会发短信给我："我下课了，去打篮球了。"（PW3，母亲，42岁，高中，导游）

平时，父母忙于工作，子女忙于课业与同伴活动，手机短信有助于协调双方零碎的时间，进行亲子互动，包括谈心、联络、交换信息等。

> 他们（父母）做事情或睡觉时，我怕打扰他们，就给他们发短信。他们打电话给我，我没接；看到时，我在学校了，就发短信给他们。（CC1，女，16岁，高二）
>
> 我在自习时，他们（父母）给我打电话。我会发短信给他们："我今天比较没空，等我复习完了再打给你们。"（CZ4，男，12岁，初一）

但是随着微信等新式手机功能的出现，手机短信在家庭代际传播中的运用日渐式微。

> 短信讲不清楚，打字又不方便，还要花1毛钱。（CY7，女，21岁，大三）
>
> 我不喜欢用短信。有时写字写了好几遍，很简单的字，老是跳不出来。（PZ2，母亲，48岁，公务员，大专）

三 手机QQ：思想动态的瞭望窗口

腾讯QQ（简称"QQ"）自问世以来，已经拥有超过七亿用户，同时在线人数超过两亿，成为中国目前使用最广泛的聊天软件之一。近年来，手机QQ以其操作简单、功能强大、人性化设计、移动交流、隐匿性强等特点，深受青少年的青睐。

（一）围观潜水：思想动态的及时了解

我们的调查发现，目前青少年手机QQ的使用率已经超越了短信，位居第二，仅次于手机通话功能。这说明手机QQ作为一种新时尚，已经在青少年当中相当普及。

> 我们同学之间很少用短信了，有时要传图片不方便，像今天我们同学就直接把照片发到 QQ 上。我们大家都在手机 QQ、微博上，有什么事情就在上面说一下。（CY2，女，17岁，高三）

但是在家庭代际传播中，手机 QQ 的使用比例却远远低于手机短信。这是因为有些父母没有使用手机 QQ 功能；另一方面，一些青少年把 QQ 空间看作是自己的"私人空间"，一个与同伴、朋友交流的"私密空间"，不愿意把 QQ 号码告诉父母，也不愿父母进入自己的 QQ 空间。

与此相反，在调查中，27.3% 家长会偶尔上孩子的 QQ 空间看看；4.0% 家长经常看；8.0% 想看，孩子不让，三者之和占样本总数的 39.3%。这说明家长还是很关注孩子的 QQ 空间，希望借此了解孩子的思想动态。

私人性是 QQ 人际传播的重要特征，自我表露是其重要行为倾向。像 QQ 空间是专属于 QQ 用户的个性化网络空间，也是自我表露的最佳平台之一。QQ 用户可以写日志、晒照片，将日常生活的所见、所闻、所感、所思上传到 QQ 空间中；还可以转载图文、影音资料等。它是 QQ 用户全面展示其人生观、价值观和生活经历的平台，也是他人了解自我的最佳窗口之一。QQ 的个性签名功能，成为 QQ 用户个人心情的真实观照，也具有自我表露的即时性。很多父母已意识到这一点，将 QQ 人际传播看作了解青少年思想动态和行为倾向的晴雨表，但他们基本上只是围观潜水，很少留言或发表评论。

> 父母每天都会上我的 QQ 空间看。我的旅游照片传 QQ 空间，他们会看。（CC5，男，18岁，大一）
>
> 我偶尔会上他的 QQ 空间看看，了解他在干什么，思想有没有什么变化。（PW2，母亲，46岁，高中，公司职员）
>
> 我会经常关注他的 QQ 空间，可以知道他在忙什么，了解他的思想动态。但不会留言。（PH1，母亲，38岁，高中，居委会

职员)

　　我不会进她的QQ空间,给她点自由。但是会看她的QQ好友、QQ群,都是同学,就没什么。(PW3,母亲,42岁,高中,导游)

(二) 自由平等:亲子话语空间的营造

亲子之间由于年龄、认知、阅历等方面的差异,容易造成心理上的不平等和距离感。要真正缩小亲子之间的心理距离,一个行之有效的方法就是父母和孩子成为朋友,改变居高临下、耳提面命的代际传播模式,建立起平等、自由、民主的传播方式。

手机QQ为青少年和家长之间搭建了一个平等沟通交流的桥梁。在QQ这个平台中,亲子之间能够自由平等地表达自己的观点,平等畅通地进行信息、情感交流,还可以辅以QQ表情符、动作、情境等个性化元素,有助于亲子之间消除代沟,产生认同感。

　　我和女儿互加好友。我们鼓励她写QQ日志。我有时看到她进步,很高兴,当面表扬她,怕她太骄傲了,我就写QQ日志,让她妈妈看时,假装无意中让她看到。如:"我走的那一天(去外地读博),你慢慢懂事了,会买菜、做菜、刷锅,还会帮我准备行李。你长大了,爸爸心里很欣慰。"她妈妈说,她看了以后,心里很得意。有时明显对她提要求,有家长和孩子的距离感,就在QQ空间写出来,再让她无意中看到。(PR,父亲,41岁,大学教师,博士在读)

　　我进儿子的QQ空间,会说:"我来了,o(n_n)o(意为'笑脸')…";或者发个"🐵"(意为"拥抱")。(PH1,母亲,42岁,高中,居委会职员)

与语音通话相比,语音通话明显地打断了子女的生活,因为沟通被集中到一个时间段里,是一个持续性的对话过程,子女未必愿意每天用电话来讲述自己的日常生活；而 QQ 给予了子女根据自己的意愿来回应的时间，回应时间宽松，内容可长可短，因此子女更容易接受父母一条信息或者一两句零星的询问，交流在这个 QQ 媒介上不但可以进行即时的在线交流，还可以突破时空的局限，呈现出碎片化的图景：发送和接收阅读分散在不同的时空中。

> 我带团出去，有时上网聊天时，会给她传一些学习资料，偶尔传一些好笑、好玩的笑话，交代一些事情。（PW3，母亲，42岁，高中，导游）
>
> 他上课和健身的时候，怕打扰他，会 QQ 留言。（PJ1，母亲，47岁，本科，大学教师）

但是一些父母并不认可孩子使用手机 QQ，认为手机 QQ 影响视力，影响学习，因此在家庭代际传播中较少运用手机 QQ 也在情理之中。

> 我跟他（儿子）说："手机上 QQ，对眼睛不好。"（PZ6，母亲，49岁，高中，酒店职员）
>
> 手机 QQ 会占用很多时间，影响学习。（PZ4，母亲，45岁，大专，公务员）

四 微信：丰富多样的亲情表达

2011 年初，腾讯公司推出的一款为智能移动终端提供即时通讯服务的免费应用程序——微信（WeChat）。仅需要少量的流量，微信就能够在不同操作系统平台实现传播，通过移动网络平台迅速发送免费的语音、文字、图片和视频等多种形式的信息，并支持多人群聊（最多 20 人）。

微信还具有公众平台、朋友圈、消息推送等其他功能，受众可以通过摇一摇、附近的人、扫二维码方式来添加好友。此外，微信还能够帮助受众将自己看到的精彩内容共享到好友和微信朋友圈。

与手机通话相比，微信在使用过程中只会收取低廉的流量费用；在无线的地方，还可以免费使用；与短信相比，微信使用更方便，具有其无法比拟的语音功能，能给传受双方传递最直观可感的情绪；与E-mail或者QQ相比，微信具有其不可替代的到达性，能够实现跨平台传播，显示即时输入状态等多种功能；与微博相比，它的使用更简单、更方便、更私密，因而成为一种新的潮流而深受青少年的喜爱。

（一）简单快捷：亲子私密的随时分享

美国媒介理论家保罗·莱文森（Paul Levison）指出，媒介进化是一种系统内的自我调节和自我组织，其机制就是"补偿性媒介"，即后面媒介对前面媒介具有补救作用，当代媒介对传统媒介具有补救功能。所有媒介都是对以往某种媒介或某种先天性不足的补偿。[1]

微信融合了传统通信技术和互联网技术，构建了一个集E-mail、短信、QQ、SNS、微博等应用于一体的个性化、立体式通讯平台。它的信息发布迅速即时，只要受众在线，就能够即时地接收和反馈信息，还可以接收QQ离线消息，在信息传播上让异步传播更加轻便快捷。

此外，微信传播内容具有私密性的特点。在微博上，粉丝可以随时看到自己关心的博主发布的信息，而微信信息存储在传受双方的移动终端上，只有传受双方才可以获悉，其他人无法在自己的界面上知晓。

微信的出现，使得亲子双方无论身处何方，有何感想，都可以对彼此的日常生活和思想状况进行私密化、个性化的记录和表达，然后通过手机即时传送至对方，与之随时随地分享每一刻的心情和发生在

---

[1] 邵培仁：《媒介生态学——媒介作为绿色生态的研究》，中国传媒大学出版社2008年版，第40页。

身边的各种事情。在此传播过程中,无须拨打付费电话,无须敲打文字,一条免费的语音信息让亲子之间的传情达意,变得更加简单、方便、快捷和亲近。

> 微信很方便,可以发语音信息;比短信好用,比通话省钱;家里的情况可以及时知道。(CZ9,男,18岁,大一)
>
> 我爸会通过微信给我传一些健康信息,告诉我如何运动,如何提高睡眠质量。(CL2,男,17岁,高三)
>
> 刚进大学,我转发给她(女儿)一条微信:"女孩在大学应做的20件事。"最近失联的女大学生较多,我会发微信(失联新闻、图片、手机诈骗)给她;侧面提醒她出门要跟同学一起,不要上当受骗。(PH7,母亲,49岁,高中,会计)

(二) 生动活泼:亲子情感的多元表达

媒介补救的过程,实际上是技术越来越人性化的过程。技术在不断模拟,甚至仿制人类的某些功能,例如感知模式和认知模式①。

传统的即时通信工具,大多以打字或对话的方式进行,单一的文字、语音传播符号,代替了面对面人际传播时,传受双方眼神、神情举止等丰富多样的传播符号。而微信正是对传统即时通信工具先天不足的补救,也代表了未来媒介发展越来越人性化的发展趋势。它使得代际传播时不再局限于单调的文字或声音,表情、语音、文字、照片、视频等多元化、立体化的传播方式,声形并茂、生动活泼地表达了亲子之间的情感,更能传递日常生活的临场感受,拉近了亲子之间的心理距离,使亲子之间在身临其境的相互感知过程中进行着情感交流。

---

① [美]保罗·莱文森:《思想无羁:技术时代的认识论》,何道宽译,南京大学出版社2003年版,第7页。

CD1（女，16岁，高一），从未离家的她让父母很牵挂，微信能很好地解决这个问题。

CD1说："微信操作简单。爸妈有时会和我语音通话，偶尔也发一段他们的视频给我，我也会把学校里的情况通过视频传给爸妈。"

我爸妈觉得好新奇呀，通过微信视频能面对面看到我。他们让我把宿舍拍给他们看，在大街上看到什么的东西也发给他们看，我会让他们知道我在学校过得很好；我妈几乎所有事，都会发视频给我，像买衣服、牵小狗。（CL10，女，20岁，大三）

CT（女，22岁，大四）在父亲节用自己和父亲的旧照编辑了一个电子贺卡来表达对父亲的思念之情。（见图3-1）

图3-1 "老爸节日快乐！好想你啊！"

类似的还有CH4（女，大二，20岁）在微信上发布一张小时候和妈妈的合影和对妈妈的一番表白，来表达母亲节对妈妈的感激之情：

想贪心　我可以永远陪伴在她身边　最爱的人　母亲节快乐
想感谢的太多　不用抱歉　接下来的路你在我身后　不要急

不要内疚 我一步步带你走♥（见图 3–2）

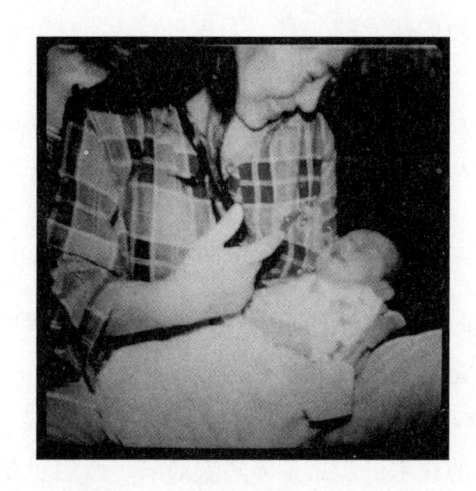

图 3–2

（三）忽视？重视：父母转发的良苦用心

一些父母使用微信，除了用于亲子之间的聊天之外，还习惯于转发微信公众号、朋友圈等其他应用上的文章给孩子。在某些父母的心目中，转发微信上对孩子有帮助的文章，是关心子女，代替自己对子女说教的一个新方式。比起长篇大论易引起孩子的反感，转发只要手指点击几下就可以完成，没有难度，也不需要花费很多的时间和精力。

父母转发的微信内容一般可以分为两大类：一类是健康保健和生活常识，另一类是励志的心灵鸡汤：转发健康保健和生活常识的信息，显然是出于对子女健康和生活的关心；而转发心灵鸡汤，则是父母认为这些励志文章，对于子女的学习和生活具有指导、参考和借鉴的价值。借助于这些转发的文章，父母不由自主地将教导子女的态度带入其中，潜移默化地传递自己的观点和对子女的要求。

对于父母的转发，有些青少年体会到了父母的关心和爱护。但是如果父母的转发过于频繁，就容易引起青少年的反感，进而要求父母不要再转发给自己。如果父母还是一味地坚持转发，子女也不再持反对的意见，毕竟看与不看的权力是掌握在自己的手中，他们顶多选择不去点击浏览，无视父母的转发内容即可；而父母也无法确定孩子究竟有没有浏览过他们转发的文章。

  CS2（女，21岁，大三）说："我妈经常转发一些跟身体健康有关的微信，像大学生半夜猝死、在这种季节什么不能和什么一起吃……我一般都不打开看，只给她回个表情。"

  虽然父母有时也知道这种非面对面的和时空分离的传播方式可能收效甚微，但还是抱着有聊胜于无的心态转发。

（四）利弊参半：父母的隐忧与困扰

  然而，所有的技术进步总是伴随着缺陷。微信也是利弊参半的软利器，它在满足人类的某种需求的同时，在另一些方面或多或少地存在着缺憾，它并不比最初的媒介本身更能"无噪音"地解决问题。

  特别是微信的LBS（Location Based Service）功能，只要开启"查看附近的人"，几分钟内就可以搜索到周围一定范围内的微信用户，之后通过验证，双方就可以加为好友；"摇一摇"功能，能搜寻到同时在"摇一摇"的用户及其地理位置信息，通过打招呼聊天，使两个陌生人迅速从"不认识"到"认识"。这极大满足了青少年的好奇心理，被很多青少年视为"交友利器"。然而，这个"交友利器"却屡屡被不法分子利用，成为诈骗、抢劫、敲诈、勒索、盗窃和强奸等案件的新工具，使微信变成了"危信"。一些警惕性不高尤其是涉世未深的青少年，往往不能预见潜在的危险，很容易上当受骗。

  在访谈中，许多父母表达了对孩子使用微信的担忧，进而禁止未成年孩子使用微信。

  不建议他用微信，摇一摇会摇出问题的，怕他结交陌生网友。（PW2，母亲，46岁，高中，公司职员）

  我不让她玩微信。微信比QQ更可怕，因为微信交友更迅速，见面也更容易。孩子还很单纯，防范意识不强，容易上当受骗。

（PW3，母亲，42岁，高中，导游）

还有一些青少年表示，他们使用微信只限于同伴之间，不会加父母或对父母选择性地发布一些内容。

> 我拿他的手机加我微信，他也不加我。（PL3，母亲，39岁，中专，护士）

以上原因限制了微信在中学生家庭代际传播中的运用。

五 手机微博：亲子互动平台的新拓展

微博（Microblog），简称"微博客"，包含以下五方面的特点：一是关注机制：可单向或双向；二是内容简短：一般不超过140字；三是实时信息：最新的信息；四是广播式：公开的信息，谁都可以关注、浏览；五是社交网络平台：一种社交网络。

手机微博，又称移动博客，就是在手机上使用博客。通过手机，可以随时随地上微博查看和发表日志、上传图片、在线聊天、查看相册、收听音乐及建立通讯录等。①

手机微博具有三个突出的优势：一是手机的随身性，使得传播者可以随时随地记录身边发生的事，更新自己的日志，并与众多"脖友"进行分享与讨论，十分方便快捷。二是内容的简短性，手机媒体有限的屏幕要求展现最精华的内容，使传播者不用费太多的力气去铺张排比，日常生活中的两三句话，或者只言片语，想到什么就写什么，给受众以亲切、真实的感觉。它弥补了原本手机互联网内容贫乏的不足，实现了手机和电脑两大受众群体的互联互通。三是契合了碎片化的传播语境，能够把人们分裂的时间和空间统一起来，既整合了人们流动产生的"等候时间"，又为不断变换场景的现代人，提供了

---

① 匡文波：《手机媒体概论（第二版）》，中国人民大学出版社2012年版，第143页。

传播信息、建构自我的契机。

在调查中，青少年手机微博的使用比例达到16.7%，超过了微信（飞信）的使用率（15.6%），其影响不容忽视。但是在家庭代际传播中，手机微博的使用比例只有1.7%，二者的强烈反差不得不引起我们的深思。

（一）情感宣泄：亲子冲突的"排气阀"

以前儿童只是对游乐场感兴趣，遇到的问题也很简单。进入青春期后，青少年突然要应付生活中的重要问题了[①]，这种跨越使原先的那种内心平衡被打破，自我同一性遭到破坏，自我出现分裂和危机，因而时常陷入矛盾、困惑、烦恼，甚至痛苦的心理冲突之中。而手机微博为青少年重新获得自我平衡，提供了一个宣泄的途径。

中考、高考、期中考、期末考、月考……紧张的学习生活给青少年的身心带来了很大的压力，他们每天都要面对学习、生活中的各种问题和烦恼，承担着家长和老师对他们的角色期待。有时，这种角色扮演并不一定与家长、老师的心理期待相一致。在这种情况下，青少年的心理容易出现不良情绪。如果这种情绪长期压抑而得不到合适、及时的宣泄，就可能会影响身心健康，甚至对社会造成一定的危害。

手机微博，恰好可以给青少年提供一个宣泄的平台。在学习了一天之后，在休息之余或睡觉之前，不仅可以关注一些名人的微博，还可以轻松自由地把自己每天的生活点滴、心得体会、烦恼忧愁，甚至牢骚等以各种形式，发送到个人的微博上。而且还可以和喜欢的同学、朋友做个好友链接，让自己的心事和好友分享。在此情境下，长辈的话语力量暂时退场，自我话语得到最大程度的张扬，并通过移情，青少年获得情感上的宣泄和释放。首先，他们通过对于与自己具有相同或相似经历的同龄人，表达同情、怜悯或愤怒等情绪来表现，从而使自己的心灵得到些许慰藉；其次，通过对自己喜爱对象的向

---

① [美] Jerry M. Burger：《人格心理学》，陈会昌等译，中国轻工业出版社2012年版，第68页。

往，或是对于自己所鄙视对象的厌恶，从而在心理上获得一定的满足，以使现实生活中不能做到的在想象世界里得到补偿。

因此，手机微博已经成为青少年的一种生活方式，它不仅充当了个人，甚至亲子冲突的排气阀，更充当了社会的安全阀，能够及时地满足他们移情的需要，使他们积压在心里的不良情绪得以充分的宣泄，并得到朋友的关注、支持和理解，从而在一定程度上缓解学习压力，促进心理认知的和谐。偶尔和家长闹了不愉快，过后会在微博上道歉，亲子之间的沟通交流比以前更随意、更平等，亲子关系也比以前更加融洽了。

小林（CL3，女，14岁，高一）在一次与父亲的争吵后，意识到父亲的话是对的，之后她在手机微博上发了一条："是啊有爹爹其实很开心√√√√√√√（意为'对'）【蹭了~】（注：一个动作，衍生于猫狗蹭人，表示友好的）。想想觉得很幸运，最近的不快乐就让他随风散去吧 o(ノ □ ヽ)o（意为'囧'）。"

(二) 公共空间：亲子关注的新平台

手机微博不像手机 QQ 和手机短信，属于个人隐私，家长不能随便窥视，微博是完全公开的，谁都可以关注、浏览。由于青少年的微博关注的大多是自己的同学和朋友，而且很多父母对微博并不在行，因此很多青少年在微博上的内容基本上毫无保留，实录了自己的一举一动。这也给一些家长提供了获悉孩子动向的新平台，他们可以通过关注孩子的微博日志，了解孩子的行为和想法。

张先生（PZ1，父亲，38岁，本科，中学教师）前段时间偶然听到正在读初二的女儿和表哥讨论各自的微博后，突然产生了进女儿微博看看的想法。于是他注册了一个微博账号，打开手机微博搜索女儿常用的网名，果然找到了女儿的微博。张先生经常会登上女儿的微博,关注她更新的日志,了解她的最新情况。一旦发现女儿的思想发生波动,就会假装无意间提醒一下女儿。

涂女士的女儿在北京海淀区某示范校读高二,得知女儿注册了一个微博,她也注册了一个账号,并对女儿的微博使用了"悄悄关注"功能,希望借此了解孩子的生活。她发现,女儿经常在微博上表达自己的情绪,她也看到了一个更全面的女儿:"厌恶物理,厌恶邻桌的男生,喜欢听李斯特的钢琴曲;每天除了学习还是学习,真烦,我好想看看电影,听听音乐啊!"面对女儿的一些困惑、压力和愿望,涂女士突然觉得,自己规定了女儿晚上不能看电视、平时也不能听音乐的做法有些过分。周末,她主动提出陪女儿去看场电影,然后去西单图书大厦买了几张喜欢的音乐CD。从图书大厦出来,女儿特别高兴,当即发了一条微博:"周末好开心,妈妈万岁!"①

亲子之间许多不方便当面说的想法都可以通过微博来交流,比如一些家长把亲子专家的教子心得、青春期如何调整自己的心态、如何处理好和同学之间的关系等做法@给孩子,让孩子自己去感悟,取得不错的传播效果。

手机微博虽然提供了一个获取信息、真实表达自我的平台,但是微博犹如一个信息的汪洋大海,任何人都可以在上面发布信息,其内容又缺乏把关审核,精华与糟粕并存,如果不加选择地阅读,容易被一些不良信息误导,影响身心健康。与此同时,如果青少年把大量时间花费在刷微博上,也会影响学业。不少父母在了解到孩子使用手机微博的情况后,会对孩子的举动进行干预。

"微博上的内容缺乏审核,一些负面偏激的东西会影响孩子。

---

① 陈若葵:《用微博拉近亲子之间的距离》,《中国妇女报》2013年6月27日第B01版。

何况上课写微博,影响学习。"PY1(父亲,42岁,高中,图书管理员)在得知女儿有时上课也写微博后,马上没收了女儿的手机。

在访谈中,有些青少年表示,自己更新微博主要是好玩,而且发微博都是在课余时间发,不会影响学习。父母想要看自己的微博,也是一种关心的表现,自己不会在意。

> 我告诉他们(父母)我微博的账号。他们偶尔看一下。(CZ4,男,12岁,初一)

不过也有一些学生对家长的这种"潜伏微博"行为表示反感:

> 我需要有一些自己的空间,如果父母经常上我的微博,那我就不上了,或者干脆重新注册一个。(CL3,女,14岁,高一)

但是,在访谈中,笔者发现很多父母要么不会使用微博,要么对微博兴趣不大,或者根本不知道孩子是否有微博。

> 他应该有微博。我不知道。(PH1,母亲,38岁,高中,居委会职员)

> 我不怎么玩微博,不怎么喜欢。(PZ4,母亲,42岁,大专,公务员)

在访谈中,有一名高三女生的微博粉丝已达到2200。对此,父母毫不知情,也从来未关注过她的微博。这不能不说是一种缺憾。

手机微博作为一种新生事物,青少年正处于认知发展的时期,有好奇心、喜欢尝试它,追捧它是很正常的事情,一味地阻止反而会适得其反。家长应该把握好"度",把微博当作亲子之间的一种很好的沟通渠道,主动关注孩子的微博,并取得孩子的理解,使孩子知道父母的关注只是关心他们;或者家长也可以用手机微博记录孩子成长的点点滴滴,并且能像朋友一样,与孩子在微博上进行更自然、顺畅的交流互动;通过微博对孩子的人生规划进行引导,纠正其人生发展偏差;在看了孩子微博后,家长要对孩子进行干预时,也要注意方法和技巧。

> "微博上有一种方式'悄悄关注',发现儿子喜欢微博,我就'潜伏'关注他,通过微博了解儿子的情绪,只围观,从不发表评论,除非儿子亲口告诉我,否则,绝不主动'点破'孩子,这样既保持对儿子的一份尊重,又能及时了解他的心声,面对他的一些困惑和压力,在聊天或者某次家庭活动中,借助其他的事件,假装不经意地提起,做一个善意的提醒,力求润物细无声。现在,儿子不像以前那么逆反了。"黄女士这样说道。①

家长要学会去理解孩子,与孩子分享自己使用微博的心得体会,比如家长可以不刻意询问孩子的微博,可以在饭桌或者与亲朋聊天时,假装无意说起自己的微博内容,让孩子有兴趣去关注,家长在微博中关注的内容、表达的方式也会潜移默化地影响孩子,帮助孩子有选择性地关注,规避一些不良信息;在适当时候,引导孩子正确使用手机微博,控制使用手机微博的次数;当发现孩子出现不稳定情绪时,能及早发现并做好有效疏导工作,使手机微博上的沟通交流成为家庭代际传播的一种新方式。这对于构建和谐的亲子关系是很有帮助的。

但是,并不是所有的青少年都希望父母关注自己的微博,有些青少年希望拥有自己的私人空间。在此种情形下,父母应给予孩子足够的信任和一定的自由,尽量保持旁观的状态,或者在适当的时候,提

---

① 陈若葵:《用微博拉近亲子之间的距离》,《中国妇女报》2013年6月27日第B01版。

出充满爱意、建设性的建议。如果过多地关注孩子的微博，以家长的权威，使用说教式的评论和"你应该"、"你必须"等命令式字眼，去管教孩子，而以非平等的身份去和孩子沟通，往往适得其反。毕竟，相互理解和尊重一直是亲子关系的核心。

第三节　人性化、技术化：代际传播中手机媒介的发展特性

家庭代际传播中媒介技术与人的关系不是一成不变的，而是随着媒介技术的不断发展而不断发生演变。口语媒介要求亲子双方身体"在场"进行面对面的交流，此时人与媒介技术融为一体；书信媒介、电报媒介，使亲子之间的沟通跨越了时空的阻隔，人与媒介技术有所分离；手机媒介使亲子之间的信息传播越来越便利，实现了即时远距离的双向沟通，虽然人与媒介技术继续保持分离状态，但是在另一方面又实现了更高层次的结合，即亲子双方对于手机媒介的依赖越来越强。由此可见，在整个媒介技术发展过程中，手机媒介与人的关系，始终保持了相互作用的关系，即随着媒介技术的发展而不断地与之相适应的技术化、人性化过程。

一　人性化：媒介演化的趋势

根据保罗·莱文森的"补偿性媒介"和"媒介演化的人性化趋势"理论，媒介技术的发展是人类为了更好地满足自身生存发展的需求，不断进行理性补救，使之更加人性化的演化过程。"技术的人性化即自然化，尤其是传播媒介的人性化即自然化"[①]，是指作为客体的媒介技术，越来越具有人的属性特征，它在模仿甚至是复制人体的某些功能、感知模式和认知模式；或者说人与外界的作用方式，越来

[①] ［美］保罗·莱文森：《思想无羁：技术时代的认识论》，何道宽译，南京大学出版社 2003 年版，第 121 页。

越可以借助媒介技术来加以延伸和拓展。①

以口语媒介为中介的家庭代际传播，是身体"在场"的传播方式，其受限于视觉和听觉的生物边界，即双腿可以移动的界域和语音可以到达的范围。书信媒介使得空间不再是不可跨越的鸿沟，文字可以将身体不在场的声音传达出来；但是，跨越空间的时间消耗，仍然是一种不可消除的阻隔因素。到了电子媒介时代，人与人之间的信息传播，再也不用受到交通工具的限制，人们可以无须身体"在场"，就能实现即时的远程沟通。②

虽然电子媒介使媒介的时空延伸得到平衡，但是电子媒介中的电报媒介偏重于文字传播，固定电话偏重于声音传播；随着人们需求的提升，手机媒介应运而生，它弥补了之前电子媒介的缺陷，不断向人性化方向发展：语音通话，使亲子之间可以实现身体"在场"与"不在场"的相互交织，随时随地进行即时交流；手机QQ，把亲子之间从台式电脑的束缚中解放出来；微信集发送文字、图片、语音短信、在线视频聊天等多种功能于一体，每一种功能的扩展都在不断满足人们的需求……如今，我们习惯于借助手机媒介来进行家庭代际传播。

当然，人的需求无止境，有技术推动的家庭代际传播的演化不会就此止步，"寻找越来越多的新问题、前所未闻的问题和先前不可想象的问题是技术的诊治工作。这逐渐地、不断地成了它的使命"③。就像莱文森所预言的新新媒介："它将置入你的耳孔或身上其他方便使用的地方。它将是随身携带的蓝牙，就像你嘴巴里的牙齿一样。"④

---

① 肖峰：《哲学视域中的技术》，人民出版社2007年版，第29页。
② 王嘉晰：《家庭沟通中新媒介技术的应用对亲子关系的影响研究》，硕士学位论文，北京理工大学，2015年。
③ [加]德克霍夫：《文化肌肤：真实社会的电子克隆》，汪冰译，河北大学出版社1998年版，第165页。
④ [美]保罗·莱文森：《新新媒介》，何道宽译，复旦大学出版社2011年版，第2页。

二 技术化：人与技术的博弈

马克思主义的整体实践观认为，人与技术都处于"未完成状态"，它们通过双向互动实现双向建构。人的技术化就产生于这种双向互动、双向建构的过程之中。

一方面，人根据自身需求创造出各种形态和功能的技术客体，或者对原有的技术客体的形态或功能进行改造。人的需求是技术客体形态不断演化的直接动力。这个过程实质上是人的本质力量从主体向技术客体的运动，是主体客体化（也是对象化的过程）。另一方面，技术一经创造出来就具有了自身相对独立的存在形态，通过一定途径和方式对活动主体产生一种"逆向效应"，即技术对主体活动的规范与制约作用，使主体活动具有一定的受动性。而人发挥自身的主观能动性，认识与把握技术的客观规律，掌握技术活动的规则和流程，从而把技术的功能内化为自身的认识与实践能力，其实质就是凝聚在技术身上的人的本质力量向主体复归，并重新内化为主体的本质力量的一部分。这是"客体主体化"过程（也是非对象化过程）。[①]

通过以上两个主客体双向互动过程，人的本质力量在人与技术之间相互转化，从而使人与技术都处于"你中有我，我中有你"的相互融合的状态。人的身上越来越带有技术的印记，生物意义上的自然人转化为技术意义上的"技术人"，这就是我们所说的"人的技术化"。简而言之，人的技术化是作为主体的人与作为客体的技术相互作用对人产生的实际效应。随着手机媒介功能的不断强大，它对于家庭代际传播的影响日益深入。

（一）手机媒介使传播主体得以重构，促进了亲子互动的平等性

在传统社会，知识的传播方向总是自上而下的：亲代垄断着知识经验，居于绝对权威地位，是传播的主体；子代接受来自亲代的教

[①] 李美凤、李艺：《人的技术化与人类发展——人的技术化之合理性辩护》，《学术论坛》2007年第12期。

化,是传播的客体。这种代际文化地位的悬殊,使得亲子之间很难进行平等的沟通与对话。而手机媒介日新月异的技术革新,使亲代逐渐丧失了教化的绝对权威,子代却凭借信息与技术的优势,反客为主,在技术传播上掌握着绝对的话语权。这种双向权威的出现,使亲子双方以主体对主体的形式进行着沟通交流,亲子之间的交往趋向平等对话。

(二) 亲子互动的过程越来越借助手机媒介感知

人的技术化的一个重要内涵就是,新媒介技术的创造与应用,使人的肢体、感官与大脑的生理功能得以延伸和放大。正如麦克卢汉的著名观点:"媒介即人的延伸",任何媒介不外乎是人类感官和感觉的扩展和延伸。每一种新媒介的产生,都是为了弥补人的需求与技术的不平衡,形成新的感官关系。媒介技术给我们带来并非只是人体感官延伸的简单相加,而是全新的感知体验。

与传统媒介只能延伸人类的某一个或某几个感官不同,手机媒介在解放人们双足的同时,也在最大限度地延伸人类的视觉、听觉、触觉等多个感官:如人类有两种基本的交流方式:说话和走路。可惜,自人类诞生之日起,这两个功能就开始分割,直到手机横空出世,将说话和走路这两种相对的功能整合起来,集于一身[①],使亲子之间可以一边说话,一边走路,实现随时随地的沟通交流;手机QQ、微信等手机功能实现亲子之间视觉、听觉和触觉等感官全方位的互动……手机媒介给我们营造的是一个亲子互动的过程,越来越借助多种感官同时卷入的"通感"式的媒介感知。

(三) 亲子之间越来越依赖手机媒介

从广义技术视角来看,人在选择或使用技术的过程中,很容易形成对技术的依赖,受技术形态的束缚。这是由人的技术本性所决定的。因此,人有根据需要选择各种具体技术形态的自由,但却没有不

---

① [美] 保罗·莱文森:《手机:挡不住的呼唤》,何道宽译,中国人民大学出版社2004年版,第5页。

选择技术形态的自由。在现实生活中，人们总是"受雇"于不同的技术系统，被迫按照技术形态运行的客观要求与模式生活，"忍受"技术形态的驱使和奴役。同时，技术的两重性也表明，人们在享受技术所产生的积极效果的同时，也必须忍受技术负效应，始终为技术模式所奴役。此外，在长期的技术应用过程中，人的许多天赋本能逐步退化，这就更加深了对技术模式的依赖性。[①]

手机媒介也是如此。随着手机媒介日益成为家庭生活中不可或缺的一部分，亲子双方对于手机的依赖性日趋增强，运用手机媒介进行交流成为一种习惯。传统面对面的亲子交流渐渐减少，关注于与远在天涯的人交流，而忽略了近在咫尺的亲子双方；甚至受手机媒介的役使，陷入手机沉迷，引发亲子冲突；当笔者在课堂上问学生："是你们控制手机，还是手机控制你们"时，很多学生脱口而出："手机控制我们"；家庭代际传播的方式也逐渐适应手机媒介碎片化的特点，利用碎片化的时间，传播碎片化的信息；传播的内容也出现浅层化、零碎化、片段化的趋势。

三 理性化：媒介规范与控制

从媒介技术的发展历程来看，一次又一次的技术补偿，使得媒介技术不断进步，解放着人类，也更加趋于人性化，媒介技术在人们的日常生活中发挥着越来越多的正效应。与此同时，媒介技术也表现出种种的负效应或奴役性，人类对于媒介技术的不断接近，导致人类对于媒介技术的依赖，甚至沦为媒介技术的奴隶。但是媒介技术并不是万恶之源，人类理性的缺失造成了技术的消极面。这就要求我们运用人的理性，来规范和控制媒介技术，扩大技术的正效应，削减技术的负效应。

家庭代际传播中手机媒介的运用也是如此。亲子双方使用手机媒

---

① 王伯鲁：《广义技术视野中人的技术化问题剖析》，《自然辩证法通讯》2005 年第 6 期。

介时，在注重手机媒介有用性和高效率等优势的同时，不要忽视其对于家庭代际传播的排斥和威胁。加强手机媒介运用的自我约束，增强理性自律，以理性形式对目的性活动效率的追求，就能实现目的与手段的合理建构与选择。

第四章

微内容：代际传播内容的表征

在父母问卷中，当问及"您什么时候会使用手机与孩子沟通"（多项选择）时，选项依次为"叫孩子回家的时候"（76.1%）、"在外面有事情告诉孩子的时候"（59.4%）、"询问孩子学习、生活怎么样"（59.2%）、"家里有重要决定，想和孩子商量时"（20.7%）、"心里对孩子有疑问的时候"（20.4%）、"表扬孩子的时候"（9.0%）、"批评孩子的时候"（6.4%）、"想避免和孩子的正面冲突时"（6.4%）、"向孩子道歉或者认错的时候"（5.0%）、"生孩子气的时候"（3.2%）。

学生问卷中，"您什么时候会使用手机与父母沟通"（多项选择），答案依次为："与同学或朋友外出时"（74.4%）、"当您有好消息时"（56.0%）、"在外遇到生活及学习上的问题时"（46.9%）、"在节日或父母生日时"（39.7%）、"当您情绪低落（悲伤、生气、困惑）时"（19.0%）、"做错事时"（14.7%）、"和父母发生矛盾冲突时"（9.3%）。

由此可见，工具性、情感性信息成为家庭代际传播的主要内容。由于受手机屏幕大小的局限、话费的限制及电池储量的制约，以手机为中介的家庭代际传播内容以"微内容"为主。"所谓微内容（microcontent），由杰可·尼德森（Jakol Nidson）提出，它是相对于宏内容而言的。宏内容主要指由机构化媒体生产的媒介内容；而微内容规模小、成本低、容量小，可以是最小的、独立的内容数据"[①]，如一句简单的短信、一篇日志、一张图片、一段音频、视频等。

---

① 王萍：《传播与生活——中国当代社会手机文化研究》，华夏出版社2008年版，第29页。

第一节　手机微内容：碎片化的代际传播语境

早在互联网时代之前，微内容就已存在，只不过那时只是作为私内容而存在。而数字媒介技术的发展和掌上电脑、智能手机等个人移动互联设备的普及，才使琐碎和个人化的微内容"羽化为蝶"。

微内容为人们的生活建构了一个全新的语义框架，即我们的表达可以是零散、"碎片化"的，对事物的理解也可以通过这些支离的"微内容"来完成。

一　手机微内容的自我建构

"微"是相较于过去传播内容的"宏"而言的，微内容并不意味着微影响力和微传播力。在手机媒体传播语境中，任何宏大主题的传播，都依赖无数个微内容符合逻辑的构建。

（一）第一层面：说什么

"说什么"是基于传播目的而产生的，从亲子互动的诉求程度，"微内容"主要包括：

1. 信息发布。以手机为中介的家庭代际传播过程中，亲子双方都充当着信息的生产者、传播者的角色，建构起"微内容"中价值较高的信息内容层面。这部分内容重在信息发布，而对于交流互动的诉求程度并不高。这种"单向度"与传统含义不同，并不是指自上而下的传播模式，而是从传播者与他人进行互动的意愿层面来考虑的。因此，在家庭代际传播内容中，有些信息的价值在于信息的发布，让亲子双方知晓彼此的现实状况，而不是意欲交流互动。

2. 情感述说。除了信息发布之外，"微内容"还着重于情绪的表达，重视情感和精神交流。一般来说，情感述说的微内容需要有听众，它希冀能引起一定程度的交流互动。受众在倾诉的过程中做出一定的回应，不管是语言或非语言的，都能让传播者产生继续交流的动力，引出更多承载着感情、情绪、态度的其他微内容的响应和互动。[①]
这就不难理解，为什么情感型信息会成为家庭代际传播的主要内容。

（二）第二层面：得到回应

手机"微内容"进行建构，需要关注信息的反馈活动，即对"微内容"的回应，回应本身就是由"微内容"构成。发起者和回应者之间形成互动的对话圈子，由此构建起较为完整的传播内容和传播行为。[②] 对于"微内容"的回应，大致可分为三大类：

1. 积极的回应。积极的回应不仅仅指主动的态度，更是指针对某一"微内容"所产生的具有相关性或拓展性的互动内容。在家庭代际传播中，亲子双方积极的回应，有助于增强话题发起者的信心，形成良好的交流氛围，推动交流的深入开展，使其形成一次较为有效的传播活动，并为下一次代际传播活动的发生增加可能性。

2. 消极的回应。在家庭代际传播过程中，有时会出现消极的回应。消极的回应是一种"答非所问"的情况，回复的内容与主题毫不相关，不是为了进行话题交流和讨论，而是以其他目的进入其中；消极的回应还指那些只围观，没有发表具体意见的回应。

3. 没有回应。由于"微内容"的生产简单快捷，因此生产数量较大，新信息很容易淹没在浩瀚的信息海洋之中，这就是家庭代际传播过程中，为什么有时候会出现传而不通的境况。

（三）第三层面：人际的交流

从传播意义层面来考量某个"微内容"是否具有存在价值，在于有没有人与它进行讨论，能不能够表现为一种自在、积极的人际互动。手机"微内容"是相对于"宏内容"而言的，它本身局限于较短篇幅和较小文本，并不一定代表着一个事实，或一个完整的事件，而是表现为一种情绪或者情感，传递一种意义或价值，或者是宣泄某

---

① 邓若伊：《微内容与自媒体碎片化环境的建构》，《西南民族大学学报》（人文社会科学版）2012年第9期。

② 同上。

些负面情绪,但是它往往通过手机媒介即时、积极的人际互动,完成或发起一次相对独立的情感交流和信息交流的传播活动,或成为触发某一话题的起点。

二 手机微内容对家庭代际传播的影响

手机微内容虽是"最小的独立的内容数据",但是一个个看似离散、碎片似的存在,却聚合成一种强大的话语力量和丰富的价值表达,对家庭代际传播产生深远的影响:

(一)快捷高效的代际传播

较之前的传播媒介而言,手机媒介把人们从固定电话、电脑旁解放出来,是人们可以随身携带的口袋"终端",这使得随时随地发布、接收信息成为可能。手机媒介本身携带的QQ、微信、微博等诸多简捷微载体如影随形,改变以往媒介"大而全"的内容传播模式,以收缩化的形式,短小精悍的文字,进行着"短、平、快"的传播,其本质特征是"一种任何人在任何地点、任何时间,与其他任何人进行任何形式的信息交流"。传播时空的轰然"塌陷",使得代际传播更加方便、快捷、高效。

(二)多元碎片的代际传播内容

"微内容"之"微"主要体现在信息内容的简洁上,呈"碎片化"。所谓"碎片化"(fragmentation),原意为完整的东西破成诸多零块。在后现代社会,生活节奏的加快,媒介种类和形态的多元化,使得媒介消费愈来愈呈现碎片化的景象,人们消费媒介的时间也越来越支离破碎。家庭代际传播也是如此:亲子双方可以利用各种时间"碎片",包括坐车、等人、排队等闲暇时间来进行互动,传播的信息内容也趋于简洁化。

生活化、娱乐化和情感化是微内容的主题。因此,以手机为中介的家庭代际传播内容,大多与日常生活休戚相关,更多表达的是亲子之间生活、情感等"小我"内容:如不成系统、碎片化的所思所想,多元化的个性表达,自己心情、生活感悟和心路历程的表露……

（三）亲子互动的方便灵活

在家庭代际传播中，最初的互动方式是面对面的人际传播，虽能实现即时互动，但受限于时空；书信媒介，虽突破时空的限制，却是以文字符号为载体的延时性互动；此后，电报、固定电话等方式逐渐被引入家庭代际传播过程中，互动的即时性得到强化，但是亲子互动方式局限于单一媒介，封闭性交互的问题仍未得到解决。而手机问世以后，以其"微小、精悍、迅速"的微内容传播，实现了亲子互动的即时性、互动内容的多媒体性和互动方式的开放性。家庭代际传播从单向传播到多维互动，互动方式也更加方便灵活。

首先，交流时间上的自由控制。在手机媒介的技术支持下，家庭代际传播既可以实现同步传播，即亲子双方在同一时间进行交流联系；也可以实现异步传播，即亲子一方不在线上，但这并不影响通过手机媒介给对方留言，等对方延时看到留言时，就可以做出回复。

其次，表达意愿的自我控制。保持传播、中断传播，以及传播的节奏始终控制在亲子双方的手中。在传播过程中，手机媒介成为亲子双方进行信息传递的中介，使传统面对面的人际传播，转变成了人与机器的对话，尽管有文字、图片、表情等符号来丰富交流者之间的对话，但对于传播双方为何保持传播、中断传播，或不同传播节奏的背后原因，由于机器的阻隔而难以获得。在手机媒介的庇护下，传播双方真正的意图可能被掩盖起来。

（四）代际传播个体的主体性、平等性

微内容强调个体的主体性、平等性和独立性。不管青少年在家庭生活中的地位如何，在手机微内容的传播上，没有在场等级和身份造成的压迫感，是一个和父母拥有平等发言权的独立个体。在这种传播情境之下，青少年更加看重自己的主体地位，更愿意彰显自己的主体性和独立性。他们可以通过手机这个传播载体，以文字、图片、视频、符号、表情等方式与父母交流着自己的思想观点和价值观，使他们成为"微内容"的传播主体。

第二节　协调、沟通：手机信息与亲子互动

一　协调型信息：日常生活的协调

爱因斯坦曾说："时间的存在，仅仅因为不是所有的事情都同时发生。"时间和计时工具对我们计划、安排、协调事务起着重要作用。刘易斯·蒙福德（Louis Mumford）指出："时钟不仅是了解时间的工具，也是辅助同步的工具。"

手机加入了协调社会交往的行列，其最核心的优势是能够帮助人们在移动中对生活进行协调。它的"移动性"、"即时性"等特性赋予人们在日常生活中以更多的灵活性与应变能力，从而使一种潜在、持续的随时随地传播成为可能。它将人们从必须提前设置好时间和地点的互动环境中解放出来，得以即刻修改和调节时间、地点的安排。它引领了一种全新的组织日常生活的方法，使得人们在安排日程和交通中更具灵活性①，而不必依赖于时间系统，亲子之间日常生活的微协调也是如此。

（一）计划变更的及时告知

移动电话正变得无处不在，它正与基于时间的社会交往方式竞争并相互补充。我们逐渐远离计时工具这种日常手段，并以人与人之间的直接联系取而代之。通过手机，人们可以直接联系，不需要依靠计时工具协调同步。② 手机让亲子之间在任何时间、任何地点计划或更改活动成为可能，对于计划变更的信息的及时告知变得十分迅捷。

　　　　同学请吃饭。中午不回来吃。（CL2，男，17岁，高三）

---

① ［挪］Rich Ling M.：《时代——手机与你》，林振辉、郑敏慧译，人民邮电出版社2008年版，第15页。

② 同上书，第53页。

我被老师留下来罚抄，晚点回去。（CY1，女，12岁，初二）

今天局里有点事，大家要一起吃饭，所以就不回来吃了。你自己先吃哦。（PH6，母亲，50岁，本科，会计）

平时都是他爸爸接他放学。如果换我接他放学，他没开机，我就给他发短信。（PH1，母亲，38岁，高中，居委会职员）

这些协调型信息一般比较简短、琐碎、没有章法，只要亲子双方明白就行。

如果是手机短信，青少年倾向于认为与父母协调型信息是不重要的，一般会在发完后随手删掉。

小郑（CZ1，男，14岁，初三）给笔者看了他的手机短信，除了一两条是父母的短信外，基本上都是同学的短信。"和我妈的短信，一般不重要，发完就删掉了。"

如果是手机通话，开头一般是固定格式，对于非住宿生，父母常问的一句话是：你在哪里？什么时候回来？对于住宿生而言则是：吃饭了吗？早点休息（睡觉）；少玩点手机。再有就是家里有什么事，天冷穿衣之类的。

说来说去都是一些简单的事，没有太多事可以聊。烦心的事，我也不想告诉父母，怕他们担心。（CH2，男，17岁，高二）

对于远离父母的青少年而言，和父母联络的一个原因，还有一条是男女生都适用的，那就是向家里人要钱。

CC2（男，16岁，职高）说，家里每月给他卡里打钱，月底没钱了，他会主动打电话或发短信向父母要。

钱收到了，谢谢爸爸！（CY5，女，21岁，大三）

（二）未知事项的及时咨询

手机的移动性和贴身性，使它在信息传递速度方面超过了历史上的任何一种媒介。亲子之间不必见面才能交换信息，远程接受和咨询信息成为可能。

> 学校订校服或买保险，我会打电话问妈妈。（CB，男，16岁，高一）
> 我在学校填表格时，不会填就会打电话回去，问他们怎么填。比如说我经常忘了我的身份证号。（CL3，女，14岁，高一）
> 我去超市买东西，会打电话问他（儿子）吃什么，想买什么东西。（PH3，父亲，48岁，高中，村支书）

当"在外遇到生活及学习上的问题时"，近五成（46.1%）的青少年也会打电话回去咨询父母，听取他们的意见，实现信息传播的零距离、零时差。

特别是大学新生和准毕业大学生，面对新旧情境交替引发的角色转变，面对新阶段、新角色所赋予的社会期待，往往会不知所措，产生角色焦虑。因为他们在成长过程中所积累的"手头库存的知识"（stock of knowledge at hand），先前处理问题的方式及其惯常的支持系统都不足以解决眼前的诸多问题，因此产生暂时的心理困扰。正如吉登斯所指出的"本体性安全"（ontological security）丧失一样，当外部环境的变化或来自相对持久的社会环境的压力或人际关系的压力时，个体的本体性安全感就容易缺失，进而个体焦虑感上升。而有着丰富的社会阅历和对子女充分了解的父母，便成为青少年首选可以依赖、咨询的对象。

> 我入党、竞选学生会干部、是否读双学位，都会征求父母的

意见。(CZ7，女，大二，21岁)

　　我参加社团组织，到底是四维，还是数拓，会请父母帮忙参谋；我爸是党员，他主动要求我入党，还教我写入党申请书。(CC5，男，大一，18岁)

　　我妈妈会打电话告诉我，"女孩子要保护好自己，不要受伤害。"(CY5，女，21岁，大三)

　　他（儿子）会问我们（父母）到底是先工作好，还是先考研好？要不要出国留学？(PJ1，母亲，47岁，本科，大学教师)

　　我会打电话建议她参与学生会，扩大交际圈；还建议她当副班长，但不要参与太多，给她一点建议，主要以她的意见为主。(PZ9，母亲，47岁，大专，公务员)

二　安全型信息：不确定性的减少

　　手机能够摆脱时空的束缚，随时随地与人沟通，因而在日常联络、紧急求助等方面的作用很大。在调查中，当问及"给孩子配置手机的原因"（多项选择）时，90.2%父母回答"方便联系"，53.4%父母是"出于孩子的安全考虑"。由此可见，手机在如今充满不确定性的风险社会，对于增强青少年和父母的安全感，减少不确定信息，是一种非常重要而实用的媒介。

　　（一）安全行踪的及时告知

　　"保持联系是手机的另一种使用，相关的人们有义务报告彼此生活中发生了什么，以便知道彼此的生活状态是安全的、确定的。"[①]在现代社会，许多家庭中的父母都是双职工，平时需要上班，没有时间接送孩子。孩子自己上学、回家，一路上不知会发生什么事情。孩子带上手机，到了以后，打电话或发短信向爸妈报平安，能在一定程

[①] 胡春阳：《寂静的喧嚣、永恒的联系——手机传播与人际互动》，上海三联书店2012年版，第40页。

度上缓解家长的担忧。

> CG1（女，12岁，初一）的父母平时比较忙，没有时间接送她，家离学校较远，且路上车辆较多，自己骑自行车上学，父母难免会担心，因此，她每天到学校以后，会立即发一条短信给妈妈："妈妈，我到了。"

> CD1（女，16岁，高一）是寄宿生，家里离学校较远，每次回家打车要花1个多小时，因此她父母给她买了一部手机。"我到学校了，会打电话回去，报平安；我明天要回家，也会打电话给父母。他们提前帮我联系好的士，我再和的士师傅联系。万一路上堵车，可以用手机通知父母，以免父母担心。"

现在青少年的学习压力比较大，除了日常的课堂学习外，绝大多数的学生还需要上补习班，经常在家、学校、补习班等好几个地方奔波。出于对子女安全的担忧，很多父母给孩子配置了手机。有了手机后，家长可以随时与孩子保持联络，及时掌握他们的行踪，减少自己因得不到孩子信息时的焦虑与紧张。

> 我初二时，补课要补得很迟，他们（父母）就给我买了手机，为了接我时能联系上；有时，我会跟他们说："我补习完了，去同学家玩一会儿，让他们不用担心。"（CY2，男，16岁，高一）

即使孩子出去了，也能随时知道孩子们在哪，确保孩子的人身安全。

> 我出门，父母会交代带手机，说这样比较安全。手机、钥匙、钱包是我出门三必带。超过时间点没回去，我会发短信回家。（CR，女，14岁，初三）

> 我出去旅行。我妈一天一个电话，问我玩得累不累？安不安全？吃饭了吗？天黑了，赶紧回去。（CC4，女，20岁，大三）

因此，安全和保障是青少年拥有移动电话的最基本理由。

（二）突发事件的沟通处理

手机被认为是处理或避免紧急事务和危机的有效手段。特别是对于还没有很强的自我保护能力、独立处理问题能力的青少年来说，遇到一些突发事件，比如车祸、灾害、受伤等紧急情况时，往往会惊慌失措、束手无策。手机为处于险境的青少年提供了一种与外界安全联系的渠道，使他们在面临紧急情况时不会孤立无援，或者说比手机兴起之前可以得到更多的帮助。通过手机，在第一时间与父母取得联系，获得他们的安慰、支持，或者是指导性的意见和帮助，就能够将意外事故的伤害降到最低。当孩子外出游玩遇到危险时，特别是对于许多低年级的学生和女生来讲，手机可以成为紧急情况下的应急媒介，及时地向父母或警察求助，将自己从险境中解救出来，使自己更加安全。

> 我遇到突发事件会打电话给父母，比如说今天的自行车被偷了。我打给妈妈说："妈妈，我车丢了"；和同学出去玩，没钱了，打给妈妈说："我没钱了，赶紧送钱来。"（CX2，男，13岁，初一）
>
> 我前几天出了小车祸。我的自行车和摩托车相撞了，就打电话给爸爸："你赶紧过来。我和摩托车相撞了。"（CY2，男，16岁，高一）
>
> 我会把手机的1号键设置为我爸爸的号码，以便危险的时候使用。（CZ2，女，13岁，初二）

手机的移动性、即时性和便携性，使得青少年能够在不安全或者紧急的情境下向父母求救，并与之沟通处理，极大地满足他们和父母的安全需求。

三 情感型信息：经验情感的分享

手机，不只是工具性的协调，更是他们传情达意的工具。有了手机，异地求学的学子可以定期给父母打电话，汇报学习生活情况。有了好消息，可以向父母报喜，共同分享成功的喜悦；有了烦恼，可以及时向父母倾诉，帮助化解。节假日或父母生日，学生还可以通过打电话或发送短信的方式为父母送去祝福。一部手机成了父母和子女之间传递爱的工具。

（一）成长经历的即时分享

家庭是青少年的心灵港湾，是安全的避风港。手机就像移动的家园，使得青少年能够即时与父母分享成长的收获，也能即时倾诉成长的烦恼。这在过去是不大可能发生的。

> 我考得好，在学校就会发短信给父母，让他们高兴；考得差，回来说。（CL4，男，14岁，初二）

> 任先生虽然在外地求学，但是与女儿的沟通一直比较频繁："在女儿情绪、成绩大波动时，我会打（手机）电话给她。当心里对孩子有疑问时，也会打电话问：'最近怎么样？'等她自己说得差不多时，我才抛出问题；批评她时，你当面讲，她会认真听。隔着远讲（通过手机），她会敷衍，要注意说话的分量和技巧，因为你的话很多时候不能兑现。"（PR，父亲，41岁，大学老师，博士在读）

但是，一般来说，青少年有了好消息，会及时打电话或发短信给父母（56%），而情绪低落时，找父母倾诉的比例很低，仅占19%，大部分学生倾向于找同学倾诉或自己独处。

> 有好消息会告诉父母；伤心失望找同学，或者打打球、听听

音乐。(CL2，男，17岁，高三)

好消息会第一时间告诉父母，比如考过证、拿奖学金；心情不好，当时正在讲电话会顺便讲，不会刻意讲，不想让他们担心；报喜不报忧嘛。(CZ9，男，18岁，大一)

除非难以承受，比如我和宿舍同学打起来、感冒太久、重大处分、记过，才会给父母打电话。能自己处理就自己处理；隔太远，父母只能听一下，没办法帮我们处理，没必要给他们增添担忧。(CL9，男，21岁，大三)

伤心时，想不起给爸爸打电话。(CR，女，14岁，初三)

这说明在这一时期，青少年逐渐从亲子依恋转向同伴依恋，同伴之间的相互理解、支持和精神慰藉在青少年的生活中扮演着越来越重要的角色。已有研究也发现：一般来说，青少年倾向于选择同伴作为情感倾诉和分享快乐的首选对象；而且个人在生活中选择同伴作为沟通对象的比例，会随着年龄的增加而呈上升的趋势，而对父母的选择则呈下降趋势。①

和国外家庭代际传播会涉及性、吸毒等敏感话题相比，国内的家庭代际传播较少涉及敏感话题，连情感问题也较少涉及。

我会跟父母讲同学之间相处，不会讲我的感情问题。(CZ8，女，18岁，大一)

个人感情不会说，他们（父母）比较保守，要我在学校不要谈恋爱。(CY6，男，18岁，大二)

在访谈中，戢女士（PJ，40岁，本科，大学老师）告诉笔者，有一次女儿打电话给她："妈妈，你赶紧回家，我有好消息要告诉你。"戢女士兴冲冲地赶回家，女儿对她说："妈妈，张杰进入《我是歌手》的决赛了。"戢女士说她觉得好失落，浪费了

---

① 张文新：《青少年发展心理学》，山东人民出版社2002年版，第169页。

自己的感情,对女儿说:"这算什么好消息,我还以为你考试考好了。"

由此可见,在中国,父母对孩子学习方面的关心远远胜于他们娱乐、生活等其他方面的需求,这也是为什么很多青少年不愿意与父母进行深层交流的重要原因。

(二) 亲子之间的嘘寒问暖

手机进入社会空间,在质疑、改变某些传统的社交规则的同时,又重塑着新的社会交往规则,从广度和深度两个层面影响着社交的范围和程度。① 汤普森(John B. Thompson)指出,新的技术媒介为新的社会互动提供了可能,它改变或消解了旧的互动形式,为行为和互动创造了新的焦点和位置,因而也就重构了其中一部分现存的社会关系,以及体制和机构。②

手机使得亲子之间可以随时随地进行联络,表达亲密情感,体会到相互之间的关心,缩短彼此之间的心理距离,成为亲子之间亲密关系的黏合剂。

下面是蔡女士(PC1,45岁,高中,自由职业)发给女儿的几条短信:

"家里一切都好,不要惦记。"

"天冷了,多穿点衣服。"

"有没有想我?❤❤❤。"

虽是简简单单的问候,却让分隔两地的亲子之间心里暖洋洋的。

---

① 王萍:《传播与生活——中国当代社会手机文化研究》,华夏出版社 2008 年版,第 29 页。

② Thompson, J., *Ideology and Modern Culture: Critical Social Theory in the Era of Mass Communication*, California: Stanford University Press, 1990, pp. 227–228.

> 我爸超可爱，有时候什么都不说，单单给我手机发了一个☺（注：笑脸），我就已经很开心了。我手机里还留着很多他发给我的表情符号。(CZ5，女，高三，17岁)

可见，孩子有时要求并不多，父母多一些笑脸、多一点鼓励，也许能成为他们成长前进的动力。

父亲节、母亲节、春节、中秋节等节假日给含蓄内敛的亲子之间提供了表情达意的机会，加强了亲子之间的情感交流与沟通。

> 今天是母亲节，祝妈妈节日快乐、保重身体、越来越美丽！(CZ11，男，22岁，大四)

> 这次发短信主要有两个目的：一是锻炼指法，二是联络感情，我很负责任地告诉你，新年已来到，一定要快乐！送句有技术含量的话："春节快乐！"（PH1，母亲，38岁，高中，居委会职员）

如果不告诉你这是一位母亲发给儿子的短信，单凭内容，你是无法分辨出这是朋友之间，还是亲子之间的短信。这种以手机符号为中介的交往方式，遮蔽了亲子双方的年龄、身份、地位等诸多社会属性，去除了传统文化中父母的深度模式和严肃的面孔，摆脱了居高临下的道德伦理说教，为家庭代际传播提供了一个平等对话的渠道。

手机媒介在拓展亲子之间交流广度的同时，也消解了亲子之间交流的深度。从传播的内容来看，大多数调查对象与父母交流的内容是与学习、生活相关的事情，通过手机与父母聊"心事"的仅占少数。由此可见，青少年与父母之间的交流还停留在比较浅层次内容，而较少深入孩子的心灵深处。

第三节 媒介化、碎片化：代际传播的内容表征

以手机为中介的家庭代际传播内容表征，可以用两个概念来概括：媒介化和碎片化。

一 媒介化

手机跨越时空的特性拉近了亲子之间的距离，可以让亲子之间互诉相思，联络亲情；另一方面，手机也拉远亲子之间的距离。亲子互动的目光接触、肢体语言与共处一个实体空间的亲密感逐渐媒介化。透过手机，看不到对方的肢体语言，只能依据对方的音调、话语，诠释其心思，彼此沟通。手机中介传播将亲子互动简化为文字、图片或影像等多种符号，进一步将亲子互动媒介化，互动时的寒暄、关怀、聊天等，也逐渐简化。亲子互动不再是人与人之间的身体互动（面部表情与肢体语言），而是文字、符号与图像的互动，更像是与机器、网络的媒介互动。①

二 碎片化

手机促成亲子互动的媒介化，也促成亲子互动的碎片化。手机传播的微内容倾向于把亲子之间的互动，尤其是会话与交谈，简化成短暂的、片段的、零散的只言片语。原先的亲子互动有一定的过程，包括开场或序曲、主场、收场或尾声；亲子双方必须先彼此交换信息，察言观色，决定如何应对，其中牵涉到个人与传播情境的主动诠释、被动反应，以及语言、姿势的符号交流与情绪应对。

现在手机在某种程度上把这种连续的亲子互动过程切割成片段，简化为简短的文字、个别的图片与短暂的音视频。整个亲子互动的旋

---

① 王佳煌：《手机社会学》，学富文化事业有限公司2005年版，第158页。

律很难再像交响乐团一样，依乐谱章节循序渐进，表现各种乐器与节奏安排，或者说很难再像传统戏剧一样，从开场白开始，循序依幕场安排，展现剧情与故事。手机让亲子双方可以自由切割、组合人际互动过程中各个环节，随意或依据需要，将乐曲的各个章节，甚至各个小段凑合，呈现另一种风貌与样态。①

（一）轻松随意

由于青少年与父母之间的关系密切，加上手机快捷、隐秘的功能，手机微内容的碎片化，也使得亲子之间不必受到太多的体式和规范要求，能够自由地表达自身的态度与意见。因此他们与父母之间的传播内容一般不会使用正式、严肃的书面语体。就整体风格来说，就是轻松随意、修辞较少，口语化的特点非常明显。在句式上，一般使用短句、散句，较少运用长句、整句。同时，他们也爱用感叹词、语气词和方言词，尤其是把方言用文字表达出来，对他们来说是件很有趣的事。

　　CZ1（男，14岁，初三）有一次在体育课上跳高受伤了，他给妈妈发了一条简短的短信：
　　-夭寿了！（注：闽南方言，意为"要命呀！"）韧带拉伤了！

（二）简洁明了

无论手机通话，还是手机短信、手机QQ、微信、手机微博，一般都比较简短。这既与手机屏幕大小的限制有关，也与手机话费有关，还与青少年自身的特点有关。在他们眼里，手机就意味着简短和快捷，发送的速度当然是越快越好，根本不在乎错别字和标点，有时就根本不使用标点。对他们而言，即使是短信，与其说是打出来的，还不如说是随口说出来的。只要把事情说清楚，父母明白即可，何必

---

① 王佳煌：《手机社会学》，学富文化事业有限公司2005年版，第156页。

多费口舌。

> 手机的优点就是我妈没办法啰唆。不会一件事说好几遍。
> （CW3，男，22岁，大二）

此外，手机在线聊天的功能，允许用户同时开启一对多、多对多的多向沟通模式，很容易分散亲子双方对于深度沟通的专注和投入，很难集中精力就某一主题进行深入的探讨。在很多情况下，亲子之间往往是一个话题还未深入，另一话题又开启，话题转移的随意性较大。跳转的话题、片段性的输入和杂乱的信息碎片，导致亲子双方无法对沟通符号的解码和编码进行系统思考，对于有些不想回应的话题，还可以用"哦、呵呵、是吗"等语气助词进行敷衍。这样亲子之间就难以深入沟通，达到情感交融和思想深化的境地，更谈不上形成深度的情感体验。

（三）杂糅较少

在以手机媒介为中介的人际传播中，"缺场"空间中的缺场性，使得人与人之间难以实现面对面的人际互动。虽然现代媒介技术可以实现实时的视频影像传播，但是受技术条件所限，依然无法达到现实世界中的真实感。在此情境下，带有表情、姿势的图片、符号的广泛应用，便成为表达心情、情绪状态的绝佳工具。信息的接收者可以从有限的符号中，解读出无限丰富的内涵意义。这些符号组合起来，通过指代的形式，实现着自我意义的有效传播。

青少年更是如此。为了提高文字的输入速度，也为了追求语言表达的个性与趣味，他们利用手机媒介，创造了属于自己的独特语言系统，表现出青少年在思维模式和认知方式上的演变和革新。他们与同伴之间的短信、在线交流，会突破原有的语法规则的限定，在表达中杂糅使用中文、英文、数字、表情符号、表意符号、字母缩写语、标点等各种符号，甚至使用谐音、怪词、别字，从而令传统的书面语言产生变异。如：- D（开口大笑）、^_ < @ _ @（挤眉弄眼）、

=^_^=（脸红了）、"pfpf"（佩服佩服）、"WRY"（Where are you? 你在哪）、"3KS"（谢谢）、"Orz"（拜服、失意、无奈）、"So Sad ☻☻☻"等。这样，一些原本是错误和别扭的词汇，由于形象直观、活泼生动、饶有趣味，软化了书面表达的正式性和生硬感，使人际交往平添生动，富有情趣，而成为青少年心目中的时尚新词、新表达。它在一定程度上弥补了手机交流中表情神态、声音语气等身体副语言的缺失。

在访谈中，很多青少年表示，在发短信或QQ留言时，添加一些感叹词或表情符号，是表达、宣泄自己情绪的一种方式（见表4-1、表4-2）。但是他们与父母在进行代际传播时，较少使用混编杂糅的词汇。这是因为大多数父母由于受年龄或生活经历的限制，浸淫网络的时间不长或者程度较浅，运用网络语言并不得心应手。因此，他们在发信息时一般不会添加感叹词或表情符号，表达上也较为中规中矩。例如："儿子，我们去大润发吧。"（PH1，母亲，38岁，高中，居委会职员）。

青少年避免与父母在交流时使用网络语言，一方面是为了使亲子交流通畅，减少沟通的障碍；另一方面，则是由于青少年把网络流行语当作自己同龄人之间沟通的语言，是他们进行群体认同的重要方式。

下面是CZ5与几位同学的一段手机QQ对话：

——CZ5：小伙伴对不起我我我又作死了！！！以此表示歉意求别误会呜呜呜……

——同学A：大大你做了什么

——同学B：发生了什么快『好奇⊙▽⊙』

——CZ5：没事没事 TUT

（注：TUT在网络用语中，是哭的意思。"T"上面的横，可以看作眼睛，那一竖可以看作眼泪，中间的"U"是嘴，所以整个"TUT"就像是一个人在哭泣。由于"U"所表示的嘴是笑着

的，所以这个表情多用于"感动"，"喜极而泣"）

——同学 C：噗！！！！ 好虐 QAQ

（注：QAQ 为网络用语，是一种表情，网络小说里常用，是哭的意思。可以把 A 旁边的两个 Q 理解成眼睛，而 A 是张大的嘴巴）

——CZ5：简直太虐……

——同学 C：拍拍

在这个手机 QQ 信息情境中，青少年与同伴之间传递的是一种有默契的快乐。恰恰是这样一种看似混乱的用语，将青少年与父母完全区隔开来，因为这种多媒介、直觉性的文字表述方式，对于父母书面文化和在印刷时代形成的线性和理性思维构成了一定挑战，很多家长根本看不懂、不明白孩子之间在说些什么，更不要说去管制了。

表 4-1　　　　　常用手机表情符号及意义

(T_T) 哭泣	\\(´_`)/ 无聊	^(oo)^ 猪头	:-D 开心
\^_^/ 加油	╭(╯_╰)╮ 路过	Orz 五体投地	:-P 吐舌头
〒_〒 悲伤	我发火了! 眉毛都翘起来	|(-_-)| 没听到	:-0 惊讶
..@_@||||.. 头昏眼花	╯_╰ 很无奈	≧◇≦ 感动	:-x 闭嘴
@_@ 困惑	(˘﹏˘) 不满	(>_<) 不~	==b 冒冷汗
*^_^* 笑 (打招呼)	(⌐) 流口水	>_< 抓狂	-(- 好伤心
(^人^) 拜托啦	→_→ ←_← 怀疑的眼神	$_$ 见钱眼开	(x_x) 晕倒
\\^o^/ 欢呼	(≧ω≦) 开心高兴而又有点害羞	⊙▽⊙ 惊讶或木讷	#^_^# 脸红了
(#`') 凸 鄙视 (比中指)	↖(^ω^)↗ 加油	`(*^_^*)' 超级羞羞	(˘ 3 ˘) 亲亲
Y(^_^)Y 举双手胜利	\\(˘)/ 抱抱, 开心	(0_0)? 什么意思？	(>_<) 痛苦

第四章 微内容：代际传播内容的表征

续表

(○o○) 目瞪口呆	` (* > _ < *) ' 好刺激..(受不了)	(*^@^*) 乖~	[¦ (>_<)]¦ 发抖
(* +_+ *) ~@ 受不了	%>_< 我要哭了哦	~@^_^@~ 可爱呦	X__X 糟糕.
(+_+)? 不知道你在什么	(°□°)╯︵┻━┻ 掀桌	(°?°)~@ 晕倒了	::>_<:: 哭
@(一-一) 秘密--嘘	(^_^)∠※ 送你一束花	(工) 大狗熊	┯▽┯ 真命苦
=^_^= 温馨的微笑	*\(^_^)/* 拿彩球、为你加油	(づ3)づ 飞吻	@_@a 搔头，疑惑
((。(^_^)。)) 期待	*@_@* 崇拜的眼神；眼睛为之一亮	>"<¦¦¦¦ 伤脑筋	(つωC) 揉眼
(ˉ□ˉ) 脑中一片空白	(~o~)~zZ_??; 我想睡啦~	//(ToT) 流泪中	=_=# 生气
(-__-)y---~ 抽烟	b(▽)d 竖起大拇指	^○^ 爱你呦	=_= 困
(^_^) 对不起啦	*^o*// 振奋，高兴	^_^" 尴尬的笑	0_0 受到打击
-_-" 别提了	~*.*~ 害羞又迷人的小女生	o(∩_∩)o.. 呵呵	(^_-) 对吧

表 4-2　　　　　常用手机表情图及含义

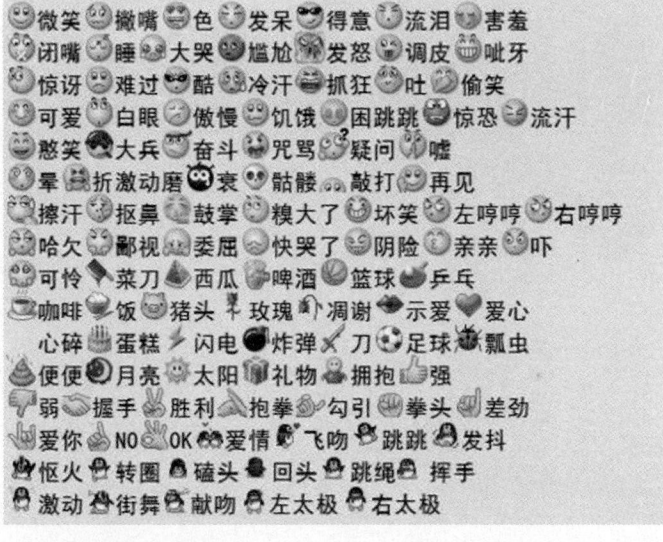

青少年的这种新式手机语言表达方式，也为青少年向父母"文化

反哺"提供了契机,一些父母在孩子的影响之下,逐渐明白并开始使用一些表情符号。

  PX2(母亲,47岁,高中,自由职业)去超市没买到女儿想要的东西,于是她给女儿发一条短信:"我没买到,😭😭😭😭😭。"
  我和同学之间比较多用缩略语和表情符号,我和父母之间的短信很少用。(但是)一些简单的表情符号,比如"笑脸"、"坑爹",他们看得懂。(CZ5,女,17岁,高三)

第五章

开放融合：代际传播效果的趋向

笔者的调查研究发现，对于手机对家庭代际传播的影响（多项选择），父母和孩子看法基本上一致：

在父母看来，手机"加强我和孩子的联系，我们的交流变得更多"（43.8%）、"和孩子没有使用手机之前一样，没什么变化"（35.3%）、"让我们有更多的话题，交流更深入融洽"（32.4%）、"有助于表达亲密情感或体会到彼此之间的关心，使我们之间的感情更亲密"（31.8%）、"一些面对面不好解决的问题可以通过手机解决，缓和或避免了冲突"（22.5%）、"减少了我和孩子的交流时间"（11.9%）、"增加了我和孩子之间的分歧，冲突变得更多"（11.4%）。

在孩子看来，手机"加强我和父母的联系，我们的交流变得更多"（40.9%）、"和没有使用手机之前一样，没什么变化"（32.9%）、"有助于表达亲密情感或体会到彼此之间的关心，使我们之间的感情更亲密"（30.0%）、"一些面对面不好解决的问题可以通过手机解决，缓和或避免了冲突"（28.9%）、"让我们有更多的话题，交流更深入融洽"（25.8%）、"减少了我和父母的交流时间"（12.0%）、"增加了我和父母之间的分歧，冲突变得更多"（7.4%）。

由此可见，绝大多数父母、学生都倾向于认为手机对家庭代际传播有一定的影响，且对手机影响的正面评价要多于负面评价。

第一节　亲子亲合：亲子关系的黏合剂

青少年青春期的心理发育特点和社会转型、文化交替所带来的价值差异，使青少年与父母之间容易形成"代沟"，具体表现为对父母权威的认可度降低，与父母的亲密关系较儿童早期有所疏远，与父母的互动逐渐减少等，而手机能够在一定程度上增加青少年与家长的联系沟通机会。虽然大多数家长最初给孩子购买手机的目的是希望联络孩子方便，能够及时获悉孩子不在身边时是否安全。但是如果能够利用手机这个"交往利器"，加强与孩子之间的沟通交流，了解他们的生活方式、表达方式和互动方式，就能够在一定程度上缩小父母与孩子之间的"代沟"，促进亲子亲合。

一　手机：亲密关系的"黏合剂"

亲子亲合（cohesion）和亲子冲突（conflict）是测量亲子关系亲密与否的重要指标。"亲子亲合是指父母与子女之间亲密的情感联结，它既表现在积极的行为互动之中，又表现在父母与子女心理上的亲密感受上。"[①]

手机凭借自身的优势，可以成为亲子之间亲密关系的"黏合剂"。

（一）手机加强亲子之间的联系，使亲子之间的交流变得更多

手机赋予那些需要彼此永久联系的人以更多的灵活性和流动性。它对于改善远距离的亲子互动，解决亲子分离所造成的情感缺失，促进与亲子之间的情感联系方面起到不可替代的作用。

> 平时在家有什么事情，我会想象家长怎么想，就不好当面讲。现在（分隔两地）什么事情都会（通过手机）说。（CF1，女，15岁，高一）

[①]　张文新：《青少年发展心理学》，山东人民出版社2002年版，第122页。

有了手机，不管在哪里，相隔有多远，随时都可以联系到。我可以随时了解父母的身体状况、家里情况；他们也可以知道我在学校什么情况，沟通更方便了，加强了交流。（CY7，女，21岁，大三）

（二）手机有助于表达亲密情感，或体会到彼此之间的关心，使亲子之间的感情更亲密

亲子双方都需要对方明显的爱的表示和关心，但是中国人在心理气质上趋向于内向、含蓄、委婉，使亲子之间不善于或不习惯于直白地表达内心的真实情感，使彼此之间感觉不到对方的关心与爱护。然而，一句祝福的话语，一条温馨的短信，可以超越现实生活中的种种局限，使手机成了亲子之间亲密情感的"加油站"。特别是对于那些性格内向、不善言辞的青少年来说，手机提供了一个表达情感的出口，让他们可以尽情说出自己的想法。

有些话通过手机讲不会那么尴尬，问我爸好，身体好不好；因为我爸也不怎么会表达。（CL9，男，21岁，大三）

有手机后，我和父亲的代沟减少了，我原来挺怕他，现在用手机讲，跟兄弟一样，不那么拘束。（CH3，男，21岁，大三）

黄女士（PH1，38岁，高中，居委会职员）和儿子平时很少交流，造成彼此之间有隔阂，但是儿子的那条短信却让母子之间的关系变得亲密起来。

"儿子平时不善于表达。但在母亲节发短信给我：'妈妈，母亲节快乐！'我很感动。"

在中国等级文化中，通常是父母对孩子的直接精神鼓励，孩子对父母的直接精神鼓励很少。而以手机为平台的代际传播，能跨越亲子之间含蓄的障碍，使孩子对父母直接的精神鼓励成为可能；而且孩子的鼓励对于父母的感染力也是巨大的，并且方式更自然，更易于被父

母接受。因为父母同样面临各种各样的社会压力，一样渴望得到情感的支持，只是碍于面子和长辈尊严而不愿启齿。

> 我在外训练时，会打电话回来问他们（父母）生意怎么样？身体怎么样？不要太劳累。在家不会说，不好意思。(CL1，女，17岁，高一)

手机成为亲子之间互相给予精神鼓励和支撑的一种重要方式。

（三）手机让亲子之间有更多的话题，交流更深入融洽

由于父母与青少年所处的时代背景和文化环境不同，所接受的教育不同，两代人形成了迥异的人生价值观和行为模式，难免会在一些问题上产生分歧。代际差异造成了父母与孩子沟通时，有时会缺乏共同语言。而处于父母与孩子共同关注、感兴趣的手机技术，能很好地充当这个载体，增加亲子之间沟通的共同语言，对已有的代际差异产生一定的弥合作用。

> 父母先接受手机，再了解我们；他们一天天适应智能手机，就更加贴近我们年轻人的想法。(CX3，女，大三，20岁)
>
> 我教我妈妈用微信，教了一年，还不怎么会用；后来我才知道她无聊，故意找个话题跟我聊天。(CY6，男，大二，18岁)
>
> 他（儿子）会讲手机笑话给我听；手机下载新闻、电影与我分享，我们一起看了《龙门镖局》和《那些年我们一起追过的女孩》，我知道了九把刀。(PW1，母亲，43岁，本科，中学教师)

此外，在手机使用过程中的"文化反哺"，也使亲子之间的交流有了更多的话题，使父母能够及时地跟上时代的脚步，站到孩子的"文化圈"里，去了解孩子的需要。这样亲子之间就容易实现"视阈融合"，进而达到"心理交融"。

二 手机：家庭民主化的"推进器"

在吉登斯看来，反思性导致所有社会关系变得更民主，这将改变以前传统的权力动态关系。

在晚期现代性的家庭生活中，传统的家庭关系和角色发生了广泛的变革：传统父母权威的衰微以及"纯粹关系"名义下的家庭民主化，[①] 协商成为家庭民主化的重要特征。在此情境下，更亲密、更情绪化的家庭代际传播，取代了旧的以等级权利为标志的代际传播。父母与孩子的关系变得越来越开放，父母试图不仅是孩子的家长，还成为孩子的朋友。这就是吉登斯运用"纯粹关系"这一概念来分析他所理解的家庭民主化。[②]

已有研究也表明，青少年通常渴望更多的独立，因此需要重新协调同父母之间的关系。在此时期，如果亲子双方没有一个合适的问题解决方式、沟通能力欠缺，孩子必须生硬地服从既有的规则等，就会破坏青少年的家庭信念，增加亲子冲突的可能性，甚至影响到长期亲子关系的和谐。[③]

手机这一现代通信技术，能够通过增加父母和孩子协商的可能性，来加快家庭内部的"去传统化"（detraditionalisation），成为家庭民主化的"推进器"。希勒斯（Heelas）把"去传统化"界定为权威的转移，导致个人越来越多地为自己作决定。[④]

对于青少年来说，手机使他们获得更多的活动自由，并且在家庭约束空间之外，拥有与父母讨价还价，争取更多自主权的手段；在很多情况下，手机是用来亲子之间的重新协商，而不是规定一个马上回

[①] Giddens, A., *Modernity and Self Identity*, Cambridge: Polity Press, 1991, p. 6.

[②] Giddens, A., *The Runaway World*, Cambridge: Polity Press, 1999, p. 92.

[③] Robin, A. L., Foster, S. L., *Negotiation Parent-adolescent Conflict: A Behavioural Systems Approach*, New York: Guilford, 1989, p. 257.

[④] Heelas, P., Lash, S. and Morris, P. eds., *Detraditionalisation: Critical Reflection on Authority & Identity*, Oxford: Blackwell, 1996, p. 134.

来的时间。

> 我和同学出去玩。如果超过时间点，就会打回去问爸妈："我还有事，能不能弄完再回去？"得到他们的同意后，我再玩一会儿再回去。(CY2，男，16岁，高一)

CD1（女，15岁，高一）指出自己与父母的协商是有条件的，取决于什么时间、去哪里、和谁去。

> "我和同学出去玩，白天一般会让我再玩一会儿，晚上一般不肯，而且要有熟悉的女生陪着才可以。每到一个地方要报告一下位置，一起去的同学号码要发短信给妈妈。"

在家庭决策上，青少年不再是被动的旁观者，而是拥有越来越多的发言权，即使在家庭的物理空间之外，还能与父母继续讨论协商，通过协商日益挑战着父母的权威。[①]

对于父母来说，手机使他们能够与孩子随时随地保持联系，并在一定程度上缓解他们日益增长的对于孩子遭受外来危险的担忧。因为父母可以利用手机进入孩子的生活空间，并作为"缺场的在场"影响孩子的行为和社会空间。

> PZ3（父亲，38岁，高中，个体户）对于与孩子协商改变对孩子的禁令有着清晰的界限。他允许有一定的灵活性和协商，但他会规定最晚回家的时间，如果儿子没按时回来，应打电话通知他们。
>
> "他没在规定时间回来，可以打电话回来告诉我们；我们会告诉他最晚回家的时间，一般是10点。但如果他不打电话回来，

---

① Valentine, G., "'Oh Yes I Can.' 'Oh No You Can't': Children and Parents Understandings of Kids Competence to Negotiate Public Space Safely", *Antipode*, Vol. 29, No. 1, 1997, pp. 65 – 89.

我们会打给他。"

很明显,手机已迅速融入了晚期现代家庭生活的实践中,使得亲子之间在"私人空间"之外,在更广阔的公共空间里的协商成为可能。孩子与父母之间日益增多的协商,被看作是晚期现代社会变化的结果之一。它强调两代人双向互动和平等的对话交流,以家庭协商式民主的方式来解决问题、化解矛盾、消除分歧。通过家庭协商,孩子能够提高沟通技巧,掌握自主权,建立自尊以减少亲子冲突,从而推动着家庭内部新型代际关系的建构。

第二节 亲子冲突:亲子关系的不谐音

"亲子冲突是亲子双方的不一致,这种不一致既体现在亲子之间目标的不一致,又体现在双方也感知到了这种不一致,并且以各种形式表露出来,例如言语形式和非言语形式。"[1] 亲子冲突既可以是显性的,如沉默、躲避、言语冲撞等,也可以是隐性的,如情绪、观点等的对立。

青少年阶段是儿童向成人转变的过渡时期——青春期,也是个体生理和心理逐渐走向成熟的阶段,是由儿童期依恋父母向成年期独立于父母的转变。在这一时期,生理的迅速发育和自我意识的高度膨胀,使青少年的成人感与独立感不断增强,其思维方式也发生转变,经常用审视和质疑的眼光看待父母,甚至反驳父母。与此同时,由于他们的认知能力、思维方式和社会经验带有很大的片面性,容易把父母的爱和教诲看作是对自己的束缚,再加上情绪的不稳定性,造成了这一时期容易产生亲子冲突。有的学者称之为"亲子关系的危机期"、"第二反抗期"或"急风暴雨时期",具体表现为依赖与独立、

---

[1] 俞国良、周雪梅:《青春期亲子冲突及其相关因素》,《北京师范大学学报》(社会科学版)2003年第6期。

和谐与冲突并存的矛盾状态。

随着手机的日益普及，手机也成为亲子冲突的导火索之一。

一 显性冲突：亲子交流的减少

现代通信技术——手机直接影响了家庭代际传播方式，让亲子之间的联系越来越便捷。但是，便捷并不意味着沟通频率的增多，也没有从本质上改变家庭代际传播的内容，父母和孩子的传播内容，更多地还是停留在学习和生活等浅表层面，鲜有触及孩子的心理层面。

与面对面人际传播——整体性的传播行为，具有强烈的情境性不同，手机传播通常是发生在特定情境断裂下整体性传播的肢解。"身体不在场"造成了传播情境的抽离与断裂，原本直接、全方位的家庭代际传播，逐渐转化为间接的、单一的传播；而且与面对面的人际传播相比，这种传播方式缺乏推心置腹的心灵交流，所传播的虚假信息更多，从而影响亲子之间的彼此信任。

还有些人（有时候是父母，大多情况下是孩子）沉迷于手机网络的虚拟世界，以至于他们都没有时间和现实中的家庭成员沟通，导致亲子交流的减少，亲子之间的疏离感越来越强。"在美国一项关于青少年（10岁到17岁）的研究表明，那些沉迷于网络世界的少男少女们与没有沉迷的孩子相比与父母的交流更少，而且更容易惹麻烦。"[①]

> 我在家里玩手机，不怎么理父母；把太多精力放在手机上，当面沟通少了很多，忽略了与父母的情感沟通。（CC5，女，20岁，大三）

[①] ［美］约瑟夫·A. 德维托：《人际传播教程（第十二版）》，余瑞祥等译，中国人民大学出版社2011年版，第303页。

二 隐性冲突：编码—解码的偏差

美国儿童心理学家朱迪思·斯梅塔娜（Judith Smetana）指出，青少年亲子冲突与亲子之间认知方式的差异有关。[①] 亲子冲突通常是因为亲子双方对于问题的认知偏差而产生的。

处于青春期的青少年，认知思维正处于从具体运算过渡到形式运算阶段，这使得他们在具备获取外部信息能力的同时，也初步发展了逻辑思维能力，增强了个体的独立自主性。但是，由于青少年的认知能力发展还不成熟，不可避免地会在逻辑判断上存在一定的偏差，从而导致了他们在与父母的沟通交流过程中产生摩擦冲突。此外，青少年不再盲目地服从于父母的权威，独立意识的不断增强，亲子之间在角色期待方面产生的分歧，也容易引发彼此之间的矛盾冲突。

手机的高度普及，在对家庭代际传播产生积极影响的同时，也无疑带来了引发亲子冲突的问题，即由于置身于新兴的技术情境下，对于新技术的不同适应能力而带来了亲子之间的编码—解码偏差。显然，孩子认为这来得太迟，父母则认为这来得太快。当双方的认知观点不一致时，亲子冲突就产生了。

（一）有手机 VS 无手机

现在的青少年都渴望拥有一部属于自己的手机，认为拥有手机是长大成熟的标志。手机提供了社会化的前期生活，成为他们生活中成熟蜕变的一种方式。

> 第一次有手机很开心，突然间有长大的感觉。（CY1，女，12岁，初二）

中学阶段，虽然除了职高学校之外，大多数中学都禁止学生携带

[①] Judith, G. Smetana, "Parenting Styles and Conceptions of Parental Authority During Adolescence", *Child Development*, Vol. 66, No. 2, 1995, pp. 299–316.

手机到校，但是这一规定似乎作用不大。

> 学校禁止带手机是没有用的条款，基本上我们都会带。(CX2，13岁，男，初一)

> 我们班很多同学都有这样的习惯，上课时把手机拿出来划一下，再放回书包里。(CZ1，男，14岁，初三)

青春期是个体建立自我认同的时期。在这一时期，青少年有极强的愿望与同伴在一起，与朋友进行沟通交流。因此，在此背景下，对移动电话的应用就很可能不单单是个体行为，而是他们将自身融进其所参与的同龄文化的结盟过程。① 如果没有手机，就会被同学们排斥在圈子之外，无法接受群体之间的信息，这种感觉是青少年不愿意体验的。

> 她（女儿）小时候没手机没感觉。(长大了)，没手机心情不好，说班上同学都有，一直念叨："阿妈，我的手机。"手机要用手划才要。孩子没有手机最好，但是她一直要，没办法。(PL4，母亲，37岁，小学，农民工)

但是有些家长反对，理由主要是担心中学阶段的孩子用手机与同伴长时间聊天，影响休息，耽误学业。还有些家长认为，孩子如果离开家求学或上大学，则会考虑给他们配备手机。

> 我高中毕业才有手机，之前怕耽误学习。他们（父母）说上大学一定要用。(CY8，女，20岁，大三)

---

① Fine, G. A., *With the Boys: Little League Baseball and Preadolescent Culture*, Chicago: University of Chicago Press, 1987, p. 133.

是否使用手机，涉及父母与子女之间的权力结构与说服策略。子女一般会以同学都有手机来说服父母为其购买手机，而父母往往以影响学习为由拒绝。这样，亲子之间围绕是否应该拥有手机产生了观点上的冲突。

- 母亲（PZ5，母亲，42岁，本科，公务员）："读书读不好，用什么手机。"
- 儿子（CW2，16岁，高一）："××同学学习比我差，他妈妈也给他买手机。没有手机，我怎么和同学联系？"

（二）智能手机 VS 普通手机

智能手机自问世以来，以它所具有的新奇、时尚、多变等流行元素契合了年轻人的心理特质，自然深受青少年喜爱。

智能手机功能挺多，能上微博、微信……天气、地图都有，很方便。(PZ5，女，17岁，高三)

此外，同辈群体的压力也是青少年希望拥有一部智能手机的原因。由于中学阶段是儿童向成人过渡的阶段，青少年开始逐渐疏远成人而热衷于同伴交往，对同伴倾注了越来越多的感情[1]，尤其看重自己在同伴群体中的位置。为了尽快让同伴接纳自己，青少年会很快和这个群体中的其他人一起吸纳某种现象，采取某种行为，表现出较强烈的从众行为。因此，青少年之间的同辈压力远比其他年龄层大，相互攀比、模仿的动力更强。

一些父母之所以反对孩子拥有智能手机，是因为对于孩子使用智能手机所引发的"信息迷失"，如自控力差、长时间上网、玩手机游戏，影响学习；手机网络上的垃圾信息、不良信息玷污心灵；助长孩

---

[1] 张文新：《青少年发展心理学》，山东人民出版社2002年版，第165页。

子的攀比心理等，产生深深的焦虑，甚至有的家长为孩子配置了"小灵童"手机（"小灵童"没有普通的数字键，不能发短信，也不能玩游戏。但可预设 5 个常用号码，分别是父亲、母亲、家庭、老师电话和一个自定号码。考虑到学生的接受程度，"小灵童"主要针对高中以下学生）。

很多父母直言后悔给孩子买智能手机，但是收不回来了，很无奈。

"以前还可以限定电脑玩 1 小时，控制他上网的时间；现在手机拿在手里，他上网看什么我们也不知道。没办法……"林女士很无奈地摇摇头。(PL3，母亲，39 岁，中专，护士)

——女儿（CZ5，女，17 岁，高三）："我妈一直想收回智能机，我不愿意。智能手机功能强大，能代替电脑的很多功能，用电脑比较麻烦。我都是用手机 QQ、手机微博和同学联系。"

——母亲（PZ2，45 岁，大专，公务员）："自从有智能手机后，学习退步很多。我很后悔的一件事。小孩子自制力比较差，发短信、上 QQ 占用很多时间。"

针对孩子出于从众心理要求买智能手机，有些家长明确表示反对。

——女儿（CR，14 岁，初二）："我们班同学基本上都有手机，大多是智能手机。"

——父亲（PR，41 岁，大学老师，博士在读）："她（女儿）想要智能手机，提了好几次，说同学都有。我觉得不应该助长孩子的这种高档、攀比的心理。她上网还没这能力，不良信息会污染空间，还怕她玩 QQ 游戏。"

（三）手机话费

手机话费问题也是引发亲子冲突的重要原因。

——母亲（PW2，46岁，高中，公司职员）："我去投诉这个月手机话费怎么会这么多？结果他们给我打了清单，你知道为什么，游戏……（气得就想打儿子）。"

——儿子（CY2，男，16岁，高一）自知理亏，什么也不说，连忙躲进自己的房间。

（四）手机 VS 学习

在中国，在中考、高考的重重压力下，学习成为中学生的首要任务，因此，中学生的学业成绩成为家长关注的焦点。一些家长片面地根据中学生的手机媒介活动是否有利于其学习成绩的提高为标准，来衡量手机媒介的价值和作用。一旦孩子出现成绩下降等现象，就将其归责于手机媒介，进而没收中学生的手机。手机在很大程度上与中学生的学习成绩紧密相连，成为父母奖励或惩罚孩子的一种手段。

——母亲（PW1，母亲，43岁，本科，中学老师）："手机一天到晚都捏在手里，你是在学习，还是在玩手机？"

——儿子（CL2，男，17岁，高三）："我在学习，偶尔看一下手机。"

——母亲："智能手机影响学习。"

——儿子："我觉得没影响。"

——母亲："没影响，你怎么从年段60多名掉到了200多名。上课还玩手机，说什么上课摸着手机提神。以前成绩还不错，我就算了。你要是考上好的大学，市面上的手机随你挑，苹果的也买给你。"

吴女士还告诉笔者："现在小孩都属'老鼠'，上课玩手机还不会让老师发现。有家长教我可以偷偷拿到街上，找人把孩子手机弄坏。可是，他（儿子）一天到晚手机都捏在手里，我没有办法。有一次他课间玩手机被老师没收了，我好开心呀，发了一条短信给老师：'谢谢！请不要把手机还给他。'我和儿子基本上没有什么冲突，就是因为手机吵架。"

而一旦进入大学，升学压力大大减轻了，父母对孩子手机使用的限制就放松了许多。

父母高中会管（手机），现在偶尔说一两句："不要玩太久。"（CL9，男，21岁，大三）
初中会查我的手机，怕早恋；手机游戏，高中受限制挺好玩，大学没限制不好玩。（CC5，男，18岁，大一）

此外，青少年利用手机加快其摆脱父母束缚的步伐，而父母希望通过手机延伸对孩子的控制，也引发了亲子之间的冲突。根据认知发展观点，青少年与父母之间的认知上转变早已发生，但是在初期，父母由于认知上的惯性，依旧认为有些问题是自己管辖范围的事，孩子却认为是属于自己的私人事务。这种亲子之间认知重组的不同步性，很容易成为亲子冲突的重要原因。

晚上我和关系很好的同学出去，我觉得还很早，八点多，他们（父母）就一直在催。（CD1，女，15岁，高一）

第三节 冲突调适：亲子关系的和谐构建

尽管在青春期的青少年与父母的冲突在增加，但是他们仍然需要与父母之间的亲近感，即亲子之间充满爱意的、稳定的、关注的联系，希望得到父母的关怀和帮助、倾听和理解①、爱和积极情感②、接受和赞许③，还有信任④。因此，充分利用手机技术，通过主体间的平等沟通和对话，信任机制的调整完善，手机技术的利用调适，在协同性发展中促进亲子关系的和谐构建。

一 信任机制的调整和完善

现代性动力机制之三是"自我反思"，乍看之下似乎与信任相差颇远，但是吉登斯把"反思"首先运用在了信任系统上。吉登斯指出："父母与子女之间的亲密关系是在儿童早期依赖的场景中形成的，但它们又是一种心理上的连接，在其中，幼儿发展了后期生活中用以激发亲密联系的种种能力。在现代性的境况下，儿童越是成熟和自主，就有越多的纯粹关系的因素在发挥作用。作为一种义务，一个离开家庭的人可能和父母保持着稳定的联系；但这种关系要深化的话，就必须反思地安排信任，包括双方可接受的承诺。"⑤

在高度现代性的社会，家长出于方便联系和安全的因素为青少年购买手机，希望能随时随地掌握孩子的行踪。随着孩子使用手机并建立起自己的交友圈，很多家长开始担忧：手机会不会影响学习？会不

---

① Drevets, R. K., Benton, S. L., & Bradley, F. O., "Students' Perceptions of Parents' and Teachers' Qualities of Interpersonal Relations", *Journal of Youth and Adolescence*, Vol. 25, No. 6, 1996, pp. 787–802.

② Young, M. H., Miller, B. C., Norton, M. C., & Hill, E. J., "The Effect of Parental Supportive Behaviors on Life Satisfaction of Adolescent Offspring", *Journal of Marriage and the Family*, Vol. 57, No. 3, 1995, pp. 813–822.

③ Bomar, J. & Sabatelli, R. M., "Family System Dynamics, Gender and Psychosocial Maturity in Late Adolescence", *Journal of Adolescent Research*, Vol. 11, No. 4, 1996, pp. 421–439.

④ Kerr, M., Stattin, H., & Trost, K., "To Know You is to Trust You: Parents' Trust is Rooted in Child Disclosure of Information", *Journal of Adolescence*, Vol. 22, No. 6, 1999, pp. 737–752.

⑤ [英] 安东尼·吉登斯：《现代性与自我认同》，赵旭东、方文译，生活·读书·新知三联书店1998年版，第111页。

会经常玩手机游戏？会不会上课玩手机？会不会结交不良朋友……种种的焦虑使家长惴惴不安，于是有些家长开始揣测、怀疑，甚至偷听孩子打电话，查看孩子的通话记录、手机短信，企图发现孩子异常的蛛丝马迹。在发现父母的异常行为之后，青少年会采取相应的策略反抗父母的这种监控，如设手机密码，删掉短信和通话记录等。这种"控制与反控制"的行为，无疑增加了亲子之间的不信任感，产生信任危机。

> 手机只是一个通信工具，大人能用，我们为什么就不能用？家长把问题想得太严重了，实际上是缺少对我们的信任。（CZ2，女，13岁，初二）

> 只要我玩手机，他们（父母）一刻不能容忍，认为我玩手机就是不务正业，说："不要一直玩"；我说我在看新闻，他们不相信；后来我把新闻念给他听，他们才相信。（CY7，女，21岁，大三）

> 我的手机会设密码，主要是男生之间开玩笑，有时说话方式怕父母误会。（CW5，男，19岁，大二）

（一）信任的构建：亲子之间的自我表露

"基本信任在个人化的情境下只有通过自我向他人'敞开胸怀'才能确立"[1]，"寻求信任的首要条件不是缺乏权利而是缺乏完整的信息"[2]。因此，父母和孩子彼此之间的自我表露是建构信任机制的基础。

自我表露（self-disclosure）这一概念最早是由朱拉德（Jourard）

---

[1] ［英］安东尼·吉登斯：《现代性的后果》，田禾译，译林出版社2000年版，第109页。

[2] 同上书，第29页。

提出，它是指个人将自己的相关信息透露给与其进行交流的人。① 现在公认最为权威的定义：个体将自己的包括思想、感受和经历等信息透露给他人，在发展和维持亲密关系上起重要作用。②

自我表露具有以下三个特征：内容上的选择性，即表露的信息是经过选择的；行为上的自愿性，即完全是出于自愿，而不是因为迫于外界压力或他人诱导；目的上的明确性，即表露时应说明什么问题、达到什么目标，在表露前就较为明确，并非随心所欲。

根据社会心理学家的研究成果，自我表露是人际传播的一种重要的形式，它在人际关系发展中扮演着重要的角色，是衡量亲密关系的重要指标。泰勒、佩普劳和希尔斯（Taylor，Peplau&Sears）也指出，自我表露是使关系更加亲密的重要途径，关系中亲密程度的发展来自于自我表露的累积。③ 由于信任与亲密关系密切相关，因此，它隐含在自主性和坦诚之间维持平衡，此种平衡对于维持亲密关系之间的交换是必不可少的。④

已有研究发现，人们相互之间在网络上的自我表露，比面对面的自我表露速度更快、层次更高，⑤ 也就是说，人们在网络上会更愿意

---

① Jourard S. M., Lasakow P., "Some Factors in Self-disclosure", *Journal of Abnormal and Social Psychology*, Vol. 6, No. 1, 1958, pp. 91–98.

② Derlega V. J., Metts S., Petronio S., et al., *Self-disclosure*, London: Stage Publications, Inc., 1993, p. 1.

③ ［美］泰勒、佩普劳、希尔斯：《社会心理学（第10版）》，谢晓非等译，北京大学出版社2004年版，第286页。

④ ［英］安东尼·吉登斯：《现代性与自我认同》，赵旭东、方文译，生活·读书·新知三联书店1998年版，第109页。

⑤ Joinson, A. N., "Self-disclosure in Computer-mediated Communication: The Role of Self-awareness and Visual Anonymity", *European Journal of Social Psychology*, Vol. 31, No. 2, 2001, pp. 177–192; Levine, D., "Virtual Attraction: What Rocks Your Boat", *CyberPsychology and Behavior*, Vol. 3, No. 4, 2000, pp. 565–573.

表达自己真实的思想情感。① 在手机传播中，由于传播双方的暂时性缺场会减少亲子双方在视觉可见下的压力，表达会更加直接和无所禁忌，更容易吐露个人内心的真实情感，更自由地表达"真实"的自我。

因此，在家庭代际传播中，父母可以充分利用手机 QQ、手机微博、微信等作为自我表露的平台，及时传达给孩子关于自己的信息，包括经历、观点、情绪、爱好等，使青少年能够从父母的生活经历和观点中汲取成长的力量。例如家长可以描述在某种情境下，以某种错误的方式处理了某个问题，强调其行为的不良后果，从而影响孩子的行为。已有研究发现，父母表露对青少年的社会适应起到重要作用：如贝尔德（Baird）认为，父母表露其青少年时的情感和经历，对于孩子的自尊及社交能力有直接的影响，其中父亲的自我表露对孩子的社交主动性有正向影响；② 多尔金（Dolgin）研究指出：父母可以利用自我表露作为教育子女的工具。③ 米勒（Miller）发现，青少年能够从父母表露的个人经历和观点中学习生活。④

与此同时，青少年通过及时地向父母自我表露，与父母分享使用手机的体验，从父母那里获得反馈；同时适时地通过手机宣泄情绪，获得父母的情感支持。已有研究发现，在自我表露的互动过程中，青少年可以通过他人的反馈更为全面地了解自我，促进自我认同的发

---

① Ben – Ze'ev, A., "Privacy, Emotional Closeness, and Openness in Cyberspace", *Computers in Human Behavior*, Vol. 19, No. 4, 2003, pp. 451 – 467.

② Baird, T. C., "The Effects of Parental Self – disclosure and Connection on Parent – child Relationship Satisfaction and Their Effects on Child Social Initiative and Child Self – esteem", *Humanities and Social Sciences*, Vol. 62, No. 11, 2002, p. 3948.

③ Dolgin, K. G., "Parents' Disclosure of Their Own Concerns to Their Adolescent Children", *Personal Relationships*, Vol. 3, No. 2, 1996, pp. 159 – 169.

④ Miller, J. B., "Parental Disclosure From the Perspective of Late Adolescents", *Journal of Adolescence*, Vol. 16, No. 4, 1993, p. 439.

展。① 自我表露还有助于降低亲子之间的神秘感，建立起信任型的亲子关系。因为自我表露有缩短心理距离、增进人际信任的功能;② 青少年对父母的情绪自我表露与家庭沟通的开放性、家庭亲密性和青少年对家庭关系的满意度有最强的联系。③ 父母的信任主要源于他们对孩子了解的多少以及哪些方面。青少年每天都主动地向父母讲述他们的日常活动，则使他们在各方面都会得到信任。④

我有时会主动带着他们（父母）看我的手机，并给他们解释。(CF2，男，19 岁，大一)

(二) 信任的完善: 尊重青少年的手机使用惯习

在青少年使用手机的过程中，父母应尊重他们不同的使用习惯，尊重他们使用手机的隐私权，给予他们充分的信任空间，满足他们获得更大自主性的需求。同时，父母要清楚地认识到，青少年的自主性不是一下子就实现的，它与青少年对父母的依赖需求是同时存在的⑤，因此在必要时家长应给予孩子一定的监督和教诲。"信任必须适应双方可能遵循的不同发展轨道。总是允许给信任以某种自由。信任某人意味着放弃某人的密切监视，或迫使他们依据某种特定模式活动。而给予别人自治性则大可不必用于满足对方的各种需要。"⑥

---

① Davis, K., "Friendship 2.0: Adolescents' Experiences of Belonging and Self-disclosure Online", *Journal of Adolescence*, Vol. 35, No. 6, 2012, pp. 1527–1536.

② 邱蕾:《人际关系中的自我暴露》,《社会心理科学》2009 年第 3 期。

③ Papini, D. R., &Farmer, F. F. et al., "Early Adolescent Age and Gender Differences in Patterns of Emotional Self-disclosure to Parents and Friends", *Adolescence*, Vol. 25, No. 10, 1990, pp. 959–976.

④ 雷雳:《发展心理学》,中国人民大学出版社 2009 年版,第 237 页。

⑤ 张文新:《青少年发展心理学》,山东人民出版社 2002 年版,第 129 页。

⑥ [英] 安东尼·吉登斯:《亲密关系的变革——现代社会中的性、爱和爱欲》,陈永国等译,社会科学文献出版社 2001 年版,第 181 页。

吴女士（PW1，43岁，本科，中学老师）说，有一次她在手机上看了台湾作家张文亮的作品《牵一只蜗牛去散步》，特别有感触，就和几位同事交流，反省他们自己作为父母，对于孩子有时是不是太急于求成，其实教育孩子就像牵一只蜗牛去散步。

正像米德所说的："没有父母的照料，孩子永远学不会说话。没有相信他人的经历，孩子将无法成为一个值得信赖的社会成员，他既不会爱别人，也不会照顾别人。"①"一个没有机会进行自我掌控的孩子，不可能学会自我控制。一个不被信任、总是被当小偷一样提防的孩子，很难发展出诚信、自尊的品质。"② "家长只需把信任还给孩子，让孩子获得自我管理的权力。而这种权力的下放，必然会唤起孩子内心的自尊感和责任感，培养出孩子的自我管理能力。"③ 因此，信任机制的调整和完善，对于青少年身心的健康发展和改善家庭代际传播的质量至关重要。

二 手机新技术的利用调适

"'驯化'原本是一个生物学的概念，意思是指人类饲养培育野生动物使其野性逐渐改变并顺从驱使。在这里，'驯化'指人们对科技手段的掌控。"④

罗杰·西尔弗斯通（Roger Silverstone）则聚焦于日常生活实践中技术的使用者，认为他们与技术的关系才是最普通的人与技术的关系。他用驯化来隐喻一种技术产品（大多时候是传媒）从商品市场

---

① ［美］玛格丽特·米德：《文化与承诺——一项有关代沟问题的研究》，周晓虹、周怡译，河北人民出版社1987年版，第94—95页。

② 尹建莉：《让孩子成为自由的人》，http://edu.qq.com/a/20150615/041706.htm，2015年6月15日。

③ 同上。

④ ［英］戴维·莫利：《传媒、现代性和科技——"新的地理学"》，郭大为等译，中国传媒大学出版社2010年版，第195页。

进入家庭日常生活中，给家庭带来的影响。这实质上是一个使用者与技术双向互动的过程。

作为一种新兴的通信技术，手机也需要接受它的家庭将它驯化（domestication）。就像驯化野生动物一样，技术的驯化是一种过程，我们使某物隶属于我们，并受我们的控制。总而言之，手机技术被驯化，并且在对其"驯化的期待"中，体现了我们所理解的家庭生活情境，以及手机在维持家庭代际传播时所扮演的角色。

西尔弗斯通"把驯化的过程划分为四个阶段：占有（成为一项技术产品或技术服务的主人）、客体化（展示的过程）、合并（使用并将其嵌入日常生活中）以及转化（对技术产品的使用型塑着使用者与他人的关系）"。[①]

(一) 提升父母的手机媒介素养

家庭是青少年大部分媒介行为的发生场所，也是他们受媒介影响的主要情境。

家庭教育是青少年手机媒介素养最为有效的传播路径。家长在青少年手机媒介素养教育中扮演着双重角色：一是作为教育孩子的传播主体，二是作为受教育的传播客体。作为青少年在媒介传播活动中所学习的重要"初级群体"，作为孩子在信息时代的最佳监护者和引导者，家长唯有继续社会化，不断接受手机媒介素养教育，达到与时俱进，才能及时跟上时代发展的步伐，与子女在手机平台进行顺畅的沟通和交流，并有针对性地对子女开展指导。

手机媒介素养是指人们正确地认识手机媒介，有效地利用手机，面对手机媒介传播的各种信息具有选择、评价、批判能力，创制手机媒介信息的能力，并理性地利用手机媒介为其生存发展服务的一种综合能力。[②] 具体来说，主要包括以下四方面内容：(1) 个体对手机应

[①] 陈凡：《技术使用者：技术哲学应该关注的一个对象》，《东北大学学报》（社会科学版）2008年第11期。

[②] 李春梅、李思齐：《大学生手机媒体媒介素养教育研究》，《青年记者》2012年第11期。

用功能的掌握：包括对接打电话、收发短信、手机 QQ、微信、微博等功能的掌握和操作；（2）对手机媒介信息的认知：包括对手机媒介信息的选择、理解、质疑和评估能力；（3）对手机媒介信息的创作、分享与发布：包括对手机媒介信息的有效利用、传播和创造能力，以提升自身，促进社会发展；（4）对手机媒介的合理利用：包括合理掌控手机媒介在生活中的角色，合理安排使用手机的时间。[1]

父母可以通过"了解、学习"两个途径提升自身的手机媒介素养。"了解"是指父母充分了解孩子，细心观察他们运用手机媒介做了什么，哪些有益，哪些可能存在风险；"学习"就是父母要及时了解自己在手机媒介素养方面的不足，继而通过对手机新功能的不断了解和学习，建立起共通的"信息平台"，使亲子双方拥有一个协同性发展的交往平台，从而更好地进行交流和沟通，成为亲子亲合的黏合剂。

（二）父母手机使用惯习的影响

法国社会学家皮埃尔·布尔迪厄（Pierre Bourdieu）指出：人们经由惯习（habitus）来处理社会世界。而惯习形成于社会结构，任何人身上的惯习都是和他自身生活历程密切相关的。家庭影响着青少年惯习的形成。[2] 因此，青少年的媒介兴趣需求、媒介使用惯习同样也受到了其成长的家庭因素和父母媒介使用习惯的影响。正如库丹斯（Kundanis）等人指出的，父母会对青少年的媒介使用产生全面影响，他们的媒介接触方式会导致青少年相似的媒介行为。这说明青少年的媒介使用行为，一方面是其使用与满足的结果，即通过媒介接触获得了解社会信息、娱乐消遣等个体需求的满足；另一方面，也是社会学习的结果，即通过对周边人物接触媒介行为的学习，形成自己的行为

---

[1] 周金辉：《大学生手机媒介素养研究综述》，《软件导刊》2014 年第 2 期。
[2] [美] 乔治·瑞泽尔：《当代社会学理论及其古典根源》，杨淑娇译，北京大学出版社 2005 年版，第 191—192 页。

惯习。①

因此，家长在手机使用上最好要遵循"渗入性原则"，以身作则、率先垂范，要求孩子遵守的，自己也不能违反。父母的言传身教以一种隐性的方式对青少年产生着举足轻重的影响。因为这种示范与学校里单独设立课程的形式不同，更多是一种隐性教育，需要渗入到平时生活之中。示范的最佳方式和结果就是能让成长中的青少年在不知不觉中，形成独立健康的手机使用惯习，最终成为一种生活方式，习惯成自然。

（三）父母的适度介入

家长对孩子使用手机往往有两种态度：一是严格控制，甚者禁止孩子使用手机，往往导致孩子的逆反心理；二是家长缺乏手机媒介素养，放任自流。这两种态度都不利于培养孩子健康地使用手机。只有家长适当地介入，才能指导孩子健康地使用手机，使手机技术在促进亲子亲合、缓解亲子冲突方面发挥重要的作用。

1. 父母介入理论（Parental Mediation）

父母介入理论是西方学者自 20 世纪 80 年代以来，在研究媒体与家庭传播研究中运用较多的一种理论。它着重讨论的是家长如何利用家庭人际传播来减轻媒体（如电视、电脑、手机）对其子女的负面影响。②

已有研究对于父母介入行为有不同的划分方法，比较有代表性的划分方法主要有以下几种：

（1）有学者认为，父母介入行为可分为四种类型：

限制型介入（restrictive mediation）或规则制订型介入（rulemaki

---

① Rose M. Kundanis, *Children, Teens, Families, and Mass Media: the Millennial Generation*, N. J., Lawrence Erlbaum Associates, Inc., 2003, pp. 105 – 108.

② Livingstone, S., *Young People and New Media*, Thousand Oaks, CA: Sage Publications, 2002, p. 168.

ng mediation)。① 施行这种介入方式的父母会直接设定规则，控制子女媒介使用的次数、时间或内容。

评价型介入（evaluative mediation）、启发型（instructive）或主动型介入（active mediation）。② 这种介入方式指的是父母和子女讨论特定的节目内容，不管是在观看当下或者事后。例如父母解释现在电视上正发生了什么事，而哪一类型的节目是作假的，而主角所做的事情那些是好的，哪些又是不好的。③

无目的型介入（unfocused mediation），这个概念主要源自于拜比④，其内涵主要与瓦尔肯堡等（Valkenburg et al.）⑤ 所指的"社会型共视"（social co-viewing）相同，是指父母与青少年一起使用媒介，但并不进行积极讨论；这是一种松散（unstructured）、随意的（relaxed）取向，不具任何教育意图。

共视（co-viewing），指的是父母和子女一起观看电视，但并不

---

① Bybee, C. R., Robinson, D., & Turow, J., "Determinants of Parental Guidance of Children's Television Viewing for a Special Subgroup: Mass Media Scholars", *Journal of Broadcasting and Electronic Media*, Vol. 26, No. 3, 1982, pp. 697-710; Nathanson, A. I., "Identifying and Explaining the Relationship Between Parental Mediation and Children's Aggression", *Communication Research*, Vol. 26, No. 2, 1999, pp. 124-143.

② Austin, E. W., "Exploring the Effect of Active Parental Mediation of Television Content", *Journal of Broadcasting and Electronic Media*, Vol. 37, No. 2, 1993, pp. 147-158.

③ Valkenburg, P. M., Krcmar, M., Peeters, A. L., & Marseille, N. M., "Developing a Scale to Assess Three Styles of Television Mediation: 'Instructive Mediation', 'Restrictive Mediation' and 'Social Coviewing'", *Journal of Broadcasting and Electronic Media*, Vol. 43, No. 1, 1999, pp. 52-66.

④ Bybee, C. R., Robinson, D., & Turow, J., "Determinants of Parental Guidance of Children's Television Viewing for a Special Subgroup: Mass Media Scholars", *Journal of Broadcasting and Electronic Media*, Vol. 26, No. 3, 1982, pp. 697-710.

⑤ Valkenburg, P. M., Krcmar, M., Peeters, A. L., & Marseille, N. M., "Developing a Scale to Assess Three Styles of Television Mediation: 'Instructive Mediation', 'Restrictive Mediation' and 'Social Coviewing'", *Journal of Broadcasting and Electronic Media*, Vol. 43, No. 1, 1999, pp. 52-66.

会针对节目内容来进行讨论。①

（2）尼克和扬茨（Nikken & Jansz）曾研究父母介入子女的电玩使用行为，发现和电视一致的三种介入行为：限制型（restrictive mediation）、主动型（active mediation）和共玩型（co-playing）。②

（3）根据利文斯通和黑尔斯柏（Livingstone & Helsper）的研究，父母介入可分为四种方式：

主动共用型（active co-use）：父母陪同子女使用或讨论媒介，并限制子女部分媒介使用行为（例如提供个人资料、购物等）。

互动限制型（interaction restrictions）：父母限制子女上聊天室、使用即时通讯、玩线上游戏、下载。

技术限制型（technical restrictions）：父母采取监视软件、过滤机制等限制子女的媒介使用。

监视型（monitoring）：父母检查子女曾上过、看过或用过的内容。③

2. 父母对青少年手机使用的介入方式

在家庭代际传播过程中，父母对于青少年使用手机，宜疏不宜堵，既不能无限夸大它对孩子的危害，也不能漠视它存在的问题，而是应该适度介入，正确引导孩子健康地使用手机。根据父母介入理论，父母可采取以下几种介入方式：

（1）限制型（规则制订型）介入

首先，亲子之间协商制订手机使用计划，具体包括青少年手机上网和玩手机游戏的时间、频率、时长、访问内容等手机使用准则，如

---

① Dorr, A., Kovaric, P., & Doubleday, C., "Parent-child Coviewing of Television", *Journal of Broadcasting and Electronic Media*, Vol. 33, No. 1, 1989, pp. 35-51.

② Nikken, P., & Jansz, J., "Parental Mediation of Children's Videogame Playing: A Comparison of the Reports by Parents and Children", *Learning Media & Technology*, Vol. 31, No. 2, 2006, pp. 181-202.

③ Livingstone, S., & Helsper, E., "Parental Mediation and Children's Internet Use", *Journal of Broadcasting and Electronic Media*, Vol. 52, No. 4, 2008, pp. 581-599.

告诉他们什么时候可以使用手机，什么时候不能使用；提醒孩子手机通话时，应使用简练的语言，有事说事，长时间打扰、占用同学的时间是不礼貌的行为，并要切实执行，该坚持的原则坚决不能让步，不能因青少年一时不情愿远离手机媒介而妥协；不能拿手机媒介接触作为奖惩的项目，否则只会加重手机媒介对青少年的诱惑力。因为习惯是由行为的多次重复养成的，一次次的规范能够引导孩子规范自身的手机使用行为，形成良好的手机使用习惯。

美国一位13岁孩子的母亲——霍夫曼在送给孩子一部崭新的iPhone的同时，也附带了一份"iPhone家规"。虽然家规条款未必每一条都适合中国的家庭，但父母与孩子以协商的方式来制定手机使用规则，值得中国的青少年家长，尤其是未成年人家长的借鉴和思考。

亲爱的格雷戈里：

圣诞快乐！现在你已经骄傲地成为一部iPhone的拥有者了。太棒了！你是一个优秀的、有责任心的13岁男孩，理应得到这份礼物。不过在接受这份礼物的同时，你还得遵守一些规章制度。请把下面的使用合约从头至尾读一遍。我希望你能明白，我的职责是把你培养成一个全面发展、身心健康、对社会有益的年轻人，从而能够适应新技术且不被其左右。如果你没能遵守下列约定，我将终止你对这部iPhone的所有权。

1. 这是我的手机，我付钱买的。我现在把它借给你用了，我是不是很伟大？

2. 手机密码必须要让我知道。

3. 如果电话铃声响了，就一定要接听，因为这是一部电话。接起电话要说"你好"，要有礼貌。永远不要因为来电显示是"妈妈"或者"爸爸"，就故意不接。永远不要这样做。

4. 周一至周五晚上7：30、周末晚上9：00，准时把手机交给我或你爸。我们会把手机关机，到第二天早上7：30再开机。

如果你不愿意给某个朋友家的座机打电话，因为他的父母可能会先接起电话，那就不要打，也不要用手机给他发短信。要听从自己的直觉，尊重别人的家人，就好像我们希望得到别人的尊重那样。

5. 手机不能带到学校。你要学会与那些你用短信联系的人面对面地聊聊天，因为这是一种生活技能。如遇到只上半天课、外出参观学习以及有课外活动等情况，可另行考虑。

6. 如果手机掉进厕所、摔到地上或是不翼而飞，你得承担更换零件的费用或负责维修。你可以修剪草坪、替别人看孩子或者把一部分生日礼金存起来。这样的事难免发生，你应当做好准备。

7. 不要利用这个高科技产品说谎、愚弄或者欺骗他人。不要在电话里说一些伤害他人的话。要做一个良友，或者干脆远离争端。

8. 远离色情内容。用手机上网时，只能搜索和浏览那些可以坦然与我分享的信息。如果你对任何事情有疑问，可以找个人问问，最好是问我或者你爸。

9. 在公共场合要把手机设成静音，并收起来放好，尤其是在餐厅、电影院或者与另一个人交谈的时候。你不是一个无礼的人，不要让 iPhone 改变这一点。

10. 不要发送或接收你或者其他任何人身体私密部位的图片。不要笑。不要以为你很聪明，有一天也会被诱惑去做这样的事。这有很大的风险，可能会毁掉你中学、大学乃至成年后的生活。这永远是个坏主意。网络空间浩瀚无边，其力量远比你想象的强大，你很难让任何诸如此类的大事不留痕迹，包括坏名声。

11. 不要无休止地拍照和录像，没有必要把一切都记录下来。要用心体验生活，这些生活经历将会在你的记忆中永存。

12. 有的时候可以不带手机出门，并且决定这么做时要心无挂碍，不要觉得不安。手机不是活物，也不是你身上多长出来的东西,要学会抛开手机生活。不要总是生怕自己错过了什么,要让自己的内心更强大。

13. 下载一些新潮的、古典的或者与众不同的音乐,不要像你的无数同龄人那样,全都听一模一样的歌。你们这一代人有着史上无人能及的便利条件,可以接触各种各样的音乐。好好利用这个优势,开阔你的眼界。

14. 不要总盯着手机,抬起头来,留意你周围发生的事情,看看窗外,听听鸟鸣,散散步,和陌生人说说话。保持一颗好奇之心,不要总用谷歌寻找答案。

15. 假设有一天你把生活搞得一团糟,那时我会收回你的手机。我们会坐下来谈心,然后再从头开始。你和我都在不断学习。我是站在你这边的"队友",让我们共同面对。

我希望你能同意这些条款。以上所列举的大部分告诫,不仅仅适用于这部 iPhone,也适用于你的生活。今天的世界瞬息万变,惊险刺激又充满诱惑,你成长于这样的环境,不论何时都要尽量保持淡定。要相信你睿智的头脑和强大的内心,不要被任何机器左右。我爱你。希望你喜欢这部超级棒的新 iPhone!圣诞快乐!①

其次,父母可采取合理手段监管青少年手机上网:家长可以关注孩子经常浏览的手机网站、网络聊天的对象、留意孩子的情绪和行为是否异常。一旦发现孩子的不当手机网络行为,不能采取训斥、打骂等惩罚性手段,甚至直接断网或没收他们的手机,而应采取巧妙的手段对孩子进行引导,必要时寻求专业协助。

最后,家长还可以在孩子手机中安装过滤软件,帮助家长有效地对孩子的手机上网进行过滤。

---

① 慵者风语:《看美国家长如何教育孩子使用手机》,http://blog.sina.com.cn/s/blog_3e708ca90102uyqk.html,2014 年 7 月 24 日。

(2) 评价型介入

父母在给孩子配置手机的同时，应承担起教育孩子如何正确使用手机的职责。家长应进入孩子的手机世界，与孩子经常就手机使用问题展开讨论交流，共同讨论手机使用的利弊得失，分享手机使用的心得体会，引导孩子正确认知手机媒介，增强对手机媒介信息的选择、理解、质疑和评价能力；提升对手机媒介信息的有效利用、传播和创造能力；告知孩子手机使用礼仪、手机隐私保护、手机网络风险应对及处理等方面知识；指导孩子合理掌控手机媒介在生活中的角色，合理安排使用手机的时间，更充分有效地利用手机媒介来为自己的生活学习服务；鼓励孩子进行有意义的手机使用活动，并积极参与到孩子的手机使用活动中，使手机使用成为一种家庭活动。在孩子出现"技术迷思"时，能给予孩子有效的督促和指导。

此外，父母还应将青少年的兴奋点和注意力有效地从手机媒介转移至印刷媒介或其他的户外活动中，来缓冲手机媒介的吸引力，使青少年每次手机媒介接触后能够易割舍，在心理上更容易承受从虚拟世界到现实世界的转换，避免其过度迷恋手机媒介。

简而言之，在青少年早期和中期，家长积极的干预和监管很重要；在青少年晚期，家长多留意孩子的手机使用，通过分享与讨论，能有效加强青少年手机媒介素养。

(3) 以手机为中介的情感介入

西方研究发现，融洽的家庭结构和亲子关系能够很大程度上帮助青少年免受媒介的负面影响。[①] 父母通过家庭内社会资本（亲子互动的数量和质量）和家庭间社会资本（社会支持网和家长的参与）影响青少年。[②]

---

① Council of Economic Advisers, *Teens and Their Parents in the 21st Century: an Examination of Trends in Teen Behavior and the Role of Parentas Involvement*, 2000, Washington D. C.: National Inst. of Child Health and Human Dellelopment, 2000, p. 18.

② 张坤、纪林芹、宫秀丽等：《小学儿童母亲抚养困难及其相关因素的研究》，《山东教育科研》2002年第5期。

因此，亲子之间应充分发挥手机在亲子联系中的作用。父母不能因子女不在身边而忽略与子女的交流。恰恰相反，父母更应在有空的时候多与子女沟通，因为相隔遥远更应拉近彼此之间心灵的距离。父母与子女的沟通不仅能让父母了解、关心子女的健康、学业及心理上的实时情况，而且能在一定程度上减少青少年因在网络上虚拟交流所带来的负面影响，能更好地监督和指导子女安全地使用手机。

第六章

高度现代性：代际传播嬗变的新语境

"高度现代性的特征，在于对自然力理性的广泛怀疑，以及对科学和技术作为双刃剑的认可（即认为科学和技术为人类创造了新的风险和危险的系数，但也为人类提供了有益的可能性）。"①

手机技术并不是赤裸裸地来到社会，也不是孤立于其他信息和传播的媒介，必须把它放到技术、社会和文化交织在一起的结构中去考察，正是这个结构把家庭代际传播融汇到一个更为复杂的文化与技术的社会整体中。

正如罗杰斯所说："一种技术通常被嵌入到一个社会结构之中，这一社会结构影响技术的发明、发展、扩散，影响技术对于社会的作用……但是，技术的这一社会嵌入，并不诋毁以下事实，即技术可能成为社会变化的一种动力，只是它并非成为唯一的动力。"②

第一节 技术：手机媒介的生产和消费

生产和消费——它们是出自同样一个对生产力进行扩大再生产并对其进行控制的巨大逻辑程式的。该体系侵入人们的思想，嵌入了人们的日常伦理和意识形态之中：具体表现为对需求、个性、享乐等方

---

① [英]安东尼·吉登斯：《现代性与自我认同》，赵旭东、方文译，生活·读书·新知三联书店1998年版，第30页。

② [美]E. M. 罗杰斯：《传播学史：一种传记式的方法》，殷晓蓉译，上海译文出版社2002年版，第510页。

面的解放。①

手机传播技术是现代人的一种传播方式，同时也是一种生活方式。借助手机传播技术，人们能够随时随地相互交流信息，交换反应的地球村已然出现。人类第一次共同生活在具有永恒联系的社会中，无论身处世界上的任何地方，都可以很快知道彼此身上所发生的事情。孩子不会再像过去那样事事都向父母请教，父母的经验已不足以解释和解决当今日新月异的技术问题；而且与父母相比，孩子比父母能更快地适应新技术的革新，这种体验是过去时代从未有过的。

只有了解手机使用的供需关系脉络，才能为了解家庭代际传播奠定理论全景的基础。

一　作为新生产力的征象

手机媒介的生产与消费不是静态、单向的关系，而是动态、双向的关系。一方面，手机产商在商机和利润的驱使之下，通过市场的调查分析，了解社会大众的消费心理，不断研发新技术，推出新产品，使手机从单一语音媒介向短信、彩信及多媒体视讯等多元化媒介转变，不仅将大众的消费倾向具体化、固体化，而且将消费者的需求转化为渴望，培养、型塑着社会大众对手机的需求；另一方面，社会大众受到了科技产品和商业广告的刺激与诱惑，逐渐认知、接受对手机的需求，以扩大并满足他们的生活需要，并使之纳入日常生活体系。②

手机的生产、消费轨迹或模式就像许多电子媒介一样，原先是借由炫耀性消费，显示社会地位的奢侈品。但是 20 世纪 90 年代之后，我国的数字化信息技术产业迅速地从传统的基础产业中脱颖而出，成长为我国国民经济最大的综合性支柱产业。在此背景下，移动通信产业在中国获得超常发展。技术的日新月异，生产成本的不断下降，使

---

① ［法］让·鲍德里亚：《消费社会》，刘成富译，南京大学出版社 2008 年版，第 64 页。

② 王佳煌：《手机社会学》，学富文化事业有限公司 2005 年版，第 20 页。

手机逐渐转变为普及的科技产品。这就使手机进入寻常百姓家成为可能。

人们使用手机,已经不再是单纯的通信行为,而是在不知不觉中成为生产消费者。一方面,人们在消费着手机这种商品和手机聚生的各种资讯,如新闻、娱乐、生活简讯;另一方面,也把手机当作生产工具,按照自己的喜好和兴趣不断生产着各种信息(收发资讯)。这就是手机生产兼具消费的特异之处。

二 媒介消费的社会驯化

罗杰·西尔弗斯通(Roger Silverstore)提出的驯化理论多用于研究现代科技产品,如电视、电脑、手机和多媒体等。作为科技产品,它们具有两种面孔,作为技术的物与作为媒介的物。从驯化理论的应用研究来看,其研究旨趣也分为技术取向与媒介取向。技术取向研究的目的是改进技术,因此注重技术的设计与使用反馈;而媒介取向研究利用驯化理论的目的是分析媒介给社会带来的改变。

就西尔弗斯通来说,他更关注媒介驯化而非技术驯化的过程,体现了媒介作为物的社会生命历程。"传媒的生命历程是技术商品、符号环境及特殊文本角色的转换过程。"[①] 技术商品表明媒介的商品属性,其旨在研究媒介的形象、消费、符号环境代表媒介植入家庭之后,从时间和空间等方面改变家庭生活的状态;文本是指把媒介作为一种将家庭与社会语境联系起来的特殊文本。家庭的边界表征是指媒介从消费市场进入并通过家庭联系更为广阔的社会场域,从而完成驯化的过程。驯化理论研究超越了技术消费研究,强调媒介进入社会的全过程而非仅仅局限于消费。此外,驯化也突破了媒介的技术角色,表明了媒介研究的落脚点是日常生活而非技术本身。

在驯化理论的视角下,家庭是手机使用的主要语境。手机媒介透

[①] 费中正:《作为技术商品、符号环境和特殊文本的传媒——斯弗斯通的驯化理论探析》,《学术论坛》2011年第11期。

过人们的消费进入日常生活之中，在改变家庭生活的同时被不断地驯化。在亲子关系中，手机媒介被赋予一种反控制的形象。例如，父母担心子女沉迷于手机影响学习；手机网络上的不良信息会污染孩子的成长空间；由于青少年各方面还没有发展成熟，更容易受到商业消费主义的影响，因此他们的手机消费并不一定理性和客观，可能受新闻报道、广告、同伴的驱动和影响而不断升级，具体表现为冲动、攀比和炫耀消费。如今，手机对于一些青少年而言，已经成为一种追求时尚、张扬个性和互相炫耀的资本。尽管他们可能不一定知道第一代、第二代、第三代手机的差异，只是模模糊糊感觉到"3G"比"2G"功能更多，苹果手机比一般手机高端，所以要用更好、更先进的手机，学习不断更新的操作方式与技巧；不只使用手机打电话，还要用手机上网、玩游戏、传输文件和图片、观看音视频等。

　　手机媒介还解放了家庭的物理空间，造成家庭公共空间与私人空间的重组，模糊了传统的家庭成员角色分工，打破了区隔孩子（受保护）与父母（保护）的家庭边界，使得家庭不再是具有明确边界的物理空间。这些都使得父母开始担心，形成媒介恐慌。

　　与此同时，人们对手机媒介进行符合原先功能或不符合原先功能的操作、利用，以满足自己在生活方面的某些需求。手机也以安全性、现代性、娱乐及生活必需品的形象出现。对于父母来说，手机能够突破时空阻隔，保证父母随时随地与孩子保持联系，获得安全感。对于青少年来说，手机象征着现代性，既是他们拥有型塑、参与同伴文化的媒介与桥梁，又使他们在遥远的地方也能够触及家庭（虚拟空间）。

　　因此，我们不得不思考这样的问题：人与手机之间的关系是什么？究竟是人这个主体掌控手机这个客体，还是手机制约或支配人这个主体？两者之间是单向的掌控或支配关系，还是双向的相互制约与型塑关系？手机是拓展人的行动自由，还是限制人的行动自由？究竟是解放，还是束缚？究竟是顺从人的意愿，还是拉扯人的意愿？到底人为主体，手机为客体，还是手机反客为主，把人变成客体？①

第二节　社会：风险社会的存在性焦虑

社会建构论认为，在技术的发展过程中，经济、社会等因素相互发生作用，形成了技术与社会的"无缝对接"，使技术成为社会的技术。

"晚期的现代世界，即高度现代性的世界，是启示性的。这不是因为它不可避免地导向灾难，而是因为它导入了前代人不会面对的风险。"② 现代性在为人类创造了数不胜数的享受安全和有成就生活的同时，也将风险导入个体的日常生活之中，不仅悄然改变着我们日常生活的实质，而且对社会生活中的个体带来了强烈的冲击，使人们被置于一种普遍的不确定感之中。"焦虑和不安全感折磨着我们的时代也包括其他的所有时代，并且我们没有理由认为更小、更传统的文化中的生活比我们今天的生活更为平稳。但当前焦虑的内容和形式肯定业已被改变。"③

一　社会场景的不确定性

在当代世界，来自杂乱无章的威胁以及我们对抗威胁的能力，都随着工业和技术的发展而增强了，用吉登斯的话来说，是一个"时空分离"的世界。在这个世界中，以艾尔弗雷德·舒茨（Alfred Schutz）称作"生机勃勃的在场"（the vivid present）为基础的前现代世界各种关系解体了：家庭内面对面的交流，可以控制的、相对来说变化不大的空间和时间都不存在了。这是一个剧烈动荡的世界：它的不安定不仅源自核威慑、自然灾难，而且源自人们在国内与国际政治的危急

---

① 王佳煌：《手机社会学》，学富文化事业有限公司2005年版，第59页。
② ［英］安东尼·吉登斯：《现代性与自我认同》，赵旭东、方文译，生活·读书·新知三联书店1998年版，第4页。
③ 同上书，第35页。

时刻所显现出的脆弱,以及一个不稳定的传播系统的内部矛盾,此种传播体系使得我们与世界同步联络或是与世界失去联络,但是如果没有这个传播系统,世界将和我们完全无关。①

媒介特别是电子媒介,改变了我们原有生活的"社会情境":媒介日益使我们成为其他地方展演的"直接"观众,并且使我们参与到"缺场"的观众之中。其结果是,"物理场景"和"社会情境"之间的传统联结逐渐削弱:被调整的社会情境在预设的生活经验的形式之间,建立起全新的共性和差异性。②

在变迁日益加速的外部环境中,个人常常被暴露在各种各样的风险情境中,感受着某种程度的压力和紧张。"未来日益被看作是越来越不可知的,并且越来越与过去相分离"③,面对这种社会场景的不确定性,人们不能做出明确的判断,变得日益焦虑、恐惧,内心充满着本体不安全感。"(本体安全)是一种自信,这种自信建立在大多数人对于自我认同的持续性,以及对于他们行动的物质环境的稳定性所持有的信心。"④ 因此,本体安全与存在(being)有关,用现象学的话来说,就是它必须"在场"。

在前现代社会,空间和地点总是相一致的。在大多数情况下,人们的社会活动是地域性的,受空间和地点的支配。然而现代性的降临,通过对各种"缺场"要素的孕育,使地域性的社会关系被剥离出来,并在不确定的时空中加以重新整合,地点逐渐变得捉摸不定,社会活动不再局限于地域性。齐格蒙特·鲍曼(Zygmunt Bauman)将

---

① [英]罗杰·西尔弗斯通:《电视与日常生活》,陶庆梅译,江苏人民出版社2004年版,第8页。

② [英]安东尼·吉登斯:《现代性与自我认同》,赵旭东、方文译,生活·读书·新知三联书店1998年版,第96页。

③ 同上书,第128页。

④ [英]安东尼·吉登斯:《现代性的后果》,田禾译,译林出版社2000年版,第80页。

这种社会状态称为"流动的现代性"①，流动的、轻快的、软件取向的现代性社会取代了以往稳固的、沉重的、硬件取向的现代社会；而且身处几无固定场域感的高度现代性社会，维持本体安全的社会情境与前现代社会几乎不同，给人们带来了不确定性，带来了焦虑、恐惧。技术革新的结果，是削弱了大多数重要的联系，使得面对面的人际互动反而要依靠抽象符号或专业知识为中介。② 这就不难理解为什么大多数家长会出于安全的考虑为孩子配置手机，为什么需要通过手机随时随地掌握孩子的行踪。

二 焦虑与自我认同危机

在高度现代性的社会，信息流动的速度快、密度大、多样性和异质性的特点，使人们生活的存在感、意义感以及稳定的身份感遭到了前所未有的破坏。在自我认识的过程中，人们不得不产生面对种种风险的焦虑，由此出现通常所说的"自我认同"危机。

"自我认同"是"个体依据其个人生活经历所形成的反思性理解的自我"③。也就是说，自我认同是个体在生活实践中，通过与他人及社会进行互动，参照内在系统所形成的自我反思，使思想行为逐渐发展成一致的状况。在吉登斯看来，自我不是受外部影响决定的被动实体，而是反思性产生的。它虽源自个体的自我构建，却是个体构建与社会塑造互动的结果。

自我认同，又被称为"自我同一性"。美国精神分析学家埃里克·埃里克森（Erik H. Erikson）的心理社会发展论，认为青少年期（12—18岁）是人生八个心理发展阶段中最关键的阶段，是形成自我

---

① 王萍：《传播与生活——中国当代社会手机文化研究》，华夏出版社2008年版，第27页。
② ［英］罗杰·西尔弗斯通：《电视与日常生活》，陶庆梅译，江苏人民出版社2004年版，第9页。
③ ［英］安东尼·吉登斯：《现代性与自我认同》，赵旭东、方文译，生活·读书·新知三联书店1998年版，第58页。

认同的关键时期，也是心理情绪发展上最危险的阶段。这个阶段的核心任务，是建立自我同一性和克服同一性混乱的危机。

所谓自我同一性（identity），是指青少年在个体的形象角色、价值目标等人生重要方面建立起成熟的自我认知，并且达到个体的内部认知与外部特征相一致。[①] 自我同一性是个体在寻求自我的发展中，对于自我确认和自我发展等一些问题，尤其是对于"我是谁"问题的内隐和外显回答。自我同一性的确立，意味着个体在过去、现在和未来这一时空中，对自己内在的一致性和连续性的主观感觉和体验，对自身充分的了解，能够将自我的过去、现在和将来整合成一个有机的整体，确立自己的理想与价值观念，并对未来的发展做出自己的思考。

青少年进入青春期后，身体迅速发育，并逐渐趋于成熟，同时性意识也开始觉醒。由于身体产生革命性的变化，个体开始异常关注自己的身体形象，并将自己认识到的别人眼中的"我"与自己知觉到的"我"进行比较，对自己的身体形象重新进行认同。同时，他们认识到社会对他们提出了新的要求，给他们分配了新的角色，需要他们承担新的责任。人生新阶段的开始，伴随着与之前身份的决裂、角色的转换和重新整合，常常使他们倍感焦虑，不确定自己的行为方式是否合适。这些都使青少年处于冲突之中，体验着种种困扰和混乱，甚至焦虑的感受。这时他们开始思考"我是谁"、"我在社会中占有什么样的位置"以及"我去哪"等问题。

另外，青少年此时正处于"形式运算阶段"，其抽象思维获得发展，这使得青少年能够在一切可能的和可以想象得到的关系中对个人的、性别的和意识形态方面所承担的义务做出越来越窄的选择[②]，面临着同一性危机。"同一性危机"指的是一种无法正确认识自己、自

[①] 金盛华：《社会心理学》，高等教育出版社2010年版，第171页。
[②] 张文新：《青少年发展心理学》，山东人民出版社2002年版，第40页。

己的职责、自己承担的角色的人格发展异常现象,① 它是由个体的无目的感和疏离感引起的。处于自我同一危机的青少年,缺乏生活的连续感、整体感、协调感,没有明确的价值观与信念,容易左右彷徨,犹豫不决,缺乏选择的信心或逃避选择;人际关系不和谐,不快乐且常产生孤独感,体验到更多的疏离感;面对变化易产生挫折感,社会适应能力差,也无法应对挑战。

根据国内外研究发现,家庭与学校会对青少年的同一性产生重要影响。这时,如果家庭、学校所提供的实践足以发展他们明确一致的性别角色和社会角色,自我同一性就会得到发展。反之,产生同一性危机。自我同一性的发展在传统社会里,一般能够比较顺利地解决。因为传统社会是一个高"同质性"的稳定社会,而在现代社会,尤其是高度现代性社会,断裂性、风险性是其主要特征。

面对不确定性的增多、风险性的增大,青少年也许缺乏个人经历连续性的一致感受,缺乏一个固定的标准供他们参考,也不存在一个理想的角色来型塑自我,父母、老师、书本、经典……都要经过个体反思性思考,才能真正地被个体纳入自身的行为准则当中,因此他们常常会迷惘、不知所措。种种的不确定性,使青少年渴望寻求参照物,来减少自我的不确定性,解决冲突,使自己学会怎样成为社会认可的成员。

青少年自我认同的构建途径很多,人际传播是最直接的方式。虚拟交往空间被看作是青少年人际交往的另一个广阔场所,在此空间里青少年能够表达自我,建构自我,进而确立自我存在的意义,并发展自我认同概念。② 由于自我认同的过程需要有一个"社会心理的合法延宕期",手机作为青少年手中掌握自如的媒介,为青少年提供了一个实验和探索自我认同的理想场所:他们借此可以建立一个完全属于

---

① 周晓虹:《现代社会心理学》,上海人民出版社1997年版,第159页。

② Maczewski M., "Exploring Identity Through the Internet: Youth Experiences Online", *Child & Youth Care Form*, Vol. 31, No. 2, 2002, pp. 111 – 127; Turkle, S., *Life on the Screen: Identity in the Age of the Internet*, New York: Simon & Schuster, 1995, p. 255.

自己的全新交往圈。在这个圈内，他们可以摆脱社会压力，释放自我，自由地表达自己的看法和见解，彼此交换着建议和信息，互相给予精神上的鼓励，通过交流取得他人的认同。共同的兴趣爱好、共同的语言表达方式、共同的生活方式的手机网络社区，使得青少年容易获得相互理解、相互尊重和情感共鸣，并由此获得群体归属感和角色认同感，也满足了青少年的情感寄托的需求。

通过手机网络的人际传播，或多或少地弥补了青少年与成人交往的不足。在这种开放、平等的情境下，手机为青少年提供了更多的自由选择机会，为他们掌握、处理和思考包括对自己、他人和社会在内的众多信息创造了便利条件，也为整合现实自我与理想自我、我心中的我与他人眼中的自我，内在的我与外在的我等诸多矛盾提供了契机，有助于他们获得稳定的自我同一性，有效满足了他们自我认同的需求。

但是如果过度地使用手机，一方面会占用自我认同探索的时间和精力，使青少年对这一问题的思考进一步延迟；另一方面，由于手机网络的虚拟性等特点，青少年可能会因为扮演过多的角色，既要扮演现实社会中的角色，又要在网络社会中扮演另外一个或多个角色。而网络社会与现实社会的秩序是不同的：网络社会的虚拟性、松散性及规范的乏力，导致青少年的自我认同困境，引发他们行为的失范；网络身份的虚拟性、多重性和随意性，使青少年的自我认同可能会出现危机，不同身份之间会产生张力；网络社会群体与现实社会群体也具有差异性；网络社会和现实社会对其角色期待也不一样。因此，青少年的虚拟认同与现实认同之间必然会产生冲突。面对现实社会和网络社会双重力量的挤压，青少年有了全能自我的感觉或无限幻想的自我，从而无法确定自我定义、自己力所能及的抉择和判断。

第三节　文化：文化传承的断裂与重组

米德早在 20 世纪就指出，现代世界的特点，就是要接受代际冲突，接受由于不断技术化，每一代人的生活体验具有与上一代不同的信念。① 新媒介的出现，通过打破时空的平衡使媒介生态发生变化，引发社会的强烈反响，进而导致一种新文化的产生，发生代际文化变迁等现象。马克·波斯特（Mark Poster）在《第二媒介时代》一书中指出：技术变革中最重要的不是效率的提高，而是身份的建构方式以及文化中更为广泛而深刻的变革。②

手机作为具有时代象征意义的传播媒介，以其独有的技术特征使代际文化传承路径已经从单一走向多元，蕴藏着深刻的社会文化变迁，并使文化传承的方向发生了部分的改变，导致代际文化的震荡与重组。

一 代际文化传承的断裂

米德在《文化与承诺——一项关于代沟问题的研究》一书中提出，当今世界场景中的代与代之间的"代沟"，既不能归因于政治和社会方面的分歧，更不能归因于生物学上的差异，而首先来源于文化传播的差异。③

"文化传承涉及一个社会如何以某种方式将社会成员共有的价值观、知识体系、谋生技能和生活方式一代代传递下去。"④ 文化传承具有一定的连续性，这种文化特质的传承，在前信息时代的农业社会和工业社会（现代社会）之中，并没有发生断裂性的巨变。

在农业社会，社会发展缓慢，鲜有发生大变动，再加上知识和文化的积累具有历史继承性，因此父辈积累的经验同样适用于子辈。费

---

① ［美］玛格丽特·米德：《文化与承诺——一项有关代沟问题的研究》，周晓虹、周怡译，河北人民出版社1987年版，第11页。

② ［美］马克·波斯特：《第二媒介时代》，范静哗译，南京大学出版社2005年版，第23页。

③ ［美］玛格丽特·米德：《文化与承诺——一项有关代沟问题的研究》，周晓虹、周怡译，河北人民出版社1987年版，第6—7页。

④ 周晓虹：《文化反哺：变迁社会中的亲子传承》，《社会学研究》2000年第2期。

孝通在《乡土中国》一书中对此论述道："当一个人碰着生活上的问题时，他必然能在一个比他年长的人那里问得到解决这问题的有效办法，因为大家在同一环境里，走同一道路，他先走，你后走；后走的所踏的是先走的人的脚印，口口相传，不会有遗漏。"①

在工业社会（现代社会），社会变迁和阶层流动虽有变化、冲突和矛盾，但文化传承并没有出现断裂。农业社会中父辈的那种"全知全能"权威已经不复存在，但是在各自的领域依然有着特定的权威。而且这些权威通常是年长的人，青少年的父母基本上是青少年各方面的权威。

然而，进入"信息社会"之后，现代性以前所未闻的方式，使我们脱离了以往所有类型的社会秩序的轨道，从而形成了现在的生活形态……它们正在改变我们日常生活中最熟悉和最具个人色彩的领域。②由于知识和技术更新的周期不断缩短，新事物和新规则层出不穷，需要人们大量的消化、吸收才能适应。面对这种急剧的变迁，年长一代与年轻一代对新事物的理解不同，吸收快慢不同，适应能力也不同。父辈突然置身于一个日新月异的环境，已有的知识、经验甚至价值判断已经不能完全诠释不断出现的新问题、新现象；然而受自身固有的传统和经验的束缚，他们一般对新事物持有审慎、怀疑、犹豫不决的态度，很难做出迅速的反应。与此相反，子辈头脑里没有旧有的思维定式，对于社会生活中出现的一切新兴事物——从计算机到手机，不仅表现出了浓厚的兴趣，而且表现出了远胜于父辈的接受、吸收和适应能力。他们能够迅速对新现象做出反应，并以其新兴的思想观点、生活方式、时尚潮流来影响父辈。这也难怪青少年能成为手机文化的先锋创造者和手机技术的紧密跟随者。

于是，在文化传承上，代与代之间呈现出一种断裂性的局面。因

---

① 费孝通：《乡土中国·生育制度》，北京大学出版社1998年版，第22页。
② [英]安东尼·吉登斯：《现代性的后果》，田禾译，译林出版社2000年版，第4页。

为世界上所有的人都处于电子通信网络之中,任何一个年轻人都能够共享长辈过去所没有的,将来也不会有的经验。与此相对应,老一辈将无法再度目睹和体验出现在年轻人生活中的一系列深刻的变化,这一点在以往的经历中是史无前例的。①

文化传承断裂的一个最直接后果就是:青少年的价值观与其父母的价值观有了很大不同。例如"个人是家庭中的一员"之类的观念被"以自我为中心"的观念所取代。这种价值观上的不同,甚至是对立,不可避免地形成家庭代际传播上的隔阂,带来亲子之间对于同一问题的不同甚至是对立的看法,从而不可避免地引发家庭中亲子冲突和矛盾。

二 代际文化的震荡与整合

现代性卷入的变革比以往时代的绝大多数变迁都更加意义深远②,如此急剧的变迁对人们的心理产生了强烈影响。这种影响使人们在前所未有的社会变迁面前惊慌失措、晕头转向、无所适从,从而产生心理上的冲击感与震动感,社会学家和文化人类学家将此现象称为"文化震荡"。

所谓"文化震荡",指的是一个毫无准备的来客突然陷入一种陌生的文化环境中时所受到的冲击或震动。③ 文化震荡是现代社会急剧变迁的产物,是由于内在的文化积累或者外来文化的侵入引发的剧烈变迁对人们心理的影响。

媒介已经完全嵌入我们的日常生活当中,然而我们却经常感受不到它的存在,它是一种系统化的行为模式和整体反应,我们整个文

---

① [美]玛格丽特·米德:《文化与承诺——一项有关代沟问题的研究》,周晓虹、周怡译,河北人民出版社1987年版,第75页。
② [英]安东尼·吉登斯:《现代性的后果》,田禾译,译林出版社2000年版,第4页。
③ [美]阿尔温·托夫勒:《未来的震荡》,任小明译,四川人民出版社1985年版,第5页。

系统就建立在其基础之上。①手机等新兴传播技术的出现,不仅改变着我们的沟通方式,而且改变着我们的思维方式和行为模式,可能没有哪项电子产品对个人和社会的影响像手机这样巨大。由于手机文化的平等与共享,使青少年摆脱了自上而下的单一文化传承模式的束缚,获得了更多的了解信息的渠道;而且他们本身所具有的较强接受新事物的能力,具备了向父母提供新信息、新技术的能力,获得了向父母进行"文化反哺"的能力。许多父母都有这样的感受,和孩子相比,自己使用手机就是门外汉。虽然他们也懂得手机的基本功能,但是对于更复杂的操作,或是对于手机在孩子生活中的意义,他们则几乎一窍不通。类似的讨论在日本②、芬兰③、意大利④、英格兰⑤、菲律宾⑥等其他国家也备受关注。这就迫使父母在很多时候不得不向子女请教、学习。在新技术的使用上,相比我们小时候经常引用的经典式语言:"我爸爸说……"出现了父母之间的"不对,我儿子说……"耐人寻味的对白。

要弥合家庭代际数字鸿沟,父母应主动地了解和介入手机文化,通过不断学习,实现再次社会化,不断地理解、吸收、借鉴子女中先

---

① [法]让·鲍德里亚:《消费社会》,刘成富译,南京大学出版社2001年版,第57页。

② Hashimoto., Y., "The Spread of Celluar Phones and Their Influence on Young People in Japan", in Kim, S. D. ed., *The Social and Cultural Impact/Meaning of Mobile Communication*, Chunchon, Korea: School of Communication, Hallym University, 2002, pp. 101 – 112.

③ Kasesniemi, E. - L., and Rautianen, P., "Mobile Culture of Children and Teenagers in Finland", in Katz, J. E., and Aakhus, M. Cambridge eds., *Perpetual Contact: Mobile Communication, Private Talk, Pubilc Performance*, UK: Cambridge University Press, 2002, pp. 170 – 192.

④ Mante - Meijer, E., et al., *Checking It out with the People—ICT Markets and Users in Europe*, Heidelberg: EURESCOM, 2001, p. 900.

⑤ Harper, R., "Are Mobiles Good or Bad for Society?" in Nyiri, K. ed., *Mobile Democracy: Essay on Society, Self and Politics*, Vienna: Passagen Verlag, 2003, pp. 71 – 94.

⑥ Ellwood - Clayton, Bella, "Virtual Strangers: Young Love and Testing in the Filipino Archipelago of Cyberspace", in Nyiri, K, ed. *Mobile Democracy: Essays on Society, Self and Politics*, Vienna: Passagen Verlag, 2003, pp. 35 – 45.

进的观点，指导子女抛弃新技术带来的糟粕，从而实现文化的同化。这种现象的出现并向纵深发展，表明传统社会的单一文化传承模式，正在向现代社会的双向乃至多向的传承模式转变。这种转变，缓解了亲子之间的文化冲突，对家庭代际传播产生巨大的影响，从而推动着新型亲子关系的形成。

对于社会来说，"文化反哺"对于文化变迁的意义，表明了青少年在现代化发展中的重要作用。虽然说父辈对子辈的教化和传承，有助于保持民族文化的延续性和完整性，但是要始终保持一个民族文化上的先进性，仅仅靠继承是不够的，特别是在急剧的社会变迁之时，必须广泛地吸纳包括手机文化在内的青少年亚文化中的积极合理因素，为我所用。只有通过青少年一代的充分参与，利用他们新颖的知识，才能够建立起一个充满活力的未来。

虽然青少年亚文化具有超前性、异质性、多元性的特点，但是在价值评价和价值选择上具有一定的合理性、创新性。他们频频批判、改造甚至抛弃旧传统，不断尝试新行为，引发整个社会日常生活的"文化震荡"和文化重组。许多刚开始时被视为另类或违反常规的思想和行为，慢慢地显示出强大的生命力，不仅在青少年当中流行，也慢慢为成年人所认同和接纳。

因此，通过两代人的互动，对青年亚文化取其精华，去其糟粕，并使之成为社会主流文化的重要组成部分，将会引起社会文化传承方式和内容的更新。毕竟社会文化的延续和更新是父辈和子辈共同努力的结果。

结　语

　　手机在家庭生活的普及和使用是近年来的现象。它之所以值得注意，不只是因为报纸杂志的报道，也不只是因为到处都有人在使用，而是因为它的使用反映、展现出这个社会与手机之间的结构性与模式化的关系。手机与其他科技产品一样，不是中立的工具或装置，而是社会的产品。一个社会的生活习惯、互动模式，制约社会成员使用科技产品的方式与策略。反过来说，科技产品的特性和功能也会影响到或重塑社会的生活习惯与互动模式。科技产品是镶嵌在社会结构之中的，手机也不例外。① 它正以前所未有的广度和深度"侵入"并"弥漫"于人们的社会生活。

　　借用麦克卢汉的隐喻"媒介是人体的延伸"，手机可以说是人类身体的延伸，它扩大了家庭代际传播的能力，消除或削弱了时空对代际传播的束缚与限制，使亲子之间无论是在天涯还是海角，都可以在无线的世界里穿越时空、心手相连，"天涯若比邻"。

　　手机又是一种矛盾的媒介。手机兼具控制与解放的特性，而且这两种特性随时都在拉锯。父母可以跨越时空的限制，随时随地掌握孩子的行踪，侵入孩子的私人空间，延伸对孩子的控制，使手机成为远距离父母角色的代理。对于青少年来说，手机是一个能够帮助他们发展关于自尊、独立、自主等自我概念意识的媒介。虽然他们意识到手机意味着必须随时与父母保持联系，但是毕竟手机赋予他们更大程度的活动空间和自由，他们可以使用手机随时与父母协商自己的行动。

---

① 王佳煌：《手机社会学》，学富文化事业有限公司2005年版，第181页。

父母不再可能利用家里的电话控制他们的对外通信，孩子可以避开父母的监督，与同伴建立起平行的通信网络。"即使身处家中，他们也可以透过手机，超越或跳脱家庭时空与权力结构的约束与限制，在网际网路与手机构成的虚拟时空中呼朋引伴。"① 青少年人际关系网络因手机不断扩展，父母对孩子的控制可能越来越薄弱。②

手机不只是单纯的通信工具，更促成、引导家庭代际传播方式、规则及内容的改变。手机短信、手机QQ、微信、手机微博等新兴通信渠道，使亲子互动不再局限于身体互动（面部表情和肢体语言），而是文字、符号、图像、视频等多种传播符号的互动。由于人-机-人的代际传播模式，较少存在的权威干涉，便于青少年敞开心扉，直抒胸臆。以手机为平台的代际传播内容，不只是日常生活中与父母的"微协调"（工具性协调），更是他们与父母传情达意的"超协调"（情感协调）。

手机使用过程中的"文化反哺"以及家庭决策的及时参与，极大增强了青少年的自信心和自尊心，有助于他们自我认同的建立与发展，并且冲击着原本以父母单向权威为特征的亲子关系格局，有时甚至表现为一种颠覆或解构，家庭的时空结构与权力关系开始发生转变。通过对手机的利用调适，信任机制的调整和完善，家庭协商式民主的新型家庭代际关系得以重构。可以说，手机进入家庭生活空间，成为亲子之间权力、情感、安全感的象征，对于延伸亲子之间的关系产生了重要影响，成为沟通亲子关系，实现亲子之间的理解，建构新的亲子互动规范的崭新渠道。

但是，从另一方面来说，手机也是束缚、限制人的媒介，它也会造成青少年的"技术迷思"，甚至"手机沉迷"，使"近在咫尺"的亲子之间面临着"交流的无奈"与"沉默的对抗"的尴尬图景，引

---

① 王佳煌：《手机社会学》，学富文化事业有限公司2005年版，第162页。

② Kandell & Jonathan, "Finland is Now Nokialand", *Institutional Investor – International Edition*, June 1, 2001, p. 1.

发亲子关系的不谐音。

因此，我们要把手机看成一种心理形式、社会形式和文化形式。同时，我们不要只把手机媒介理解为影响之源，它既不是简单的有益，也不是有害，而应把它嵌入家庭生活的多重话语之中，去思考手机如何框限、制约和型塑家庭代际传播行为。

然而，本研究仍存在一些不足，需在今后的研究中改进：如囿于人力、财力、物力的局限，本研究只是以福建省青少年为抽样总体，来开展问卷调查。如果选择的目标样本范围能进一步扩大，那么研究结果将会更权威、更具说服力（但是笔者在对来闽的十几位西藏学生的调查和访谈中，发现他们的手机使用与家庭代际传播的状况，与福建的青少年基本上并无实质性的区别；据他们陈述，他们当地的同学也是如此；而且已有的研究文献也尚未发现地域是影响家庭代际传播的核心因素）。此外，亲子之间又如何在家庭代际传播中建构他们对于手机的认知，并在使用中发展出他们的使用策略和反应模式？这些都有待于将来进一步研究。

参考文献

(一) 中文文献

专著

[1] [美] 阿尔温·托夫勒：《未来的震荡》，任小明译，四川人民出版社1985年版。

[2] [美] 埃里克·H. 埃里克森：《同一性：青少年与危机》，孙名之译，浙江教育出版社1998年版。

[3] [英] 安东尼·吉登斯：《现代性与自我认同》，赵旭东、方文译，生活·读书·新知三联书店1998年版。

[4] [英] 安东尼·吉登斯：《现代性的后果》，田禾译，译林出版社2000年版。

[5] [英] 安东尼·吉登斯、克里斯多弗·皮尔森：《现代性——吉登斯访谈录》，尹宏毅译，新华出版社2000年版。

[6] [英] 安东尼·吉登斯：《第三条道路——社会民主主义的复兴》，北京大学出版社2000年版。

[7] [英] 安东尼·吉登斯：《亲密关系的变革——现代社会中的性、爱和爱欲》，陈永国等译，社会科学文献出版社2001年版。

[8] [美] 保罗·莱文森：《手机：挡不住的呼唤》，何道宽译，中国人民大学出版社2004年版。

[9] [美] 保罗·莱文森：《思想无羁：技术时代的认识论》，何道宽译，南京大学出版社2003年版。

[10] [美] 保罗·莱文森：《新新媒介》，何道宽译，复旦大学出版社2011年版。

[11] 陈向明：《质的研究方法与社会科学研究》，教育科学出版社 2000 年版。

[12] ［英］丹尼斯·麦奎尔、斯文·温德尔：《大众传播模式论（第 2 版）》，祝建华译，上海译文出版社 2008 年版。

[13] ［英］戴维·莫利：《传媒、现代性和科技——"新的地理学"》，郭大为等译，中国传媒大学出版社 2010 年版。

[14] ［加］德克霍夫：《文化肌肤：真实社会的电子克隆》，汪冰译，河北大学出版社 1998 年版。

[15] 费孝通：《乡土中国·生育制度》，北京大学出版社 1998 年版。

[16] ［美］丹尼尔·沙勒夫：《隐私不保的年代》，林铮顗译，江苏人民出版社 2011 年版。

[17] 邓伟志、徐新：《家庭社会学导论》，上海大学出版社 2006 年版。

[18] 高宣扬：《当代社会理论（上、下册）》，中国人民大学出版社 2005 年版。

[19] ［德］哈贝马斯：《沟通行动论》，阮新邦译，上海人民出版社 2003 年版。

[20] 胡春阳：《寂静的喧嚣、永恒的联系——手机传播与人际互动》，上海三联书店 2012 年版。

[21] ［美］Jerry M. Burger：《人格心理学》，陈会昌等译，中国轻工业出版社 2012 年版。

[22] 金盛华：《社会心理学》，高等教育出版社 2010 年版。

[23] 靖鸣、刘锐：《手机传播学》，新华出版社 2008 年版。

[24] 匡文波：《手机媒体概论（第二版）》，中国人民大学出版社 2012 年版。

[25] ［美］莱斯莉·A. 巴克斯特、唐·O. 布雷思韦特：《人际传播：多元视角之下》，殷晓蓉、赵高辉译，上海译文出版社 2010 年版。

[26] 雷雳：《发展心理学》，中国人民大学出版社 2009 年版。

[27] 李天燕:《家庭教育学》,复旦大学出版社 2007 年版。

[28] 廖小平:《伦理的代际之维》,人民出版社 2004 年版。

[29] 刘少杰:《后现代西方社会学理论》,赵旭东、方文译,社会科学文献出版社 2002 年版。

[30] [英] 罗杰·西尔弗斯通:《电视与日常生活》,陶庆梅译,江苏人民出版社 2004 年版。

[31] [美] E. M. 罗杰斯:《传播学史:一种传记式的方法》,殷晓蓉译,上海译文出版社 2002 年版。

[32] [美] 玛格丽特·米德:《文化与承诺——一项有关代沟问题的研究》,周晓虹、周怡译,河北人民出版社 1987 年版。

[33] [美] 马克·波斯特:《第二媒介时代》,范静哗译,南京大学出版社 2005 年版。

[34] [美] 曼纽尔·卡斯特:《网络社会的崛起》,夏铸九、王志弘等译,社会科学文献出版社 2006 年版。

[35] [美] 米德:《心理、自我与社会》,赵月瑟译,上海译文出版社 2008 年版。

[36] [美] 尼尔·波兹曼:《童年的消逝》,吴燕莛译,广西师范大学出版社 2004 年版。

[37] [美] 尼葛洛庞帝:《数字化生存》,胡泳等译,海南出版社 1997 年版。

[38] 倪桓:《手机短信传播心理探析》,中国传媒大学出版社 2009 年版。

[39] [法] 佩恩:《现代社会工作理论》,何雪松等译,华东理工大学出版社 2005 年版。

[40] [美] 乔治·瑞泽尔:《当代社会学理论及其古典根源》,杨淑娇译,北京大学出版社 2005 年版。

[41] [挪] Rich Ling:《M 时代——手机与你》,林振辉、郑敏慧译,人民邮电出版社 2008 年版。

[42] [法] 让·鲍德里亚:《消费社会》,刘成富译,南京大学出版

社2008年版。

[43] 邵培仁：《媒介生态学——媒介作为绿色生态的研究》，中国传媒大学出版社2008年版。

[44] [美] 斯蒂芬·李特约翰、凯伦·福斯：《人类传播理论（第九版）》，史安斌译，清华大学出版社2009年版。

[45] [美] 泰勒、佩普劳、希尔斯：《社会心理学（第10版）》，谢晓非译，北京大学出版社2004年版。

[46] 王佳煌：《手机社会学》，（台北）学富文化事业有限公司2005年版。

[47] 王萍：《传播与生活——中国当代社会手机文化研究》，华夏出版社2008年版。

[48] 肖峰：《哲学视域中的技术》，人民出版社2007年版。

[49] 杨善华：《家庭社会学》，高等教育出版社2006年版。

[50] [美] 约瑟夫·A.德维托：《人际传播教程（第十二版）》，余瑞祥等译，中国人民大学出版社2011年版。

[51] [美] 约书亚·梅罗维茨：《消失的地域：电子媒介对社会行为的影响》，肖志军译，清华大学出版社2002年版。

[52] [美] 约翰·厄里：《关于时间与空间的社会学》，转引自 [英] 布莱恩·特纳主编《Blackwell社会理论指南》，李康译，上海人民出版社2003年版。

[53] [德] 乌尔里希·贝克：《风险社会》，何博闻译，译林出版社2004年版。

[54] 张春兴：《张氏心理学辞典》，上海辞书出版社1992年版。

[55] 张国良：《20世纪传播学经典文本》，复旦大学出版社2011年版。

[56] 张文新：《儿童社会性发展》，北京师范大学出版社1999年版。

[57] 张文新：《青少年发展心理学》，山东人民出版社2002年版。

[58] 周晓虹：《现代社会心理学》，上海人民出版社1997年版。

[59] 朱强：《家庭社会学》，华中科技大学出版社2015年版。

论文：

[60] 安伯欣：《父母教养方式、亲子沟通与青少年社会适应的关系研究》，硕士学位论文，陕西师范大学，2004年。

[61] 毕天云：《现代性的多元制度分析——论吉登斯的现代性思想》，《云南师范大学学报》（哲学社会科学版）2004年第1期。

[62] 曹丹、杨清：《大学生与手机互联网——福州市大学生手机上网行为与素养调查报告》，《东南传播》2009年第1期。

[63] 曹红艳：《大学生对手机报的认知和使用分析——以上海大学为个案》，《中国记者》2009年第10期。

[64] 曹荣湘：《数字鸿沟引论：信息不平等与机遇》，《马克思主义与现实》2001年第6期。

[65] 陈凡：《技术使用者：技术哲学应该关注的一个对象》，《东北大学学报》（社会科学版）2008年第11期。

[66] 陈华英：《高一学生亲子沟通技巧的调查与辅导》，《心理与就业辅导》2000年第6期。

[67] 陈华兴：《现代·现代性·后现代性——论A.吉登斯的现代性理论》，《浙江社会科学》2006年第6期。

[68] 陈若葵：《用微博拉近亲子之间的距离》，《中国妇女报》2013年6月27日第B01版。

[69] 陈树强：《增权：社会工作理论与实践的新视角》，《社会学研究》2003年第5期。

[70] 陈伟宏、黄岩：《手机新媒体对大学生主导价值观形成的挑战及对策》，《新疆社会科学》2012年第4期。

[71] 陈永福：《手机文化对大学生主流意识形态的影响及对策研究》，硕士学位论文，福建师范大学，2010年。

[72] 程文忠：《手机文化对大学生主流意识形态的影响和对策》，《福州大学学报》（哲学社会科学版）2010年第2期。

[73] 戴立丽等：《广州市655名在校大学生短信交往行为调查》，《中国健康心理学杂志》2010年第5期。

[74] 丁未、张国良:《网络传播中的"知沟"现象研究》,《现代传播》2001年第6期。

[75] 邓若伊:《微内容与自媒体碎片化环境的建构》,《西南民族大学学报》(人文社会科学版)2012年第9期。

[76] 邓志强:《网络时代社会认同的时空转换——基于时空社会学的分析视角》,《人文杂志》2014年第8期。

[77] 董方:《基于创新扩散理论的大学生3G手机上网采纳和使用研究——以西南大学为例》,硕士学位论文,西南大学,2010年。

[78] 杜婷、金笙:《北京市大学生手机调查报告》,《统计教育》2004年第2期。

[79] 方晓义、林丹华、孙莉、方超:《亲子沟通类型与青少年社会适应的关系》,《心理发展与教育》2004年第1期。

[80] 费中正:《作为技术商品、符号环境和特殊文本的传媒——斯弗斯通的驯化理论探析》,《学术论坛》2011年第11期。

[81] 冯晓平:《大学生社会资本扩张——大学生手机热之理性分析》,《经济与社会发展》2005年第3期。

[82] 风笑天:《方法论背景中的问卷调查法》,《社会学研究》1994年第3期。

[83] 郜振廷:《大学生手机消费的规律性及重要启示——北方11所高校大学生手机消费市场的调查》,《经济与管理》2004年第8期。

[84] 宫佳奇、任玮:《兰州市高校大学生手机依赖状况分析》,《新闻世界》2009年第10期。

[85] 顾理平、杨苗:《个人隐私数据"二次使用"中的边界》,《新闻与传播研究》2016年第9期。

[86] 韩登亮、齐志斐:《大学生手机成瘾症的心理学探析》,《当代青年研究》2005年第12期。

[87] 何志武、吴瑶:《媒介情境论视角下新媒体对家庭互动的影响》,《编辑之友》2015年第9期。

[88] 胡春阳:《如何理解手机传播的多重二元冲突》,《同济大学学

报》(社会科学版) 2011 年第 10 期。

[89] 胡春阳：《手机传播与人际亲密关系的变革》，《新闻大学》2012 年第 5 期。

[90] 胡婷：《网瘾青少年亲子关系研究》，硕士学位论文，华中科技大学，2009 年。

[91] 胡余波、徐兴、赵芸、郑欣易：《手机媒体的大学生思想政治教育模式探索》，《中国青年研究》2010 年第 8 期。

[92] 黄才炎、严标宾：《大学生手机短信交往行为与孤独感的关系研究》，《中国健康心理学杂志》2006 年第 3 期。

[93] 黄海、刘吉发、杨溪：《解读大学校园文化新现象：手机短信》，《青年研究》2005 年第 6 期。

[94] 黄林娟、林丹华：《青少年手机心理需求与手机依赖的关系》，《中国青年政治学院学报》2011 年第 5 期。

[95] 黄月琴：《"弱者"与新媒介赋权研究——基于关系维度的述评》，《新闻记者》2015 年第 7 期。

[96] 季念：《手机传播中的时空重塑——2000 年以来国内外学者关于手机与时空关系研究述论》，《文艺研究》2008 年第 12 期。

[97] 姜赟：《我的地盘我做主——试析手机对青少年私域建构的影响》，《青年研究》2006 年第 1 期。

[98] 蒋丽红：《城市老年人代际传播研究——以南昌老年人为例》，硕士学位论文，南昌大学，2011 年。

[99] 江宇：《社会结构和网络技能获得——一项关于高中生互联网使用技能差异的实证研究》，《新闻与传播研究》2007 年第 2 期。

[100] 金文朝：《数字鸿沟的批判性再检讨》，《学习与探索》2005 年第 1 期。

[101] 赖昀、王颖曜、王莎莎：《上海大学生使用手机短信情况调查》，《新闻记者》2004 年第 2 期。

[102] [英] 理查德·加尔德纳：《考试作弊的小学生增多》，《独立报》2005 年 4 月 16 日。

[103] 雷雳、王争艳、李宏利：《亲子关系与亲子沟通》，《教育研究》2001 年第 6 期。

[104] 雷雳、王争艳、刘红云等：《初中生的亲子沟通及其与家庭环境系统和社会适应关系的研究》，《应用心理学》2002 年第 1 期。

[105] 李彦章：《父母教养方式影响因素的研究》，《健康心理学杂志》2001 年第 2 期。

[106] 梁维科：《青年手机游戏成瘾的原因与负面影响分析》，《山东青年政治学院学报》2011 年第 5 期。

[107] 李春梅、李思齐：《大学生手机媒体媒介素养教育研究》，《青年记者》2012 年第 11 期。

[108] 李美凤、李艺：《人的技术化与人类发展——人的技术化之合理性辩护》，《学术论坛》2007 年第 12 期。

[109] 刘佰桥、陈秀敏、王希海：《父母教养方式对大学生心理健康的影响》，《社会心理科学》2009 年第 6 期。

[110] 廖圣清、申琦、韩旭：《手机短信传播与大学生社会网络的维护和拓展——基于深度访谈的探索性研究报告》，《新闻记者》2010 年第 11 期。

[111] 刘佰桥、陈秀敏、王希海：《父母教养方式对大学生心理健康的影响》，《社会心理科学》2009 年第 6 期。

[112] 刘红、王洪礼：《大学生的手机依赖倾向与孤独感》，《中国心理卫生杂志》2012 年第 1 期。

[113] 刘宁等：《上海核心家庭亲子沟通状况及其影响因素分析》，《中国公共卫生》2005 年第 2 期。

[114] 刘传俊、刘照云：《江苏省 513 名大学生短信交往行为调查》，《中国心理卫生杂志》2008 年第 5 期。

[115] 刘嘉娣等：《农村青少年手机媒体使用与认知情况调查——以汕头潮阳地区为例》，《东南传播》2012 年第 8 期。

[116] 刘少杰：《网络化的缺场空间与社会学研究方法的调整》，《中

国社会科学评价》2015 年第 1 期。

[117] 刘素娟、闵凤：《当代青少年短信使用状况的调查分析》，《思想理论教育》2008 年第 9 期。

[118] 刘谦：《吉登斯晚期现代性理论述评》，《厦门大学学报》（哲学社会科学版）2006 年第 3 期。

[119] 刘毓：《手机媒体视阈下移动教育管理探析——以大学生思想政治工作为例》，《河南社会科学》2012 年第 11 期。

[120] 路继初：《过渡时期与青少年社会化问题》，《青年研究》1999 年第 11 期。

[121] 楼锡锦、沈黎勇、林博峰：《大学生使用手机状况研究报告——以浙江大学宁波理工学院为例》，《中国青年研究》2009 年第 2 期。

[122] 罗军伟、高耀华：《手机短信：一种可能的中学德育载体》，《内蒙古师范大学学报》（教育科学版）2008 年第 6 期。

[123] 马烨：《大学生对于手机媒体的使用与满足分析》，硕士学位论文，中国青年政治学院，2011 年。

[124] 莫铮：《论网络时尚热语对家庭代际关系交流的影响》，硕士学位论文，河北大学，2011 年。

[125] 邱蕾：《人际关系中的自我暴露》，《社会心理科学》2009 年第 3 期。

[126] 单舒平等：《青少年使用手机对学习成绩影响的实证研究》，《中国青年政治学院学报》2011 年第 5 期。

[127] 邵培仁、王启超：《新世纪国际传播学研究的镜像与镜鉴——以〈传播研究〉刊载论文为例》，《浙江传媒学院学报》2012 年第 2 期。

[128] 邵蕾蕾、林恒：《大学生手机依赖问卷的编制》，《社会心理科学》2010 年第 9 期。

[129] 沈晓思：《手机报大学生消费行为研究》，硕士学位论文，华东师范大学，2009 年。

[130] 沈勇：《手机使用行为及其影响因素》，博士学位论文，浙江大学，2009年。

[131] 石国亮：《从网络语言看青年文化的反哺功能》，《中国青年研究》2009年第7期。

[132] 史铮、黄新华：《透视大学生手机消费》，《中国青年研究》2004年第3期。

[133] 孙嘉卿：《青少年手机的使用对同伴关系、亲子关系及师生关系的影响》，北京市社会心理学会2007年学术年会论文摘要集，北京，2007年5月1日。

[134] 宋广文、何文广：《青少年亲子冲突研究的现状与展望》，《南京师范大学学报》（社会科学版）2011年第4期。

[135] 宋娟：《大学生群体对手机电视的认知和使用情况研究——以湖北师范学院学生为例》，《东南传播》2012年第9期。

[136] 孙国庆等：《青少年手机网络成瘾与网络使用自控力的研究》，《中国健康心理学杂志》2011年第9期。

[137] 孙晓娥：《扎根理论在深度访谈研究中的实例探析》，《西安交通大学学报》（社会科学版）2011年第6期。

[138] 孙晓娥：《深度访谈研究方法的实证论析》，《西安交通大学学报》（社会科学版）2012年第3期。

[139] 夏雪：《手机短信与青少年"私域"的生成——某市青少年手机短信的文本分析》，《青年研究》2005年第5期。

[140] 熊婕等：《大学生手机成瘾倾向量表的编制》，《中国心理卫生杂志》2012年第3期。

[141] 徐华等：《大学生手机依赖量表的编制》，《中国临床心理学杂志》2008年第1期。

[142] 徐蕾、王建琼、查建平：《基于UTAUT的微型企业电子商务采纳行为研究》，《中央财经大学学报》2014年第7期。

[143] 徐晓叶楠、朱茂玲：《中学生手机依赖状况及手机功能偏好》，《中国青年政治学院学报》2011年第5期。

[144] 杨立、郜键:《网络传播时代青少年"文化反哺"现象调查与研究》,《广播电视大学学报》(哲学社会科学版) 2002 年第 3 期。

[145] 杨弢:《手机与未成年人的全面发展研究》,硕士学位论文,浙江大学,2011 年。

[146] 袁潇:《基于手机媒体的青少年身份认同研究》,《南京邮电大学学报》(社会科学版) 2012 年第 9 期。

[147] 尹建莉:《让孩子成为自由的人》,http://edu.qq.com/a/20150615/041706.htm,2015 年 6 月 15 日。

[148] 王伯鲁:《广义技术视野中人的技术化问题剖析》,《自然辩证法通讯》2005 年第 6 期。

[149] 王红菊:《中、美大学生手机消费行为比较研究》,硕士学位论文,对外经济贸易大学,2007 年。

[150] 王嘉晰:《家庭沟通中新媒介技术的应用对亲子关系的影响研究》,硕士学位论文,北京理工大学,2015 年。

[151] 王美萍、张文新:《青少年期亲子冲突与亲子亲合的发展特征》,《心理科学》2007 年第 5 期。

[152] 王松:《认同的空间:青年亚文化视野下的手机电影》,硕士学位论文,安徽大学,2011 年。

[153] 王薇:《手机成瘾大学生的人际交往问题》,硕士学位论文,浙江师范大学,2012 年。

[154] 王小辉:《青少年手机依赖现状及与社会支持、社会适应性的关系研究》,硕士学位论文,福建师范大学,2011 年。

[155] 王盈:《大学生手机使用与社会资本的关系:基于上海、香港、台北、新加坡四城市的实证研究》,硕士学位论文,上海交通大学,2011 年。

[156] 王文星:《大学生网络成瘾与亲子关系研究》,硕士学位论文,长沙理工大学,2010 年。

[157] 王争艳、刘红云、雷雳等:《家庭亲子沟通与儿童发展关系》,

《心理科学进展》2002 年第 2 期。

[158] 汪明峰：《互联网使用与中国城市化——"数字鸿沟"的空间层面》，《社会学研究》2005 年第 6 期。

[159] 韦路、李贞芳：《新旧媒体知识沟效果之比较研究》，《浙江大学学报》（人文社会科学版）2009 年第 5 期。

[160] 魏南江：《手机媒介传播形态及其使用现状的万人调查——以江苏省 17 所中小学家长、学生、教师为例》，《现代传播》2011 年第 1 期。

[161] 文军：《逻辑起点与核心主题：现代性议题与社会学理论的研究》，《华东师范大学学报》（哲学社会科学版）2002 年第 5 期。

[162] 吴觉巧：《互联网使用对青少年与父母间亲子沟通的影响》，硕士学位论文，兰州大学，2009 年。

[163] 吴正国：《解读青年学生的心理符号——关于大学校园"短信文化"的思考》，《青年研究》2003 年第 5 期。

[164] 俞国良、周雪梅：《青春期亲子冲突及其相关因素》，《北京师范大学学报》（社会科学版）2003 年第 6 期。

[165] 曾荣、王洁、朱晓峰：《父母教养方式对大学生学习适应的影响》，《中国健康心理学杂志》2008 年第 10 期。

[166] 张国华等：《青少年的自我认同与"网络成瘾"的关系》，《中国临床心理学杂志》2008 年第 1 期。

[167] 张恒龙：《手机短信在大学生德育中的运用》，《当代传播》2006 年第 2 期。

[168] 张洁、李慧敏：《社会转型时期的自我认同与教育——解读吉登斯的自我认同理论》，《河北大学学报》（哲学社会科学版）2006 年第 6 期。

[169] 张坤、纪林芹、宫秀丽等：《小学儿童母亲抚养困难及其相关因素的研究》，《山东教育科研》2002 年第 5 期。

[170] 张洪忠、赵越：《北京大学生对 3G 的认知与使用情况调查》，

《新闻与写作》2010 年第 5 期。

[171] 张黎：《从国外品牌手机的购买意愿看 Fishbein 模型的适用性以及文化适应的影响》，《管理科学》2007 年第 2 期。

[172] 张坤、纪林芹、宫秀丽等：《小学儿童母亲抚养困难及其相关因素的研究》，《山东教育科研》2002 年第 5 期。

[173] 张青方：《青少年心理社会发展与其父母教养方式的相关研究》，《青年研究》1998 年第 5 期。

[174] 张叶云：《短信文化对青少年社会化的影响》，《当代青年研究》2005 年第 1 期。

[175] 张卫军、朱佳伟、潘振华等：《大学生手机消费现状调查分析报告》，《青年研究》2003 年第 7 期。

[176] 赵建国：《身体在场与不在场的传播意义》，《现代传播》2015 年第 8 期。

[177] 赵添喜、莫梅锋：《青少年手机沉迷的形成与矫正》，《重庆社会科学》2012 年第 11 期。

[178] 赵璜、柯惠新、陈锐：《青少年网络成瘾的家庭影响因素研究》，《现代传播》2011 年第 4 期。

[179] 赵英、杨阁、罗萱：《大学生对 MOOC 接受与使用行为的调查研究》，《中国远程教育》2015 年第 8 期。

[180] 赵志伟：《青少年手机使用及其影响的研究——以广州地区为例》，硕士学位论文，广州大学，2011 年。

[181] 郑洁：《家庭社会经济地位与大学生就业——一个社会资本的视角》，《北京师范大学学报》（社会科学版）2004 年第 3 期。

[182] 郑满利：《初中生亲子沟通问题的初步研究》，硕士学位论文，河南大学，2004 年。

[183] 郑如霞：《大学生手机消费行为和购买决策因素分析》，《西安邮电学院学报》2007 年第 2 期。

[184] 周建：《自我价值定向理论导向大学生 3G 手机心理评价研究》，硕士学位论文，江南大学，2011 年。

[185] 周金辉：《大学生手机媒介素养研究综述》，《软件导刊》2014年第2期。

[186] 周静：《手机短信使用动机研究——以清华大学学生手机短信使用情况为例》，清华大学新闻与传媒学院网站，http://www.tsinghua.edu.cn/docsn/cbx/meiguan/zxcz/lunwen/zhoujing2.htm, 2003。

[187] 周涛、鲁耀斌、张金隆：《整合TTF与UTAUT视角的移动银行用户采纳行为研究》，《管理科学》2009年第3期。

[188] 周晓虹：《试论当代中国青年文化的反哺意义》，《青年研究》1988年第11期。

[189] 周晓虹：《文化反哺：变迁社会中的亲子传承》，《社会学研究》2000年第2期。

[190] 周晓虹：《从颠覆、成长走向共生与契洽——文化反哺的代际影响与社会意义》，《河北学刊》2015年第3期。

[191] 周怡：《代沟现象的社会学研究》，《社会学研究》1994年第4期。

[192] 周宇豪：《以霍曼斯社会交换论分析大学生使用手机短信行为》，《当代传播》2008年第5期。

[193] 朱其志等：《江苏省513名大学生短信交往行为与焦虑状况相关研究》，《中国健康心理学杂志》2009年第3期。

[194] 朱逸：《"缺场"空间中的符号建构》，《学习与实践》2015年第1期。

（二）英文文献

[195] An, S. K. &Lee D., "An Integrated Model of Parental Mediation: the Effect of Family Communication on Children's Perception of Television Reality and Negative Viewing Effects", *Asian Journal of Communication*, Vol. 20, No. 4, 2010.

[196] Angela G. La Valley, Laura K. Guerrero, "Perceptions of Conflict Behavior and Relational Satisfaction in Adult Parent – child Relationships: A Dyadic Analysis from an Attachment Perspective",

Communication Research, Vol. 39, No. 1, 2012.

[197] Ann - Sofie Axelsson, "Perpetual and Personal: Swedish Young Adults and Their Use of Mobile", New Media& Society, Vol. 12, No. 12, 2010.

[198] Arnold, M., "On the Phenomenology of Technology: The 'Janus - faces' of Mobile Phones", Information and Organization, Vol. 13, No. 4, 2003.

[199] Askelson, M. N., Campo, S. & Smith, S., "Mother - daughter Communication about Sex: The Influence of Authoritative Parenting Style", Health Communication, Vol. 27, No. 5, 2012.

[200] Austin, E. W., "Exploring the Effect of Active Parental Mediation of Television Content", Journal of Broadcasting and Electronic Media, Vol. 37, No. 2, 1993.

[201] Atkin, D & LaRose, R., "An Analysis of the Information Services Adoption Literature", in J. Hanson ed., Advances in Telematies, New York: Ablex, 1994.

[202] Attewell, P., "The First and Second Digital Divides", Sociology of Education, Vol. 74, No. 3, 2001.

[203] Axelsson, A., "Perpetual and Personal: Swedish Young Adults and Their Use of Mobile", New Media Society, Vol. 12, No. 1, 2012.

[204] Banks, S., & Gupta, R., "Television as a Dependent Variable, for a Change", Journal of Consumer Research, Vol. 7, No. 3, 1980.

[205] Baird, T. C., "The Effects of Parental Self - disclosure and Connection on Parent - child Relationship Satisfaction and Their Effects on Child Social Initiative and Child self - esteem", Humanities and Social Sciences, Vol. 62, No. 11, 2002.

[206] Becker, H. J., "Who's Wired and Who's Not: Children's Access

to and Use of Computer Technology", *The Future of Children*, Vol. 10, No. 2, 2000.

[207] Ben-Ze'ev, A., "Privacy, Emotional Closeness, and Openness in Cyberspace", *Computers in Human Behavior*, Vol. 19, No. 4, 2003.

[208] Blandon, A. Y., & Volling, B. L., "Parental Gentle Guidance and Children's Compliance within the Family: A Replication Study", *Journal of Family Psychology*, Vol. 22, No. 3, 2008.

[209] Bomar, J. & Sabatelli, R. M., "Family System Dynamics, Gender and Psychosocial Maturity in Late Adolescence", *Journal of Adolescent Research*, Vol. 11, No. 4, 1996.

[210] Bond, E., "The Mobile Phone = Bike Shed? Children, Sex and Mobile Phones", *New Media Society*, Vol. 13, No. 4, 2011.

[211] Brody, G. H., Flor, D. L., Hollett-Wright, N., & McCoy, J. K., "Children's Development of Alcohol Use Norms: Contributions of Parent and Sibling Norms, Children's Temperaments, and Parent-child Discussions", *Journal of Family Psychology*, Vol. 12, No. 2, 1998.

[212] Brown, B. B., "*Peer Groups and Peer Cultures*", in Feldman, S. S., and Elliott, G. R., eds., *At the Threshold*, Cambridge, MA: Harvard University Press, 1990.

[213] Buckingham, D., *Media Education: Literacy, Learning, and Contemporary Culture*, Cambridge and Malden, MA: Polity Press Blackwell, 2003.

[214] Buckingham, D., "New Media, New Childhoods? Children's Changing Cultural Environment in the Age of Digital Technology", in Kehily M. J., ed., *An Introduction to Childhood Studies*, Maidenhead: Open University Press, 2004.

[215] Buckingham, D. and Scanlon, M., *Education, Entertainment,*

and *Learning in the Home*, Buckingham: Open University Press, 2003.

[216] Bybee, C. R., Robinson, D., & Turow, J., "Determinants of Parental Guidance of Children's Television Viewing for a Special Subgroup: Mass Media Scholars", *Journal of Broadcasting and Electronic Media*, Vol. 26, No. 3, 1982.

[217] Campbell, S. W., "A Cross – cultural Comparison of Perceptions and Uses of Mobile Telephony", *New Media & Society*, Vol. 9, No. 2, 2007.

[218] Caporael, L. R. and Xie, B., "Breaking Time and Place: Mobile Technologies and Reconstituted Identities", in Katz, J. E. ed., *Machines that Become Us: the Social Context of Personal Communication Technology*, New Brunswick (U. S. A.) and London (U. K.): Transaction Publishers, 2003.

[219] Castelain, C., "The Paternal Cord: Telephone Relationships between 'Non – custodian' Fathers and Their Children", *Reseaux*, Vol. 5, No. 2, 1997.

[220] Chassin, L., Curran, P. J., Hussong, A. M., Colder, C. R., "The Relation of Parent Alcoholism to Adolescent Substance Use: a Longitudinal Follow – up Study", *Journal of Abnormal Psychology*, Vol. 105, No. 1, 1996.

[221] Charlton T., Panting C. and Hannan A., "Mobile Telephone Ownership and Usage among 10 – and 11 – Year – old: Participation and Exclusion", *Emotional and Behavioural Difficulties*, Vol. 7, No. 3, 2002.

[222] Chen, W. &B. Wellman, "Charting Digital Divides: Comparing Socioeconomic, Gender, Life Stage, and Rural Urban Internet Access and Use in Five Countries", in Dutton, W. H., Kahin, B., O' Callaghan, R. &Wyckoff A. W. eds., *Transforming En-*

terprise, Cambridge, MA: The MIT Press, 2004.

[223] Christensen T. H., "Connected Presence in Distributed Family Life", *New Media and Society*, Vol. 11, No. 3, 2009.

[224] Clark L. S., "Parental Mediation Theory for the Digital Age", *Communication Theory*, Vol. 21, No. 4, 2011.

[225] Communications Research Laboratory, "Internet Usage in Japan – Survey Report 2003" (2004), http://media.asaka.toyo.ac.jp/wip/.

[226] Corder-Bolz, C. R., "Critical Television Viewing Skills for Elementary Schools", *Television and Children*, Vol. 3, No. 2, 1980.

[227] Council of Economic Advisers, Teens and Their Parents in the 21st Century: an Examination of Trends in Teen Behavior and the Role of Parental Involvement, 2000, Washington, D. C.: National Inst. of Child Health and Human Development, 2000.

[228] Crabtree, J., Nathan, M., *Mobile UK – mobile Phones and Everyday Life*, London: The Work Foundation, 2006.

[229] Darling, N., & Steinberg, L., *Parenting Style as Context: An Integrative Model*, Washington, D. C.: American Psychiatric Association, 1993.

[230] Davis, F. D., "Perceived Usefulness, Perceived Ease of Use, and User Acceptance of Information Technology", *MIS Quarterly*, Vol. 13, No. 3, 1989.

[231] Davis, K., "Friendship 2.0: Adolescents' Experiences of Belonging and Self-disclosure Online", *Journal of Adolescence*, Vol. 35, No. 6, 2012.

[232] Derlega, V. J., Metts S., Petronio S., et al., *Self-disclosure*, London: Stage Publications, Inc., 1993.

[233] DiMaggio, P., Hargittai, E., Celeste, C., & Shafer, S., "From Unequal Access to Differentiated Use: A literature Review

and Agenda for Research on Digital Inequality", in K. Neckerman ed. , *Social Inequality* , New York: Russell Sage Foundation, 2004.

[234] Dolgin, K. G. , "Parents' Disclosure of Their Own Concerns to Their Adolescent Children", *Personal Relationships*, Vol. 3, No. 2, 1996.

[235] Dorr, A. , Kovaric, P. , & Doubleday, C. , "Parent - child Coviewing of Television", *Journal of Broadcasting and Electronic Media*, Vol. 33, No. 1, 1989.

[236] Drevets, R. K. , Benton, S. L. , & Bradley, F. O. , "Students' Perceptions of Parents' and Teachers' Qualities of Interpersonal Relations", *Journal of Youth and Adolescence*, Vol. 25, No. 6, 1996.

[237] Drori, G. S. & Jang, Y. S. , "The Global Digital Divide: A Sociological Assessment of Trends and Causes", *Social Science Computer Review*, Vol. 21, No. 2, 2003.

[238] Dutton, W. Rogers, E. , Jun, U. H. , "Diffusion and Social Impacts of Personal Computers", *Communication Research*, Vol. 14, No. 2, 1987.

[239] Earl Babbie, *The Practice of Social Research (Fifth Edition)*, Belmont: Wadsworth Publisher, 1989.

[240] Ellwood - Clayton, Bella, "Virtual Strangers: Young Love and Testing in the Filipino Archipelago of Cyberspace", in Nyiri, K. , ed. , *Mobile Democracy: Essays on Society, Self and Politics*, Vienna: Passagen Verlag, 2003.

[241] Erstad, Ola, "Electracyas Empowerment: Student Activities in Learning Environments Using Technology", *Young*, Vol. 1, No. 1, 2003.

[242] Facer, K. , What Do We Mean by the Digital Divide? Exploring the Roles of Access, Relevance and Resource Networks, BECTa

(November 2004); http://www.becta.org.uk/research.

[243] Facer, K., J. Furlong R. and Sutherland, R., *Screenplay: Children and Computing in the Home*, London: Routledge Press, 2003.

[244] Fine, G. A., *With the Boys: Little League Baseball and Preadolescent Culture*, Chicago: University of Chicago Press, 1987.

[245] Fortunati, L., "The Mobile Phone: Towards New Categories and Social Relations", *Information, Communication& Society*, Vol. 5, No. 4, 2002.

[246] Gergen, K. J., "Self and Community in the New Floating Worlds", in K. Nyíri ed., *Mobile Democracy: Essays on Society, Self and Politics*, Vienna: Passagen Verlag, 2003.

[247] Gergen, K. J., "The Challenge of Absent Presence", in Katz, J. E. and Aakhus, M. eds., *Perpetual Contact: Mobile Communication, Private Talk, Public Performance*, Cambridge: Cambridge University Press, 2002.

[248] Giddens, A., *Modernity and Self Identity*, Cambridge: Polity Press, 1991.

[249] Giddens, A., *The Runaway World*, Cambridge: Polity, 1999.

[250] Graham, S. & Marvin, S., *Telecommunications and the City: Electronic Spaces, Urban Places*, London: Routledge, 1996.

[251] Greenfield, S., *Tomorrow's People: How 21st Century Technology is Changing the Way We Think and Feel*, London: Allen Lane, 2004.

[252] Ha, J. H., Chin, B., Park, D. H., Ryu S. H. &Yu, J., "Characteristics of Excessive Cellular Phone Use in Korean Adolescents", *Cyber Psychology and Behaviour*, Vol. 11, No. 6, 2008.

[253] Harper, R., "Are Mobiles Good or Bad for Society?" in Nyiri, K., *Mobile Democracy: Essay on Society, Self and Politics*, Vien-

na: Passagen Verlag, 2003.

[254] Hashimoto, Y., "The Spread of Cellular Phones and Their Influences on Young People in Japan", *Review of Media Information and Society*, Vol. 28, No. 7, 2002.

[255] Heelas, P., Lash, S. and Morris, P. eds., *Detraditionalisation: Critical Reflection on Authority& Identity*, Oxford: Blackwell, 1996.

[256] Hess, F. M. and Leal, D. L., "A Shrinking 'Digital Divide'? The Provision of Classroom Computers across Urban School Systems", *Social Science Quarterly*, Vol. 82, No. 4, 2001.

[257] Hindman, D. B., "The Rural-urban Digital Divide", *Journalism and Mass Communication Quarterly*, Vol. 77, No. 3, 2000.

[258] Hoffman, D., Kalsbeek, W., & Novak, T., "Internet and Web Use in the US", *Communications of the ACM*, Vol. 39, No. 12, 1996.

[259] Holloway, S. L. and G. Valentine, *Cyberkids: Children in the Information Age*, London: Routledge, 2002.

[260] Ishii, K., "Internet Use Via Mobile Phone in Japan", *Telecommunications Policy*, Vol. 28, No. 1, 2004.

[261] James E. Katz, Satomi Sugiyama, "Mobile Phones as Fashion Statements: Evidence from Student Surveys in the US and Japan", *New Media & Society*, Vol. 8, No. 2, 2006.

[262] Joinson, A. N., "Self-disclosure in Computer-mediated Communication: The Role of Self-awareness and Visual Anonymity", *European Journal of Social Psychology*, Vol. 31, No. 2, 2001.

[263] Jourard S. M. & Lasakow P., "Some Factors in Self-disclosure", *Journal of Abnormal and Social Psychology*, Vol. 56, No. 1, 1958.

[264] Judith, G. Smetana, "Parenting Styles and Conceptions of Parental

Authority During Adolescence", *Child Development*, Vol. 66, No. 2, 1995.

[265] Kandell & Jonathan, "Finland is Now Nokialand", *Institutional Investor - International Edition*, June 1, 2001.

[266] Kasesniemi, E. - L., and Rautianen, P., "Mobile Culture of Children and Teenagers in Finland", in Katz, J. E., and Aakhus, M. eds., *Perpetual Contact: Mobile Communication, Private Talk, Public Performance*, Cambridge, UK: Cambridge University Press, 2002.

[267] Kennedy, T. L. M., Smith, A., Wells, A. T., et al., *Networked Families*, Washington, D. C.: Pew Internet & American Life Project, 2008.

[268] Kerr, M., Stattin, H., & Trost, K., "To Know You Is to Trust You: Parents' Trust is Rooted in Child Disclosure of Information", *Journal of Adolescence*, Vol. 22, No. 6, 1999.

[269] Kiesler, S., Zdaniuk, B., Lundmark, V., & Kraut, R., "Troubles with the Internet: The Dynamics of Help at Home", *Human - Computer Interaction*, Vol. 15, No. 4, 2000.

[270] Kim, K. Y., "The Landscape of Keitai Shôsetsu: Mobile Phones as a Literary Medium among Japanese Youth", *Media & Cultural Studies*, Vol. 26, No. 3, 2012.

[271] Kim, S. H., "Testing the Knowledge Gap Hypothesis in South Korea: Traditional News Media, the Internet, and Political Learning", *International Journal of Public Opinion Research*, Vol. 20, No. 2, 2008.

[272] Krcmar, M., "The Contribution of Family Communication Patterns to Children Interpretations of Television Violence", *Journal of Broadcasting & Electronic Media*, Vol. 42, No. 2, 1998.

[273] Leena, K., &Aria, R., "Intensity of Mobile Phone Use and

Health Compromising Behaviors: How is Information and Communication Technology Connected to Health – related Life Style in Adolescence", *Journal of Adolescence*, Vol. 28, No. 1, 2005.

[274] Leung L., Wei R., "Who Are the Mobile Phone Have – nots?" *New Media and Society*, Vol. 1, No. 2, 1999.

[275] Levine, D., "Virtual Attraction: What Rocks Your Boat", *CyberPsychology and Behavior*, Vol. 3, No. 4, 2000.

[276] Ling R., "We Will Be Reached: The Use of Mobile Phone Telephony among Norwegian Youth", *Information Technology and People*, Vol. 13, No. 2, 2000.

[277] Ling, R., *The Mobile Connection: The Cell Phone's Impact on Society*, San Francisco: Morgan Kaufmann Publishers, 2004.

[278] Ling, R. and Yttri, B., "Control, Emancipation, and Status. The Mobile Telephone in Teens' Parental and Peer Relationships", in Kraut R., Brynin M. and Kiesler S. eds., *Computers, Phones and the Internet: Domesticating Information Technology*, Oxford: University Press, 2006.

[279] Ling, R., *New Tech, New Ties: How Mobile Communication is Reshaping Social Cohesion*, Cambridge, MA: MIT Press, 2008.

[280] Livingstone, S., *Young People and New Media*, Thousand Oaks, CA: Sage, 2002.

[281] Livingstone, S., & Helsper, E., "Parental Mediation and Children's Internet Use", *Journal of Broadcasting and Electronic Media*, Vol. 52, No. 4, 2008.

[282] Maczewski M., "Exploring Identity Through the Internet: Youth Experiences Online", *Child & Youth Care Form*, Vol. 31, No. 2, 2002.

[283] Madianou M., and Miller D., "Mobile Phone Parenting: Reconfiguring Relationships between Filipina Migrant Mothers and Their Left –

behind Children", *New Media Society*, Vol. 13, No. 3, 2011.

[284] Mante - Meijer, E., et al., *Checking it out with the People—ICT Markets and Users in Europe*, Heidelberg: EURESCOM, 2001.

[285] Meadowcroft, J., "Family Communication Patterns and Political Development: The Child's Role", *Communication Research*, Vol. 13, No. 4, 1986.

[286] McLeod, J. M., & Chaffee, S. H., "The Construction of Social Reality", in J. Tdeschi ed., *The Social Influence Process*, Thousand Oaks, CA: Sage, 1972.

[287] M. D. Aguilera, A. Méndiz, E. Borges, "Young People's Attitudes towards and Evaluations of Mobile TV", *Comunicar*, Vol. 36, No. 18, 2008.

[288] Miller - Day, M. A., "Parent - adolescent Communication about Alcohol, Tobacco, and Other Drug Use", *Journal of Adolescent Research*, Vol. 17, No. 6, 2002.

[289] Miller - Day, M. &Dodd, A. H., "Toward a Descriptive Model of Parent - offspring Communication about Alcohol and Other Drugs", *Social and Personal Relationships*, Vol. 21, No. 1, 2004.

[290] Miller - Day M. &Jennifer A. K., "More Than Just Openness: Developing and Validating a Measure of Targeted Parent - child Communication about Alcohol", *Health Communication*, Vol. 25, No. 4, 2010.

[291] Miller, D. and Slater D., *The Internet: An Ethnographic Approach*, Oxford and New York: Berg, 2000.

[292] Miller, J. B., "Parental Disclosure from the Perspective of Late Adolescents", *Journal of Adolescence*, Vol. 16, No. 4, 1993.

[293] Murdock, G., "Rethinking Communication Exclusion: Tackling the Digital Divide", BECTa (November 2004), http://www.becta.org.uk/research.

[294] National Telecommunication and Information Administration, "Falling Through the Net: A Survey of the 'Have Nots' in Rural and Urban America", http://www.ntia.doc.gov/ntiahome/digital divide/1995.

[295] Nathanson, A. I., "Identifying and Explaining the Relationship between Parental Mediation and Children's Aggression", *Communication Research*, Vol. 26, No. 2, 1999.

[296] Nikken, P., & Jansz, J., "Parental Mediation of Children's Videogame Playing: A Comparison of the Reports by Parents and Children", *Learning Media & Technology*, Vol. 31, No. 2, 2006.

[297] Norris, P., *Digital Divide: Civic Engagement, Information Poverty and the Internet Worldwide*, New York: Cambridge University Press, 2001.

[298] OECD, *Understanding the Digital Divide*, Paris: OECD, 2001.

[299] O'Keefe, G. J., Jr., "Co-orientation Variables in Family Studies", *American Behavioral Scientist*, Vol. 16, No. 2, 1973.

[300] Oksman & Rautiainen., "Perhaps It is a Body Part: How the Mobile Phone Become an Organic Part of the Everyday Lives of Children and Adolescents: a Case Study of Finland", in J. E. Katz ed., *Machines that Become Us*, New Brunswick, NJ: Transaction Publishers, 2002.

[301] Oksman, V. and Turtiainen J., "Mobile Communication as a Social Stage: Meanings of Mobile Communication in Everyday Life among Teenagers in Finland", *New Media and Society*, Vol. 6, No. 3, 2004.

[302] Papert, S., *The Connected Family: Bridging the Digital Generation Gap*, Atlanta, GA: Longstreet Press, 1996.

[303] Papini, D. R., &Farmer, F. F. et al., "Early Adolescent Age

and Gender Differences in Patterns of Emotional Self – disclosure to Parents and Friends", *Adolescence*, Vol. 25, No. 10, 1990.

[304] Park, Robert E., & Ernest, W., Burgess, *Introduction to the Science of Sociology, Including a Index to Basic Sociological Concepts*, Chicago: The University of Chicago Press, 1970.

[305] Parker, S., "Searching for the Digital Divide", *Information Development*, Vol. 17, No. 4, 2001.

[306] Parker, S., "Editorial: What Digital Divide?" *Information Development*, Vol. 23, No. 4, 2007.

[307] Puro, Jukka – Pekka, "Finland: A Mobile Culture", in Katz, J. E. and Aakhus, M. eds., *Perpetual Contact: Mobile Communication, Private Talk, Public Performance*, Cambridge: Cambridge University Press, 2002.

[308] Rakow, L. F., & Navarro, V., "Remote Mothering and the Parallel Shift: Women Meet the Cellular Telephone", *Critical Studies in Mass Communication*, Vol. 10, No. 2, 1993.

[309] Rhonda N. McEwen, *A World More Intimate: Exploring the Role of Mobile Phones in Maintaining and Extending Social Networks*, Faculty of Information University of Toronto, Ph. D. Dissertation, 2010.

[310] Robin, A. L., Foster, S. L., *Negotiation Parent – adolescent Conflict: A Behavioural Systems Approach*, New York: Guilford, 1989.

[311] Rose M. Kundanis, *Children, Teens, Families, and Mass Media: the Millennial Generation*, Mahwah, NJ: Lawrence Erlbaum Associates, Inc., 2003.

[312] Sandra Petronio, *Boundaries of Privacy: Dialectics of Disclosure*, New York: State University of New York Press, 2002.

[313] Schrodt, P., Ledbetter, a. M. Jernberg, K. a. Larson, L., Brown,

N., Glonek, K., "Family Communication Patterns as Mediators of Communication Competence in the Parent - child Relationship", *Journal of Social and Personal Relationships*, Vol. 26, No. 6, 2009.

[314] Servon, L. J., *Bridging the Digital Divide: Technology, Community and Public Policy*, Malden, MA: Blackwell Publishing, 2002.

[315] Sillars A., Smith, T., Koerner, A., "Misattributions Contributing to Empathic (in) Accuracy during Parent - adolescent Conflict Discussions", *Journal of Social & Personal Relationships*, Vol. 27, No. 6, 2010.

[316] Sun, M. P., *Effects of New Media Use on Adolescents' Family Lives: Time Use and Relationships with Family Members in Taiwan*, Doctoral Dissertation, The Faculty of the College of Communication of Ohio University, 1995.

[317] Takao M., et al., "Addictive Personality and Problematic Mobile Phone Use", *Cyber Psychology & Behavior*, Vol. 12, No. 5, 2009.

[318] Tasuku Igarashi, Jiro Takai & Toshikazu Yoshida, "Gender Differences in Social Network Development via Mobile Phone Text Messages: A Longitudinal Study", *Journal of Social and Personal Relationship*, Vol. 22, No. 5, 2005.

[319] Tapscott, D., *Growing Up Digital: the Rise of the Net Generation*, New York: McGraw - Hill, 1998.

[320] Thompson, J., *Ideology and Modern Culture: Critical Social Theory in the Era of Mass Communication*, California: Stanford University Press, 1990.

[321] Turkle, S., *Life on the Screen: Identity in the Age of the Internet*, New York: Simon & Schuster, 1995.

[322] Valentine, G., "'Oh Yes I Can.' 'Oh No You Can' t': Chil-

dren and Parents Understandings of Kids Competence to Negotiate Public Space Safely", *Antipode*, Vol. 29, No. 1, 1997.

[323] Valkenburg, P. M., Krcmar, M., Peeters, A. L., & Marseille, N. M., "Developing a Scale to Assess Three Styles of Television Mediation: 'Instructive Mediation', 'Restrictive Mediation' and 'Social Coviewing'", *Journal of Broadcasting and Electronic Media*, Vol. 43, No. 1, 1999.

[324] Van Dijk, J., A Framework for Digital Divide Research, *Electronic Journal of Communication*, Vol. 12, No. 1, 2002.

[325] Venkatesh, V., &Davis, F. D., "A Theoretical Extension of the Technology Acceptance Model: Four Longitudinal Field Studies", *Management Science*, Vol. 46, No. 2, 2000.

[326] Venkatesh, V., Morris, M. G., Davis, G. B., Davis, F. D., "User Acceptance of Information Technology: toward a Unified View", *MIS Quarterly*, Vol. 27, No. 3, 2003.

[327] Wagner, G. G., R. A. Pischner and J. P. Haisken – DeNew, "The Changing Digital Divide in Germany", in B. Wellman and C. Haytornthwaite eds., *The Internet in Everyday Life*, Oxford: Blackwell, 2002.

[328] Weintraub – Austin, E., "Exploring the Effects of Active Parental Mediation of Television Content", *Journal of Broadcasting & Electronic Media*, Vol. 37, No. 2, 1993.

[329] Webster, J., Pearson, J., &Webster, D., "Children's Television Viewing as Affected by Contextual Variables in the Home", *Communication Research Reports*, Vol. 3, No. 1, 1986.

[330] Wengraf, T., *Qualitative Research Interviewing Biographic Narrative and Semi – structured Methods*, London: SAGE Publications, 2001.

[331] Wheelock, J., "Personal Computers, Gender, and an Institu-

tional Model of the Household", In R. Silverstone & E. Hirsch eds., *Consuming Technologies: Media and Information in Domestic Spaces*, London: Routledge, 1992.

[332] Williams. A., "Adolescents' Relationships with Parents", *Journal of Language and Social Psychology*, Vol. 22, No. 1, 2003.

[333] Willis, S. & Tranter, B., "Beyond the 'Digital Divide': Internet Diffusion and Inequality in Australia", *Journal of Sociology*, Vol. 42, No. 1, 2006.

[334] Williams. S., &Williams. L., "Space Invaders: The Negotiation of Teenage Boundaries through the Mobile Phone", *The Sociological Review*, Vol. 53, No. 2, 2005.

[335] Wilson, K. R., Wallin, J. S., & Reiser, C., "Social Stratification and the Digital Divide", *Social Science Computer Review*, Vol. 21, No. 2, 2003.

[336] Yen, C. F., et al., "Symptoms of Problematic Cellular Phone Use, Functional Impairment and Its Association with Depression among Adolescents in Southern Taiwan", *Journal of Adolescence*, Vol. 32, No. 4, 2009.

[337] Yoon K., "Local Sociality in Young People's Mobile Communications: A Korean Case Study", *Childhood*, Vol. 13, No. 2, 2006.

[338] Young, M. H., Miller, B. C., Norton, M. C., & Hill, E. J., "The Effect of Parental Supportive Behaviors on Life Satisfaction of Adolescent Offspring", *Journal of Marriage and the Family*, Vol. 57, No. 3, 1995.

附　　录

编号：

青少年的手机使用与亲子沟通问卷（青少年卷）

亲爱的同学：

　　您好！我们是闽南师范大学新闻传播学院课题组，我们正在进行一项省社科项目的问卷调查。您被选中，纯粹是随机抽样的结果。问卷不需要写姓名，回答的结果没有对错之分，只要符合您的真实情况就可以了。您的回答将作为科学研究所用，所填的任何信息都会作为个人隐私，不会透露给其他人，请您放心作答！调查将会花费您的一些时间，希望您能够理解并给予支持。非常感谢！

闽南师范大学新闻传播学院

　　请在相应的数字上打√（除特别说明外，均为单项选择）

A1 您的性别　（1）男　　　（2）女

A2 您的年龄：_____周岁

A3 您目前就读于：（1）初中　　（2）高中　　（3）中职
（4）大一　（5）大二　（6）大三　（7）大四

A4 您的家庭所在地：（1）城市　　（2）农村

A5 您是否寄宿：（1）是　　　（2）否

A6 您是否为独生子女？（1）是　　　（2）否

A7 家庭结构：

（1）原生完整家庭　　　（2）再婚完整家庭

（3）父母离异或去世的单亲家庭

A8 您父亲的职业是_____；您母亲的职业是_____。

（1）工人　　　　　　　（2）企业、公司职员

（3）军人　　　　　　　（4）个体经营人员

（5）农民　　　　　　　（6）医务人员

（7）机关、事业单位干部　（8）教师

（9）无业或者下岗　　　（10）其他

B1 您是否拥有自己的手机？（1）是　　（2）否

B2 如果您没有手机，原因（可多选）

（1）学校不允许携带手机　（2）父母不允许

（3）自己觉得没必要

B3 您从什么时候开始拥有自己的手机：

（1）小学之前　（2）小学　（3）初中　（4）高中　（5）大学

B4 您通过什么途径获得的手机：

（1）父母主动买的　　（2）向父母要求买的

（3）自己花钱买的　　（4）学习进步的奖励或生日礼物

（5）亲戚朋友送的　　（6）父母不用的旧手机

B5 您拥有几部手机？（1）1部　（2）2部　（3）3部

（4）3部以上

B6 您的手机是否为智能手机（具有上网、QQ聊天、微信、微博等功能）？

（1）是　　（2）否

B7 您拥有手机的主要原因（请选择最重要的三项）

（1）和父母联系　　　（2）和同学或朋友联系

（3）上网搜索资料　　（4）时尚、身份象征

（5）游戏娱乐　　　　（6）拍摄照片

（7）观看视频

第一_____　第二_____　第三_____

C1 您平时主要使用手机的什么功能？（可多选）

（1）语音通话　　（2）手机短信　　（3）手机QQ

（4）微信、飞信　　（5）手机微博

C2 如果您和父母沟通，主要使用什么功能（请选择最重要的三项）

（1）语音通话　（2）手机短信　　（3）手机QQ

（4）微信　　　（5）手机微博

第一_____　　第二_____　　第三_____

C3 您打手机给同学的次数？

（1）每天1次或更少　（2）每天2—3次　（3）每天3次以上

C4 您打手机给父母的次数？

（1）每天1次　　　（2）每天2—3次　　（3）每天3次以上

（4）一周一次　　　（5）一周2—4次　　（6）一周5次

（7）一月2—3次　　（8）一月一次或更少

C5 您通常每次与同学通话的时间？

（1）1分钟以下　　（2）1—5分钟　　　（3）6—10分钟

（4）11—20分钟　　（5）21—30分钟　　（6）31—60分钟

（7）1小时以上

C6 您通常每次与父母通话的时间？

（1）1分钟以下　　（2）1—5分钟　　　（3）6—10分钟

（4）11—20分钟　　（5）21—30分钟　　（6）31—60分钟

（7）1小时以上

C7 您通常发短信给同学的次数？

（1）每天1次或更少　（2）每天2—3次　（3）每天3次以上

C8 您通常发短信给父母的次数？

（1）每天1次　　　（2）每天2—3次　　（3）每天3次以上

（4）一周一次　　　（5）一周2—4次　　（6）一周5次

（7）一月2—3次　　（8）一月一次或更少

D1 一般来说，您指导父母手机使用，最初是由谁提议的？

（1）您　　　　（2）父母

D2 请您客观地评价自己是否同意问卷中所描述的情况，并在相应的数字上打√（非常符合为"5"，非常不符合为"1"，答案没有对错之分）。

	非常符合	符合	不确定	不符合	非常不符合
1. 我很想让父母能够掌握常用的手机技术。	5	4	3	2	1
2. 我很想让父母能够掌握新的手机使用知识。	5	4	3	2	1
3. 当父母在手机使用上遇到问题时，即使父母不主动问我，我也愿意告诉他们。	5	4	3	2	1
4. 通过指导父母使用手机，我们之间有更多的交流话题，关系更加融洽。	5	4	3	2	1
5. 通过指导父母使用手机，提高我在家庭中的地位。	5	4	3	2	1
6. 指导父母使用手机后，父母沉迷于手机，减少了亲子交流的时间。	1	2	3	4	5

D3 请您客观地评价父母向您请教手机使用的情况，并在相应的数字上打√（总是请教为"5"，从不请教为"1"，答案没有对错之分）。

您的父母向您请教手机使用的	总是	经常	偶尔	很少	从不
信息获取（如手机搜索、手机网络新闻等）	5	4	3	2	1
休闲娱乐（如手机网络音乐、手机网络视频、手机网络游戏、手机网络文学等）	5	4	3	2	1
交流沟通（短信、手机即时通信、手机微博客、手机邮件、手机论坛/BBS等）	5	4	3	2	1
商务交易（手机网络购物、手机网上银行、手机网上支付、手机团购、手机旅行预订、互联网理财等）	5	4	3	2	1
工具扩展（手电筒、录音、照相等）	5	4	3	2	1
个人管理（壁纸设置、通讯录、模式选择、故障处理等）	5	4	3	2	1
手机语言表达（如表情符号的含义、网络流行语等）	5	4	3	2	1

D4 如果您的父母向您请教有关手机的技术时，您会觉得怎样？

（1）觉得自豪，乐于解答　　（2）觉得他们基础差，应付一下
（3）对此不屑一顾　　　　　（4）其他

E1 您什么时候会使用手机与父母沟通？（多项选择）
（1）在外遇到生活及学习上的问题时
（2）与同学或朋友外出时
（3）当您有好消息时
（4）当您情绪低落（悲伤、生气、困惑）时
（5）在节日或父母生日时
（6）做错事时
（7）和父母发生矛盾冲突时

E2 当家中有一些重大决策时，父母是否会打电话和您商量？
（1）会　　（2）和我有关系时才会　　（3）不会

F1 通过手机，我拥有了一个属于自己的私人空间。
（1）是　　（2）否　　（3）不确定

F2 父母对您使用手机有限定吗？（可多选）
（1）没有　　（2）不能使用智能机　　（3）不能玩手机游戏
（4）限定与同学通话的时间　　（5）限定手机上网的时间
（6）其他

F3 有了手机后，您是否有了被父母延伸管理或控制的感觉：
（1）有　　（2）没有　　（3）不确定

G1 有了手机后，对您和父母的交流产生什么影响？（多项选择）
（1）让我们有更多的话题，交流更深入融洽
（2）减少了我和父母的交流时间
（3）增加了父母和我之间的分歧，冲突变得更多
（4）加强我和父母的联系，我们的交流变得更多
（5）一些面对面不好解决的问题可以通过手机解决，缓和或避免了冲突
（6）有助于表达亲密情感或体会到彼此之间的关心，使亲子之间感情更亲密

(7) 和我没有使用手机之前一样,没什么变化

H1 根据自己与父母沟通的情况,分别在相应的数字上打√(非常符合为"5",非常不符合为"1",答案没有对错之分)。

	非常符合	比较符合	不确定	不太符合	非常不符合
1. 我可以与我的父母讨论我对人或事的看法,而不必觉得尴尬或有所顾忌。	5	4	3	2	1
2. 有时我怀疑父母对我说的话是否真实。	5	4	3	2	1
3. 我的父母总是很专注地听我讲话。	5	4	3	2	1
4. 有时我害怕向父母提出自己的要求。	5	4	3	2	1
5. 我的父母经常对我说一些不该说的话。	5	4	3	2	1
6. 我父母不用问我就可以说出我的感受。	5	4	3	2	1
7. 我很满意自己和父母的谈话方式。	5	4	3	2	1
8. 假如我遇到了困难,我可以告诉我的父母。	5	4	3	2	1
9. 我可以很坦率地表达对父母的情感。	5	4	3	2	1
10. 当我和父母之间闹别扭时,我就不和他们说话。	5	4	3	2	1
11. 我很小心地选择与父母的谈话内容。	5	4	3	2	1
12. 当与父母谈话时,我经常说一些不该说的话。	5	4	3	2	1
13. 当我问父母问题时,他会诚实地回答我。	5	4	3	2	1
14. 我的父母会尽力去理解我。	5	4	3	2	1
15. 我避免与父母谈论某些方面的话题。	5	4	3	2	1
16. 我觉得与父母一起讨论问题很容易。	5	4	3	2	1
17. 我可以很容易地向父母表达我所有的真实感受。	5	4	3	2	1
18. 我父母惹我心烦。	5	4	3	2	1
19. 当父母生我气时,他/她会羞辱我。	5	4	3	2	1
20. 我不可能告诉父母我对某些事情的真实感受。	5	4	3	2	1

H2 在您的印象中,您父母对您的教养态度如何,请根据您的实际情况在对应的选项上打"√"(总是为"4",从不为"1",答案没有对错之分)。

	总是	经常	偶尔	从不
1. 父母常常在我不知道原因的情况下对我大发脾气。	4	3	2	1
2. 父母赞美我。	4	3	2	1
3. 我希望父母对我正在做的事不要过分担心。	4	3	2	1
4. 父母对我的惩罚往往超过我应受的程度。	4	3	2	1
5. 父母要求我回到家里必须得向他们说明我在外面做了什么事。	4	3	2	1
6. 我觉得父母尽量使我的青少年时期的生活更有意义和丰富多彩。	4	3	2	1
7. 父母经常当着别人的面批评我既懒惰又无用。	4	3	2	1
8. 父母不允许我做一些其他孩子可以做的事情，因为他们害怕我会出事。	4	3	2	1
9. 父母总试图鼓励我，使我成为佼佼者。	4	3	2	1
10. 我觉得父母对我可能出事的担心是夸大的、过分的。	4	3	2	1
11. 当遇到不顺心的事时，我能感到父母在尽量鼓励我，使我得到安慰。	4	3	2	1
12. 我在家里往往被当作"替罪羊"或"害群之马"。	4	3	2	1
13. 我能通过父母的言谈、表情感到他们很喜欢我。	4	3	2	1
14. 父母常以一种使我很难堪的方式对待我。	4	3	2	1
15. 父母常常允许我到我喜欢去的地方，而他们又不会过分担心。	4	3	2	1
16. 我觉得父母干涉我做的任何一件事。	4	3	2	1
17. 我觉得与父母之间存在一种温暖、体贴和亲热的感觉。	4	3	2	1
18. 父母对我该做什么、不该做什么都有严格的限制而且绝不让步。	4	3	2	1
19. 即使是很小的过错，父母也惩罚我。	4	3	2	1
20. 父母总是左右我该穿什么衣服或该打扮成什么样子。	4	3	2	1
21. 当我做的事情取得成功时，我觉得父母很为我自豪。	4	3	2	1

再次对你的支持和合作表示诚挚的感谢！

编号：

青少年的手机使用与亲子沟通问卷（父母卷）

亲爱的家长：

您好！我们是闽南师范大学新闻传播学院课题组，我们正在进行一项省社科项目的问卷调查。您被选中，纯粹是随机抽样的结果。问卷不需要写姓名，回答的结果没有对错之分，只要符合您的真实情况就可以了。您的回答将作为科学研究所用，所填的任何信息都会作为个人隐私，不会透露给其他人，请您放心作答！调查将会花费您的一些时间，希望您能够理解并给予支持。非常感谢！

闽南师范大学新闻传播学院

请在相应的数字上打√（除特别说明外，均为单项选择）。

A1 您的性别　（1）男　　　（2）女

A2 您的年龄：_____周岁

A3 您的教育程度：

（1）没有上过学　（2）小学　　（3）初中　　（4）高中或中专

（5）大学（专科或本科）　　　（6）研究生

A4 您的居住地：（1）城市　　　（2）农村

A5 您的职业是：

（1）工人　　　　　（2）企业、公司职员　　（3）军人

（4）个体经营人员　（5）农民　　　　　　　（6）医务人员

（7）机关、事业单位干部　（8）教师

（9）无业或者下岗　　　　（10）其他

A6 您的家庭月收入：

（1）＜2000元　（2）2000—4000元　（3）4000—5000元

（4）5000—10000元　（5）＞10000元

A7 您是否因为工作、学习等原因或孩子在外求学而暂时没和孩

子住在一起：

（1）是　　　（2）否

B1 您拥有几部手机？（1）1部　　（2）2部　　（3）3部或3部以上

B2 您的手机是否为智能手机（具有上网、QQ聊天等功能）：

（1）是　　　（2）否

B3 您平时主要使用手机的什么功能？（可多选）

（1）语音通话　　　　（2）手机短信　　　　（3）手机QQ

（4）微信、飞信　　　（5）手机微博

B4 您拥有手机的主要原因（请选择最重要的三项）

（1）和孩子联系　　　（2）信息搜索　　　　（3）游戏娱乐

（4）身份象征　　　　（5）观看视频　　　　（6）拍摄照片

（7）和同事或亲戚朋友联系

第一_____　　第二_____　　第三_____

C1 您给孩子买手机的原因（可多选）

（1）联络孩子方便　　　　　（2）孩子的强烈要求

（3）作为奖励或生日礼物　　（4）出于孩子的安全考虑

（5）便于管理孩子

C2 您不给孩子买手机的原因（可多选）

（1）影响孩子学习　（2）没必要　（3）经济问题　（4）其他

C3 您平时与孩子最常用的沟通方式（请选择最重要的三项）

（1）面对面　　　　（2）手机通话　　　　　（3）发短信

（4）QQ聊天　　　（5）微信、飞信　　　　（6）手机微博

第一_____　　第二_____　　第三_____

C4 您平时主动打手机给孩子的次数？

（1）一月一次或更少　（2）一月2—3次　　（3）一周一次

（4）一周2—4次　　　（5）一周5次　　　　（6）每天

C5 您平时主动发短信给孩子的次数？

（1）一月一次或更少　（2）一月2—3次　　（3）一周一次

（4）一周2—4次　　　（5）一周5次　　　　（6）每天

D1 您是否承认在手机使用方面不如孩子？（1）是　　（2）否

D2 您使用手机的知识技能是否受到了孩子的影响？（1）是（2）否

D3 请您客观地评价自己是否同意问卷中所描述的情况，并在相应的数字上打√（非常符合为"5"，非常不符合为"1"，答案没有对错之分）。

	非常符合	符合	不确定	不符合	非常不符合
1. 我对掌握常用的手机技术很感兴趣。	5	4	3	2	1
2. 我对掌握最新的手机技术很感兴趣。	5	4	3	2	1
3. 我会主动向孩子请教手机使用方面的问题。	5	4	3	2	1
4. 在同龄人中，我通常率先尝试新的信息科技产品。	5	4	3	2	1
5. 我平时经常关注通信信息产品的发展动向。	5	4	3	2	1
6. 对我来说，学习掌握新的手机技术，不需要花费很多精力。	5	4	3	2	1
7. 我觉得通过手机来做自己想做的事情比较容易。	5	4	3	2	1
8. 学习掌握新的手机技术，可以提高我的工作效率。	5	4	3	2	1
9. 学习掌握新的手机技术，对我的日常生活比较有用。	5	4	3	2	1
10. 当周围人在使用某种我不熟悉的手机技术时，我会主动向孩子请教。	5	4	3	2	1
11. 为了不在周围人中显得落伍，我会主动向孩子请教新的手机技术。	5	4	3	2	1
12. 我拥有学习手机新技术所必需的知识和能力。	5	4	3	2	1
13. 我向孩子请教手机使用方面的问题比较方便。	5	4	3	2	1
14. 通过孩子的指导，我的手机使用技术有了提高。	5	4	3	2	1
15. 孩子指导我手机新功能后，我更多地使用手机，减少了锻炼和休息的时间。	5	4	3	2	1
16. 孩子指导我手机新功能后，我更多地使用手机，视力有所下降。	5	4	3	2	1

E1 有了手机后，对您和孩子的交流产生什么影响？（多项选择）

（1）让我们有更多的话题，交流更深入融洽

（2）减少了我和孩子的交流时间

（3）增加了我和孩子之间的分歧，冲突变得更多

（4）加强我和孩子的联系，我们的交流变得更多

（5）一些面对面不好解决的问题可以通过手机解决，缓和或避免了冲突

（6）有助于表达亲密情感或体会到彼此之间的关心，使我们之间的感情更亲密

（7）和孩子没有使用手机之前一样，没什么变化

F1 您什么时候会使用手机与孩子沟通？（多项选择）

（1）询问孩子学习、生活怎么样

（2）叫孩子回家的时候

（3）家里有重大决策，想和孩子商量

（4）在外面有事情告诉孩子的时候

（5）想避免和孩子的正面冲突时

（6）生孩子气的时候

（7）向孩子道歉或者认错的时候

（8）批评孩子的时候

（9）表扬孩子的时候

（10）心里对孩子有疑问的时候

G1 您是否会查孩子的通信记录或短信？

（1）不会　（2）经常会　（3）偶尔会　（4）想查，但没法查

G2 您是否会上孩子的 QQ 空间看看？

（1）经常看（2）偶尔看看（3）从不看（4）想看，孩子不让

G3 您是否会看孩子的微博？

（1）经常看　　　（2）偶尔看看　　（3）从不看

（4）想看，孩子不让　（5）不知道他（她）是否有微博

再次对您的支持和合作表示诚挚的感谢！

访谈提纲

青少年

1. 您的基本情况：姓氏、年龄、性别、受教育程度、年级等。

2. 您在什么情况下拥有手机？第一次有手机，有什么感觉？是否用智能手机，为什么？

3. 您出门时，是否会带手机？是自己要带，还是父母要求？中间计划变更，是否会打电话或发短信与父母协商？父母中间是否会打电话催促？什么情况下，您会接？什么情况下不会接？

4. 您是如何利用手机获取信息？有了手机后，是否增加您在父母心目中的决策权和话语权？为什么？

5. 您的父母平时会主动向您请教手机方面的知识吗？您的感受如何？您教过父母的哪些手机使用功能？他们学得怎么样？这对于您的家庭地位、话语权和亲子关系是否有影响？

6. 有了手机后，您是否拥有属于自己的私人空间？请举例说明。

7. 您的手机有设密码吗？平时和同学发完短信，会删掉吗？手机有设通讯录吗？为什么？

8. 您认为父母是否通过手机延伸您的控制？如果有，您的感受如何？又会采取什么方法应对？

9. 您分别在什么时候使用语音通话、手机短信、微信、手机QQ、手机微博与父母沟通？主要内容又分别是什么？

10. 手机使你们亲子之间的关系更融洽，还是引发亲子冲突？

11. 您觉得用手机与父母沟通，有何利弊？

父母

1. 您的基本情况：姓氏、年龄、性别、受教育程度、职业等。

2. 您主动给孩子买手机？还是孩子要求的？为什么？

3. 孩子出门时，是否要求他带手机？中间是否会打电话催促？

4. 您分别在什么时候使用语音通话、手机短信、微信、手机QQ、手机微博与孩子沟通？主要内容又分别是什么？

5. 您是否会查孩子的手机短信、通话记录？或者上孩子的QQ空间、微信、微博看看，会留言，还只是围观？

6. 孩子会通过手机与您请教、协商哪些方面内容？

7. 您在家庭决策时，是否会打电话与孩子协商？为什么？

8. 您是否觉得在手机方面，孩子了解的知识比您多、比您新？您是否会向孩子请教？或是孩子主动告诉您？为什么？请举2—3个例子说明。这种现象对你们之间的关系、您的手机使用技能和家庭地位等方面各有什么样的影响？

9. 您是否会对孩子使用手机做出限制？

10. 手机使你们亲子之间的关系更融洽，还是引发亲子冲突？

11. 您觉得用手机与孩子沟通，有何利弊？

访谈对象：

序号	编号	亲子关系	年龄	受教育程度	职业
1	CW1	女儿	14	初一（重点中学）	学生
	PC1	母亲	45	高中	自由职业
2	CZ1	儿子	14	初三（重点中学）	学生
	PH1	母亲	38	高中	居委会干部
3	CZ2	女儿	13	初二（重点中学）	学生
	PZ1	父亲	38	本科	中学教师
4	CY1	女儿	12	初二（重点中学）	学生
	PY1	父亲	42	高中	图书馆职员
5	CZ3	女儿	13	初二（重点中学）	学生
	PZ2	父亲	40	本科	自由职业
6	CX1	儿子	12	初一（重点中学）	学生
	PX1	父亲	35	初中	个体户
7	CZ4	儿子	12	初一（重点中学）	学生
	PZ3	父亲	38	高中	个体户

续表

序号	编号	亲子关系	年龄	受教育程度	职业
8	CH1	儿子	12	初一（重点中学）	学生
	PH2	父亲	37	高中	农民
9	CH2	儿子	17	高二（重点中学）	学生
	PH3	父亲	48	高中	村支书
10	CZ5	女儿	17	高三（重点中学）	学生
	PZ4	母亲	45	大专	公务员
11	CL1	女儿	17	高一（重点中学）	学生
	PG1	母亲	43	高中	个体经营
12	CL2	儿子	17	高三（重点中学）	学生
	PW1	母亲	43	本科	中学教师
13	CD1	女儿	16	高一（重点中学）	学生
	PD1	父亲	38	初中	农民
14	CD2	女儿（藏族）	17	高一（重点中学）	学生
	PD2	父亲	45	本科	设计师
15	CF1	女儿	15	高一（重点中学）	学生
	PF	父亲	39	高中	个体户
16	CL3	女儿	14	高一（重点中学）	学生
	PL1	父亲	40	高中	个体户
17	CJ	儿子（藏族）	17	高一（重点中学）	学生
	PJ	父亲	47	本科	中学教师
18	CC1	女儿	16	高二（普通中学）	学生
	PC2	父亲	47	初中	工人
19	CW2	儿子	16	高一（普通中学）	学生
	PZ5	母亲	42	本科	公务员

续表

序号	编号	亲子关系	年龄	受教育程度	职业
20	CY2	儿子	16	高一（普通中学）	学生
	PW2	母亲	46	高中	公司职员
21	CB	儿子	16	高一（普通中学）	学生
	PZ6	母亲	49	高中	酒店职员
22	CL4	儿子	14	初二（普通中学）	学生
	PL2	母亲	43	中专	幼儿园老师
23	CX2	儿子	13	初一（普通中学）	学生
	PL3	母亲	39	中专	护士
24	CL5	女儿	16	初三（普通中学）	学生
	PL4	母亲	37	小学	农民工
25	CG1	女儿	12	初一（普通中学）	学生
	PW3	母亲	42	高中	导游
26	CR	女儿	14	初三（普通中学）	学生
	PR	父亲	41	博士在读	大学老师
27	CK1	儿子	17	职高	学生
	PK1	父亲	44	小学	个体户
28	CC2	儿子	16	职高	学生
	PN	母亲	41	初中	个体户
29	CK2	儿子	16	职高	学生
	PK2	父亲	42	初中	个体户
30	CZ6	儿子	17	职高	学生
	PZ6	父亲	48	小学	农民
31	CL6	女儿	17	职高	学生
	PL5	父亲	45	初中	个体户
32	CC3	女儿	17	职高	学生
	PC3	父亲	40	小学	农民

续表

序号	编号	亲子关系	年龄	受教育程度	职业
33	CY4	女儿	17	职高	学生
	PY2	父亲	44	小学	农民
34	CZ7	女儿	21	大二（高职）	学生
	PS1	母亲	50	没读过书	农民
35	CY5	女儿	22	大三（高职）	农民
	PY3	父亲	44	初中	农民
36	CW3	儿子	22	大二（高职）	学生
	PW4	父亲	47	小学	农民
37	CW4	女儿	19	大二（高职）	学生
	PW5	父亲	41	初中	工人
38	CK3	儿子	20	大二（高职）	学生
	PK3	父亲	46	初中	工人
39	CH3	儿子	21	大二（高职）	学生
	PC4	母亲	42	小学	农民
40	CG2	女儿	21	大三（高职）	学生
	PG2	父亲	49	小学	个体户
41	CY6	儿子	18	大二（高职）	学生
	PY4	父亲	46	初中	自由职业者
42	CL7	女儿	21	大三（普通本科）	学生
	PY5	母亲	44	小学	农民
43	CS1	儿子	21	大三（普通本科）	学生
	PS2	父亲	45	高中	经商
44	CL8	女儿	20	大三（普通本科）	学生
	PH4	母亲	45	小学	农民

续表

序号	编号	亲子关系	年龄	受教育程度	职业
45	CY7	女儿	21	大三（普通本科）	学生
	PC5	母亲	44	小学	家庭主妇
46	CS2	女儿	21	大三（普通本科）	学生
	PS3	父亲	44	本科	公司职员
47	CZ8	女儿	18	大一（普通本科）	学生
	PZ7	父亲	46	初中	经商
48	CL9	儿子	21	大三（普通本科）	学生
	PC6	母亲	50	高中	经商
49	CC4	女儿	20	大三（普通本科）	学生
	PH5	母亲	49	初中	家庭主妇
50	CX3	女儿	20	大三（211高校）	学生
	PX2	父亲	44	本科	会计
51	CY8	女儿	20	大三（211高校）	学生
	PG2	母亲	45	初中	家庭主妇
52	CC5	儿子	18	大一（211高校）	学生
	PH6	母亲	50	本科	会计
53	CZ9	儿子	18	大一（211高校）	学生
	PZ8	父亲	46	本科	警察
54	CL10	女儿	20	大三（211高校）	学生
	PG3	母亲	44	大专	公务员
55	CZ10	女儿	19	大一（211高校）	学生
	PZ9	母亲	47	大专	公务员
56	CH4	女儿	20	大二（985高校）	学生
	PH7	母亲	49	大专	会计

续表

序号	编号	亲子关系	年龄	受教育程度	职业
57	CZ11	儿子	22	大四（985高校）	学生
	PJ1	母亲	47	本科	高校教师
58	CG2	女儿	20	大二（985高校）	学生
	PG4	父亲	46	大专	公务员
59	CC5	女儿	20	大二（985高校）	学生
	PC7	父亲	47	高中	公司职员
60	CW5	儿子	19	大一（985高校）	学生
	PT	母亲	45	高中	个体户
61	CF2	儿子	19	大一（985高校）	学生
	PP	母亲	45	本科	公司职员

注：父母编号开头为P（parent），青少年编号开头为C（child），编号的第二个字母为姓氏，如遇相同姓氏，加上数字编号以示区别。

后　记

　　由于中学教师、大学教师、央视少儿频道实习的经历，使我一直对青少年与媒介的研究情有独钟。

　　从读研开始，我一直关注的是儿童与电视研究，也取得了一定成绩，论文在《国际新闻界》、《电视研究》等核心期刊上发表；儿童电视节目系列研究获得了漳州市第三届社科成果奖；2011年获得了福建省社科青年基金项目"未成年人的媒介使用与准社会交往"的立项。但是在2013年的一次问卷调查中，许多老师和学生纷纷反问我：为什么不调查网络和手机？甚至有学生在问卷中直接写道：我从不看电视。这些都使我切身体会到新媒介对青少年的影响之深，因此决定把研究视角从传统媒介转向新媒介。在调查中，我还发现未成人的亲子依恋程度要高于同伴依恋，可见父母对儿童的影响依然十分重要。在访谈中，很多父母表达了对孩子使用网络和手机的深深忧虑。二者对于新媒介态度的强烈反差，促使我产生了做新媒介（首先是手机）对亲子沟通影响这一研究主题的想法。

　　通过文献检索，我发现目前为止国内大多数研究只是探讨了手机在青少年群体之间的横向传播，却很少对手机代际纵向传播进行系统的分析。因此，我萌发了对青少年的手机使用与家庭代际传播展开全面、系统研究的想法，并幸运地获得了2014年教育部人文社科研究青年基金项目"青少年的手机使用与家庭代际传播研究"的立项。

　　在本书的调研与写作过程中，我常常感慨手机对青少年的影响之深：在大街小巷，在等待公共汽车、电梯的时候，在拥挤的地铁上，甚至在课堂上……随时随地都可以看到青少年沉浸在自己的手机世界里。手机作为青少年生活中极为重要的组成部分，而赋予了社会交往和生活依赖的工具意义：通过手机，青少年可以自由、灵活地管理、支配自己碎片化的时间，随时随地购物、订餐、订票，尽情地享受手机带来的便利与快感……但是，任何事物都是一把双刃剑。与手机媒介的亲密接触也会使青少年手机成瘾，给他们的学习和生活带来阴影：如影响学习成绩；满足于虚拟的社会互动，回避真实的人际交往（包括与父母的沟通）等。父母对于孩子使用手机是爱恨交加，手机既方便了他们与孩子的交流和沟通，增进了亲子之间的情感；又引发了他们跟孩子之间的"数字代沟"，甚至亲子冲突……前几天，一个网友在网上发了一个帖子"一怒之下砸坏了女儿的手机"，引起社会关于"到底该不该给孩子使用智能手机"的激烈争论。在如此丰富的家庭和社会现实面前，我常常感叹自己知识的无力和语言表达的贫乏。

感谢我的博导何志武教授在本书的写作过程中，对我的悉心指导和帮助。何老师看问题的敏锐独到、缜密的逻辑思维，浓厚的思辨色彩，时常使我受益匪浅。通过不断旁听社会学系的"社会研究方法"、"社会统计方法"、"定性研究方法"、"社会调查方法"等相关课程，我的研究方法有了质的突破。当我过于注重研究方法时，何老师又及时提醒我，任何方法只是一种工具，终究是要为内容服务的。社会学、文化学、伦理学、心理学等跨学科书籍的阅读，拓展了我的学术视野；国外的研究文献，为我打开了一扇色彩斑斓的学术窗口。

感谢厦门大学、福州大学、闽南师范大学、漳州职业技术学院、漳州一中、漳州芗城中学、漳州实验中学、漳州天宝中学等学校在调研过程中给予的配合与支持。感谢参与深度访谈的青少年及其家长，没有你们的热情参与和积极配合，就不会有这本书的问世。在此，我要表达我深深的谢意。

感谢华中科技大学新闻与信息传播学院的张昆教授、申凡教授、余红教授；社会学系的孙秋云教授、郑丹丹副教授；教育科学院的于海琴副教授，在本书写作过程中给予我的无私帮助。

感谢闽南师范大学新闻传播学院对于本书写作的全力支持。

感谢我的父母、老公、女儿对我的理解和支持。是你们毫无怨言、一如既往地陪伴着我，给予我物质和精神上的守护，为我撑起一片蓝天，让我能够专心地进行专著的撰写。每当女儿问我："妈妈，你为什么总是有写不完的作业？"；每当女儿伸出一根小指头，用渴求的眼神望着我："妈妈，陪我玩一会儿！就一会儿！"；每当望着父母逐渐苍老的身影……我就觉得十分愧疚，内心也在煎熬和挣扎。我深感自己亏欠的实在太多，太多！如果说我今天取得了一点点小成绩，那么它不是属于我个人，而是属于所有曾经帮助过我的人。

我还要特别感谢中国社会科学出版社编辑熊瑞老师。她为拙著的出版提供了许多帮助，并提出了许多有益的建议。

最后需要说明的是，由于本人学识和水平有限，书中可能存在着认识肤浅的地方，敬请学界的朋友不吝赐教。

"路漫漫其修远兮，吾将上下而求索。"在此书的写作过程中，我又有幸地获得了 2015 年度国家社会科学基金一般项目"家庭传播学视域下的青少年网络风险防范与引导研究"的立项，我深知，前方研究还有更长的路等着我去走……

朱秀凌
2016 年 11 月 13 日